멈추지 못하는 뇌

THE BRAIN AT REST
Copyright ⓒ Joseph Jebelli 2025
All rights reserved.

Korean translation copyright ⓒ 2025 by WOONGJIN THINK BIG Co., Ltd.
Korean translation rights arranged with Felicity Bryan Associates Ltd through EYA Co., Ltd.

이 책의 한국어판 저작권은 EYA Co., Ltd를 통해
Felicity Bryan Associates Ltd와 독점 계약한 주식회사 웅진씽크빅이 소유합니다.
저작권법에 의하여 한국 내에서 보호를 받는 저작물이므로 무단 전재 및 복제를 금합니다.

삶의 에너지를 회복하는 진정한 멈춤의 과학

멈추지 못하는 뇌

조지프 제벨리 지음 | 고현석 옮김

The Brain at Rest

들어가며

휴식하는 뇌

당신이 아무것도 하지 않는다고 생각할 때,
뇌는 무엇을 하고 있을까

아볼파즐Abolfazl이 '일kār'이라는 단어의 의미를 처음 깨달은 것은 여섯 살 때였다. 테헤란 그랜드 바자의 아치형 천장 아래에서 어머니 옆에 서 있던 그는 일이 중요한 어떤 것, 어쩌면 고귀한 어떤 것일 수 있다는 느낌을 받았다. 그의 어머니는 "카르 타지 아스트Kār tāj ast(일은 왕관이야)"라고 말하곤 했다. 주변에서는 상인들이 과일과 견과류, 수제 가죽 신발, 향긋한 향신료, 나무로 만든 주판, 정교하게 짠 페르시아 양탄자에 이르기까지 온갖 물건을 팔기 위해 쉴 새 없이 일하고 있었다. 노인들은 시장 모퉁이 곳곳에서 양반다리를 하고 방석에 앉아, 각설탕을 입에 문 채 커피를 홀짝이면서 페르시아의 왕과 시인들에 대한 이야기를 나누고 있었다.

그때보다 조금 더 자랐을 무렵의 어느 날, 코를 골며 긴 낮잠을 자는 아버지를 깨워야 한다는 생각에 조심스레 침실 문으로 다가가 문고리를 잡았는데 어머니가 그를 막아서셨다. 그는 그때 어머니가 엄한 표정으로 했던 "에스테라핫 케라드 아스트Esterāhat kherad ast (휴식은 지혜란다)"라는 말을 지금도 기억하고 있다.

그로부터 15년이 지난 뒤, 아볼파즐은 영국 브리스틀 외곽의 고층 빌딩에 있는 작은 사무실의 칸막이 안에 앉아 있었다. 1980년대에 그는 많은 이란 사람이 그랬듯이 거대한 이주 물결에 휩쓸려 고국을 떠났다. 수학에 재능이 있었던 그는 컴퓨터 프로그래머로 취직했고, 결혼해 두 아이를 낳았고, 고국에 남아 있는 가족의 기대에 부응하기 위해 열심히 살았다. 그는 누군가가 자신을 지켜보고 있다는 느낌을 강하게 받으면서 온종일 키보드를 두드리고 서류를 작성하며 긴 하루를 보냈다. 동료들과의 교류도 거의 없었다. 교류가 있다고 해도 대개 사무적인 이메일을 주고받거나 짧고 무미건조한 회의에 참석하는 것에 그쳤다. 그가 이란에서 차를 마시면서 가지곤 했던 휴식 시간은 자판기 앞에서의 짧은 혼잣말이나 비좁은 탕비실에서의 어색한 대화로 대체됐다. 그가 살게 된 새로운 세상은 효율적이지만 쓸쓸한 곳이었다.

그렇게 시간이 더디게 흐르면서 달이 바뀌고 해가 바뀌었다. 영혼을 갉아먹는 단조로운 생활과 끝없이 이어지는 소모적인 일로 그의 정신은 점점 황폐해졌다. 그는 영국에서 더 나은 삶을 살 수 있으리라고 기대했지만 시간이 지날수록 점점 더 많은 스트레스와 번아웃burnout이 반복되는 생활로 변해갔다.

결정적인 순간은 그가 이런 생활을 20년째 하고 있던 어느 날 갑자기 찾아왔다. 나의 아버지 아볼파즐은 그날도 고된 근무를 마치고 퇴근하셨다. 평소보다 이른 시간이었다. 그때 나는 열네 살이었고, 아버지가 문을 열고 들어서는 순간 뭔가 심상치 않은 일이 일어났다는 걸 직감했다. 평소 아버지는 집에 돌아왔을 때 피곤한 표정으로 미소를 짓곤 했지만, 그날은 미소 대신 극심한 공포와 깊은 슬픔이 얼굴에 가득 차 있었다.

그 후에 어떤 일이 있었는지는 잘 기억이 나지 않지만 한 가지 기억은 또렷하게 남아 있다. 그날 나는 아버지가 소리를 지르시는 모습을 처음 봤다. 아버지는 혼란과 절망에 휩싸여 어머니에게 울분을 토했다. 당시 어머니도 직장에서 번아웃에 시달리고 있었지만, 그런 아버지를 진정시키려 애쓰셨다.

"여보, 당신 좀 쉬어야 할 것 같아요." 어머니는 눈물을 흘리며 말했다.

"이제는 어떻게 쉬어야 하는지도 모르겠어!" 아버지가 분노에 찬 목소리로 말했다.

곧이어 무언가가 부서지는 소리가 들렸다. 지금 생각하면 부끄럽지만, 그때 나는 너무 무서워 자전거를 타고 집을 뛰쳐나왔다.

다음 날 아버지는 직장을 그만뒀고, 그 후 다시는 직장 생활을 하지 않으셨다. 의사는 아버지에게 주요우울장애_{major depressive disorder, MDD}(우울감과 활동력 저하 상태가 지속적 또는 반복적으로 나타나는 정신장애-옮긴이) 진단을 내리며, 과로와 번아웃이 원인일 가능성이 크다고 설명했다. 약을 처방하면서 진정한 휴식이 필요하다는 조언도 건넸다.

지금도 아버지는 오전 늦게까지 잠을 잘 때가 대부분이며, 종일 말 한마디 없이 하루하루를 버텨내고 계신다. 이 착잡한 결말은 일을 그만 내려놓고 쉬어야 한다는 어머니의 조언에 아버지가 귀를 기울이지 않으셨기 때문에 생긴 것이다.

그런 아버지를 곁에서 지켜보았음에도 휴식이 얼마나 중요한지 내가 깨닫기까지는 오랜 시간이 걸렸다.

워싱턴대학교에서 연구원으로 일하던 시절, 나는 온종일 실험하고 논문 쓰고 학생들을 지도하느라 바쁘게 움직였다. 저녁 7시에 일이 끝나면 곧바로 근처 커피숍으로 향했고, 그곳에서 밤 10~11시까지 연구 계획서를 작성하거나 내 첫 번째 책의 원고를 썼다. 그 생활은 진이 빠질 정도로 고단했지만, 목표는 늘 손에 잡힐 듯하면서도 잡히지 않았다. 당시 나는 완전히 녹초가 됐다는 느낌을 자주 받았다.

지금 생각해보니 그때 나는 뭔가를 이뤄내야 한다는 엄청난 압박감 때문에 그렇게 지나칠 정도로 많은 일을 하면서 자신을 불행

속에 가둬두고 있었다. 당시 나는 빠르게 달릴수록 잘할 수 있고, 열심히 일하면 결국 성공하게 된다는 오래된 성공 공식을 철석같이 믿었다.

그렇게 사느라 결국 정신적으로도 신체적으로도 심각한 타격을 입었다. 기억력, 집중력, 창의력 그리고 인지 능력이 점점 떨어지면서 연구원으로서 기본적으로 내가 해결해야 하는 문제들에 대해 생각하는 것조차 점점 더 어려워졌다. 극심한 불안감 때문에 일에 집중하기 힘들었고, 생각이 꼬리에 꼬리를 물며 이어져 밤잠을 설치기 일쑤였다. 에너지는 바닥났고, 늘 피곤하고 신경질적인 상태가 됐으며, 면역력이 약해져 감기와 두통이 잦아졌다.

겉보기에는 성과를 내고 있었지만, 실제로는 완전히 무너져 있었다. 시간이 흐를수록 그렇게 힘들고 바쁜 생활을 버텨낼 수 없다는 생각이 강해졌다. 아버지처럼 나도 번아웃과 심각한 정신 건강 문제를 향해 가고 있었다. 뇌가 위기 신호를 보냈고, 나는 그 신호에 귀를 기울여야 했다.

서서히 일을 줄이기 시작했다. 남들에게 보이기 위해 늦게까지 연구실에 남아 있거나, 몸이 아픈데도 조직에 대한 헌신을 증명하기 위해 계속 일하거나, 아무도 알아주지 않는데도 자신을 과시하기 위해 과도하게 일하려고 애쓰지 않았다. 그러면서 늘 자리를 지켜야 한다는 압박감과 끊임없이 성취해야 한다는 강박에서 조금씩 벗어났고, 마침내 학계를 떠나 전업 작가의 길로 들어섰다.

일에 대해 여유로운 태도를 갖게 되자 건강이 눈에 띄게 좋아졌다. 잠이 깊어졌고, 에너지가 충만해졌으며, 병치레도 크게 줄었다. 게다가 집중력, 문제 해결 능력, 창의력, 글쓰기 능력까지 놀라울 만큼 좋아졌다. 현재 나는 어느 때보다 생산적이고 효율적으로 일하고 있다.

이 모든 일은 휴식이 건강 증진과 생산성 향상에 핵심적인 역할을 한다는 사실을 깨닫고 난 뒤에 일어났다.

어떻게 이런 일이 가능한 걸까? 오래전 할머니가 아버지에게 했던 "휴식은 지혜란다"라는 말에는 어떤 과학적 진실이 숨어 있을까? 나는 신경과학자로서의 지식을 바탕으로 그리고 우리 가족이 일과 맺어온 병적인 관계에 대해 깊이 생각하면서 휴식의 신경과학을 연구하기 시작했다. 그 과정에서 나는 너무나 놀라운 사실들을 알게 됐다.

아무것도 하지 않을수록 뇌에는 더 좋다

역사를 살펴보면, 과거에도 사람들이 휴식의 가치를 찬양했음을 알 수 있다. 예를 들어 영국의 생물학자 찰스 다윈Charles Darwin은 연구와 집필을 병행하면서도 틈틈이 낚시를 하거나 휴식을 취했다. 미국의 시인 마이아 앤절로Maya Angelou는 '하루를 비우는 것'의 가치를 강조하며 긴 목욕, 느긋한 산책, 공원 벤치에 앉아 '개미들의 신비로운 세계와 나뭇가지 꼭대기의 풍경'을 관찰하는 시간을 소중히 여겼다. 독일의 경제학자이자 철학자 카를 마르크스 Karl Marx는 끊임없이 일하는 사람이었지만, 그러면서도 휴식이야말로 인간의 창의성을 최대로 발휘하게 해준다고 믿었다. 작가 제인 오스틴 Jane Austen과 버지니아 울프 Virginia Woolf, 화가 조지아 오키프 Georgia O'Keeffe도 이완과 휴식의 가치를 높이 평가했다. 레오나르도 다빈치 Leonardo da Vinci는 깊이 사색하는 천재였다. 그는 자신이 그리던 〈최후의 만찬〉을 바라보며 몇 시간이고 사색에 잠긴 끝에 딱 한 번의 붓질만 더하고는 자리를 떠났다고 전해진다.[1]

오랫동안 우리는 이런 멈춤과 무위無爲가 방종, 심지어는 무책임한 태도를 뜻하며 성공의 대척점에 있다고 배워왔다. 하지만 사람들이 멈춤을 지향하는 태도에도 불구하고 성공하는 것이 아니라 이런 태도 덕분에 성공하는 경우가 많다면? 휴식이 방종이나 비생산성이 아니라 사람들의 성공에 열쇠 역할을 한다면?

이 책에서 나는 아무것도 하지 않는 것이 뇌에 얼마나 많은 도움을 주는지, 일에서 손을 떼는 순간 뇌가 어떻게 정신적·신체적 건강에 핵심적인 도움을 주는 모드로 전환되는지 살펴볼 것이다. 이를 우리는 디폴트 네트워크 default network라고 부른다. 디폴트 네트워크는 우리가 몽상하고, 마음이 방황하게 하고, 성찰하고, 미래를 상상할 수 있게 해주는 뉴런(전기적·화학적 신호로 소통하는 뇌세포)들의 회로다. 디폴트 네트워크는 뇌의 전두엽, 두정엽, 측두엽 전반에 걸쳐 펼쳐져 있다. 중요한 사실은 디폴트 네트워크가 특정한 일에 집중하지 않을 때 활성화된다는 것이다. 디폴트 네트워크는 주변 환경과 직접 관련 없는 생각들이 자유롭게 떠오를 때, 다시 말해 마음이 자유롭게 유영할 때만 활성화된다.

디폴트 네트워크가 활성화되면 지능, 창의력, 사회적 공감 능력, 장기적 생산성이 높아질 수 있으며 건강을 증진하고 신경 질환을 예방하는 데도 도움이 된다. 한마디로, 디폴트 네트워크는 지친 뇌를 재충전하고 회복시키는 초능력을 가졌다고 할 수 있다. 뇌에 대한 이 새로운 지식은 일하는 방식을 새롭게 정의하며, '생각한다'라는 것의 의미 자체를 바꾸고 있다.

암스테르담대학교 연구진은 디폴트 네트워크가 실제로 어떻게 작동하는지 확인하기 위해 실험을 설계했다. 그들은 80명을 대상으로 기계적 사양이 서로 다른 넉 대의 자동차 중 가장 좋은 자동차를 선택하게 했다. 이 중 절반에게는 5분간 과제에 집중하게 했고, 나머지 절반에게는 쉬면서 과제와는 아무 관련 없는 생각을 하게 했다. 그 결과 휴식을 취한 그룹이 그렇지 않은 그룹에 비해 과제를 훨씬 효율적으로 수행해 더 높은 점수를 기록했다.[2] 12시간 야간 근무를 수행하는 52명의 의사와 간호사를 대상으로 한 스탠퍼드대학교 연구진의 실험에서도 비슷한 결과가 나왔다. 이 실험에서 참가자 중 절반은 근무 시간 중 40분간 잠을 잤고, 나머지는 계속 근무했다.[3] 연구진은 휴식을 취한 그룹이 주의력 테스트와 가상 환자에게 카테터를 삽입하는 의료 시뮬레이션 테스트에서 더 뛰어난 성과를 보였다고 보고했다. 이들은 아무것도 하지 않음으로써 오히려 모든 것을 더 잘 해낼 수 있었던 것이다.

디폴트 네트워크가 작동할 때 긍정적인 효과가 나타나는 데 어느 정도의 시간이 걸리는지는 아직 확실하게 밝혀지지 않았다. 하지만 우리는 결과 테스트(특정한 가상 상황에 대해 가능한 한 많은 결과를 나열하도록 요청하는 테스트. 예를 들어 '만약 사람들이 잠을 자지 않아도 된다면 어떤 결과가 발생할까?'라는 질문을 받았을 때 사람들은 '더 많은 일을 할 수 있다', '잠을 자지 못해 생기는 피로가 사라진다', '알람 시계가 필요 없어진다' 같은 대답을 할 수 있다)라고 불리는 실험을 통해 잠시 휴식을 취한 사람들이 휴식 없이 바로 과제를 수행한 사람들보다 훨씬 더 뛰어난 성과를 낸다는 사실은 알고 있다.[4] 심지어 단 10분간의 짧은 휴식만으로도 성과가 눈에 띄게 향상된다. 그뿐만이 아니라 사람들은 문제 해결, 공간적 통찰, 언어적 추론을 요구하는 과제가 제시됐을 때도 30분간 휴식한 뒤 수행하면 훨씬 더 나은 결과를 보인다.[5] 비율을 계산하거나 'K'로 시작하는 단어를 가능한 한 많이 나열하는 과제가 이에 해당한다.

휴식의 가치를 가장 강력하게 입증하는 증거는 최근 발표된 한 메타 분석(특정 그룹 또는 같은 주제의 축적된 연구 논문들을 요약하여 통계적으로 통합하기 위한 분석 방법-옮긴이) 연구에서 찾을 수 있다. 수백 건에 이르는 관련 연구를 분석한 이 결과에 따르면, 30분간의 휴식

뿐만 아니라 4시간에서 24시간까지 이어지는 긴 휴식도 문제 해결에 긍정적인 효과를 미쳤다.[6] 이 메타 분석의 결론은 일반적으로 볼 때 아무것도 하지 않는 시간이 길수록 뇌에는 더 좋다는 것이었다.

푸앵카레의 '돌연한 깨달음'

이 놀라운 발견은 20세기 초에 프랑스의 과학자이자 철학자인 앙리 푸앵카레Henri Poincaré가 토대를 마련했다. 그는 방정식이 풀리지 않아 좌절감을 느낄 때면 책상 앞에서 벗어나 숲을 거닐거나 햇살 가득한 해변을 산책하며 머릿속을 비우곤 했다. 철학적인 성향이 강했던 그는 자신의 정신 작용에 깊은 관심을 가졌고, 자신이 특정한 결론에 이르는 과정을 친구들과 동료들에게 자주 이야기했다. 그는 물리학·수학·전자기학·천문학·지질학 등 다양한 학문 연구에 몰두했지만, 나머지 시간에는 명상을 통해 마음이 자유로이 방황하게 하면서 새로운 아이디어를 탐색했다.

그는 휴식을 취할 때마다 방정식에 대한 해답이 느닷없이, 마치 허공에서 쏟아지듯 떠오른다는 것을 깨달았다. 이 놀라운 현상에 매료된 그는 버스를 타고 멍하니 앉아 있거나, 시골길을 정처 없이 거닐거나, 때로는 거실의 창밖 숲을 멍하니 바라보며 시간을 흘려보내면서 더 많은 깨달음을 얻고자 했다. 그는 이런 순간들을 자신의 일기에 기록했는데, 특히 어떤 방정식을 풀다가 얻은 깨달음을 생생하게 남겼다. "실패에 염증을 느껴 바닷가로 며칠 떠났고, 전혀 다른 생각을 하며 지냈다. 그러던 어느 아침, 해안 절벽 위를 걷는데 갑자기 해법이 떠올랐다. 문득 떠오른 것이었지만 간결하고 확실한 해법이었다."[7]

푸앵카레는 이 신비로운 과정의 정체가 무엇이든, 뇌 안에서 이뤄지는 일종의 무의식적 처리와 연결돼 있을 것으로 추측했다. 그는 이 발견에 깊이 고무되어 1908년 6월 8일에 열린 파리 심리학회 제4차 총회에서 동료들에게 자신의 경험을 들려줬다. 그는 이 현상이 수학뿐 아니라 모든 학문 분야에서 매우 중요하다고 생각했고, 여기에 '돌연한 깨달음sudden illumination'이라는 이름을 붙였다.

하지만 19세기 프랑스에서 푸앵카레가 이 현상을 과학적으로 연구하는 것은 거의 불가능했다. 당시 그가 가지고 있던 증거는 자가 보고, 직관, 추정에 불과했기 때문이다. 과학은 언제나 그 시대의 기술 수준만큼만 발전할 수 있다. 푸앵카레가 활동하던 시대의 동료들은 이성, 논리 그리고 무엇보다 경험적 증거(관찰이나 실험을 통해 수집된 증거)를 중시하는 철학적 전통인 합리주의의 틀 안에서 사고했다. 그래서 그의 발견은 별다른 반응을 얻지 못했다.

하지만 푸앵카레의 발견이 지닌 중요성을 과학자들이 인식하는 것은 시간문제였다. 대표적인 인물이 독일의 정신과 의사 한스 베르거Hans Berger다. 1929년에 그는 사람이 쉴 때도 뇌는 끊임없이 활동한다는 사실을 밝혀냈다.[8] 이 발견은 그가 발명한 뇌전도

electroencephalogram, EEG 측정 장치를 통해 이뤄졌으며, 뇌전도 기법은 오늘날에도 신경과학자들이 사용하고 있다. 뇌전도 측정 장치는 두피에 부착해 뇌 활동을 기록하는 센서들로 구성된다. 베르거는 뇌전도 측정 결과에 기초해 사람이 일을 하고 있지 않을 때도 뇌 활동을 보여주는 전기 신호가 계속 유지된다는 사실을 발견한 것이었다. 하지만 당시의 신경학자들은 푸앵카레의 발견 때처럼 베르거의 발견 역시 회의적으로 받아들였다.

  1950년대에 이르자 연구자들은 이 새로운 분야를 더는 외면할 수 없게 됐다. 미국 신경과학자 루이스 소콜로프Louis Sokoloff는 휴식 상태에서 수학 문제를 푸는 상태로 전환돼도 뇌의 대사작용(우리 몸에 에너지를 공급하는 화학반응)은 그대로 유지된다는 사실을 발견했다. 이는 뇌가 휴식 중에도 여전히 활발하게 활동한다는 주장을 뒷받침하는 또 하나의 증거였다.[9] 이어 1970년대, 스웨덴의 신경과학자 다비드 잉바르David Ingvar는 우리가 지금까지도 이해하려 애쓰고 있는 충격적인 발견을 했다. 그는 지능, 기억, 주의력 등 대부분의 고차원적 기능을 담당하는 전두엽에서 사람이 과제를 수행할 때가 아니라 휴식할 때 혈류량이 가장 많아진다는 사실을 밝혀냈다.[10] 이 발견은 당시의 지배적인 과학 이론뿐만 아니라 상식과도 반대되는 것이었다. 어떻게 무언가를 할 때보다 아무것도 하지 않을 때 더 많은 에너지가 필요할 수 있단 말인가.

  내가 디폴트 네트워크에 관심을 갖게 된 것은 유니버시티칼리지런던에서 박사 과정을 밟던 시절이었다. 당시 나는 동료 연구자들과 매주 '저널 클럽Journal Club'이라는 모임을 열어 과학 논문 한 편을 2시간 동안 집중적으로 분석하고 비판했다. 참가자 모두가 가장 과학적이면서 과감한 도전을 할 수 있는 자리였다. 그곳에서 우리는 당일 선정된 논문의 연구 결과를 세밀히 검토했는데, 아무리 약점을 찾아내려 해도 끝내 무너지지 않을 때만 결과에 대한 확신을 가졌다.

어느 날 저널 클럽에서 지도교수가 신경영상학 분야의 연구 하나를 소개했다. fMRI(기능적 자기공명영상)를 이용해 사람이 어떤 과제에 몰두할 때(이 연구에서는 언어 기억 테스트)와 몰두하지 않을 때의 뇌 활동을 비교한 것이었다. 이와 비슷한 신경영상학 연구가 대개 그렇듯, 이 연구에서도 사람이 과제에 몰두할 때 뇌의 일부 영역이 한밤중 도시의 불빛처럼 밝게 빛나는 모습이 관찰됐다.

하지만 여기에는 문제가 있었다. 이 신호들은 뇌의 '배경 신호background signal'를 제거한 뒤 얻어진 것이다. 이 과정을 거치지 않으면 특정한 뇌 활동을 감지하는 것이 사실상 불가능하다. 그렇다고 해서 fMRI 연구가 부실한 과학 연구 방법이라는 뜻은 아니며, 상당수의 fMRI 연구 결과가 오해를 불러일으킬 가능성이 있다는 뜻이다. 왜냐하면 뇌의 '배경 신호'에는 디폴트 네트워크가 작동함으로써 발생하는 신호가 포함돼 있으며, 인간 정신의 가장 깊은 신비를 풀 단서들이 바로 이 신호에 숨어 있을지도 모르기 때문이다.

나는 이 점을 교수님께 말씀드리며 동의하는지 물었고, 만약 그렇다면 우리가 뇌에 대해 이해하고 있는 사실에 어떤 영향을 미칠 수 있느냐고 덧붙였다. 저널 클럽의 전통에 따라 교수님은 내게 되물으셨다.

"당신의 그 생각이 뇌에 대한 우리의 이해에 어떤 영향을 미칠 것으로 생각하나요?"

그 순간 나는 시험받는 느낌이 들어 약간 긴장했지만, 우리가 뇌를 연구하는 방식에 문제가 있다며 이렇게 설명했다. 우리는 항상 '어떤 것이 빛을 내는지' 찾으려 한다. 그렇게 하면 화려한 데이터나 흥미로운 관찰 결과를 얻을 수 있을지는 몰라도, 마음이 어떻게 작동하는지에 대한 깊은 이해에는 이르지 못한다. 현재 fMRI의 해상도는 1~2밀리미터에 불과하다. 이 해상도는 마음의 작동 메커니즘을 이해하는 데 도움을 주기에는 너무 낮다. 그 범위 안에는 수십만 개의 뉴런이 들어 있을 수 있기 때문이다. 현재의 fMRI 연구는 마치 밤에 비행기를 타고 도시를 내려다보면서 어떤 지역에 불이 켜져 있는지 조사하고, 그 결과를 기반으로 도시의 집들 안에서 어떤 일이 일어나고 있는지(예를 들어 사람들이 집 안에서 누군가와 통화를 하고 있는지) 알아내려고 하는 것과 같다. 우리가 정말 알아야 할 것은 뇌가 '아무것도 하지 않을 때' 무엇을 하고 있느냐다. 따라서 뇌의 배경 신호가 무엇인지 알아내야만 우리는 뇌의 작동 방식을 더 깊이 이해할 수 있을 것이다.

교수님은 내가 확실하게 내 생각을 드러낸 것에 만족해 미소를 지으셨다. 저널 클럽은 학문적 활동의 장인 동시에 자신감을 키우는 훈련의 장이기도 했다. 교수님은 이렇게 말씀하셨다.

"일리 있는 지적이네요. 이런 연구는 해석이 어렵기 때문에 다양한 도구 중 하나로만 활용해야 합니다. 그리고 우리는 뇌의 배경 신호가 무엇을 의미하는지 반드시 이해할 필요가 있어요."

교수님의 피드백에 고무된 나는 뇌의 배경 신호가 무엇인지 그리고 반추의 시간이 어떻게 새로운 통찰을 가능하게 하는지 탐구하는 여정을 시작했다. 그 통찰이 내 삶을 얼마나 근본적으로 변화시킬지는 당시로서는 상상조차 하지 못했다.

・・・

기억 한 조각: 2009년, 아버지의 정신 건강 위기가 닥친 지 10년이 지났다. 나는 브리스틀에 있는 부모님 집으로 들어선다. 익숙한 페르시아 향신료 냄새와 어머니가 늘 복도에 놓아두는 백합꽃 향기가 나를 맞이한다. 부엌 창으로 들어온 오후 햇살이 거실을 부드럽게 물들이면서 소파에 웅크린 채 잠든 아버지를 감싼다. 다리를 오므리고 누운 그의 모습은 마치 연약한 아이 같다. 아버지는 깊고 과도하게 잠들어 있고, 그 과다수면증hypersomnia은 이제 그를 집어삼킨 우울증으로부터 잠시나마 벗어나는 유일한 피난처다.

나는 조용히 가방을 내려놓고 주전자에 차를 끓인다. 그럴 때 내가 할 수 있는 일이라곤 차를 끓이는 것밖에 없다.

부엌 식탁에 앉아 따뜻한 차를 홀짝이며 아버지를 바라본다. 아버지가 눈꺼풀을 미세하게 떨면서 눈을 뜬다. 나지막한 신음이 새어 나온다.

"아버지, 괜찮으세요?" 내가 속삭이듯 묻는다.

"오, 조지프구나…. 그래, 괜찮아." 약하고 쉰 목소리다.

"차 드실래요?"

"그래."

아버지는 마치 등껍질에서 머리를 내미는 거북처럼 천천히 몸을 일으켜 약을 챙기러(우울증 약과 소량의 항정신병 약이다) 느릿느릿 선반으로 간다. 그의 모든 동작은 느리고 조심스럽다. 병의 무게가 그의 관절 하나하나를 짓누르는 듯하다.

우리는 이란에 관한 이야기, 가족에 관한 이야기를 몇 마디 나눈다. 정확히 말하면 내가 혼자 떠든다. 아버지는 고개를 끄덕이며 희미한 미소를 짓는다. 눈동자는 흐릿하고 간단한 대화마저 벅차 보인다. 아버지가 힘들어하시는 게 보여 나는 청소 좀 하겠다며 자리에서 일어선다. 아버지는 다시 잠 속으로 스르르 빠져든다.

부모님 집의 익숙한 방들에 있을 때마다 예전 아버지의 모습이 선명하게 떠오른다. 한창때의 아버지는 생기 있고 카리스마 넘치는 사람이었다. 언제나 다양하고 지혜로운 의견을 냈고, 영국을 비롯한 서양 사회에 대한 새롭고 날카로운 시각을 제시하곤 했다. 차를 운전하면서 페르시아 음악을 크게 틀고 따라 부르던 아버지의 모습이 떠오른다. 페르시아 설날 파티에서는 몇 시간이고 춤을 추곤 했다. 아버지는 브리스틀에서 사는 것을 좋아했다. 일이 그렇게 고되지만 않았다면 아버지의 삶은 괜찮았을지도 모른다.

집을 대충 치운 뒤, 나는 다시 부엌으로 돌아와 아버지 맞은편에 앉아 책을 읽는다. 가끔 고개를 들어 숨결에 맞춰 조용히 들썩이는 아버지의 가슴을 본다. 내 앞에서 소파에 웅크린 채 잠든 이 사람을 내가 어린 시절 존경했던 그 사람이라고 생각하기가 쉽지 않다. 오랫동안 나는 아버지가 일찍 은퇴한 것을 못마땅하게 여겼다. 어머니가 계속 일하면서 가족을 부양해야 했기 때문이다. 하지만 시간이 흐르면서 나는 어떤 사람들에겐 다른 사람들보다 더 많은 휴식이 필요하다는 사실을 알게 됐다.

차례

들어가며 | 휴식하는 뇌   5

1부 일

1장 과로는 어떻게 우리를 죽음으로 몰아넣는가   33
뇌의 디폴트 네트워크가 그 해독제인 이유

바이러스보다 치명적인 일의 팬데믹   35
과로로 세상을 떠나는 사람들   40
피곤한 뇌는 어떻게 반응할까   45
뇌에 활기를 주는 간단한 방법   48
디폴트 네트워크의 해부학적 구조   54

당신의 뇌를 구하는 휴식의 기술 1
디폴트 네트워크를 깨우는 법   60

2장 '일'의 뇌과학   62
우리 뇌의 집행 네트워크

집행 네트워크가 작동하는 구조   65
신경전형인들의 세계에서
살아가야 하는 신경다양성의 사람들   70
과로를 부추기는 '지위 불안'의 문제   77

당신의 뇌를 구하는 휴식의 기술 2
집행 네트워크를 제대로 쓰는 법   81

2부 휴식

3장 마음 방황   87
마음을 자유롭게 내버려두기

내면의 야생 호랑이 엿보기   90
마음 방황의 생물학적 메커니즘   97
생각이 흘러가는 대로 두기   103
당신의 뇌를 구하는 휴식의 기술 3
마음에게 방황의 자유를 주는 법   112

4장 나무 끌어안기   114
뇌를 사로잡는 '부드러운 매혹'

자연과의 분리불안을 겪는 현대인   116
자연은 인간에게 무조건 이롭다   120
숲속을 거닐 때 우리 뇌에서 일어나는 일   125
자연의 치유력을 활용하는 법: 후각   130
자연의 치유력을 활용하는 법: 촉각   134
자연의 치유력을 활용하는 법: 청각   136
당신의 뇌를 구하는 휴식의 기술 4
숲속에서 뇌를 활성화하는 법   144

5장 의도적 고독   145
혼자 있는 시간과 인지 능력의 상관관계

사회적 관계에 대한 집착의 부작용   146
자기 내면과 만나는 실존화의 순간   152
고독이 뇌에 미치는 인지적·정서적 영향   156
감정적 충격을 치유해주는 고독   164
고독을 현명하게 활용하는 방법   168

당신의 뇌를 구하는 휴식의 기술 5
고독으로 뇌를 회복시키는 법   175

6장 잠   177
뇌를 치유하는 최고의 명의

잠을 생산성의 장애물로 생각하는 시대   179
우리가 자는 동안 뇌가 하는 중요한 일들   185
수면의 질을 높이는 방법   190
완벽한 수면의 비결   198

당신의 뇌를 구하는 휴식의 기술 6
뇌를 잘 재우는 법   207

3부   놀이

7장   '놀이'의 뇌과학 　　　　　　　　　　　214
놀이는 어떻게 뇌를 깨우고 강화하는가

비디오게임이 지닌 순기능의 재발견 　　　217
우리가 즐길 수 있는 여덟 가지 놀이 유형 　222
어른의 세계에서 꼭 필요한 것, 놀이 　　　226
놀이는 삶의 질을 높인다 　　　　　　　　230
당신의 뇌를 구하는 휴식의 기술 7
뇌를 잘 놀게 하는 법 　　　　　　　　　　235

8장   능동적 휴식 　　　　　　　　　　　　237
운동이 뇌에 좋은 이유

흡연만큼 건강을 위협하는 운동 부족 　　　239
운동은 마음까지 회복시킨다 　　　　　　　244
운동이 뇌에 가져오는 놀라운 효과 　　　　247
최고의 능동적 휴식 실천법, 섹스 　　　　　254
당신의 뇌를 구하는 휴식의 기술 8
가장 효율적으로 쉬는 법 　　　　　　　　　260

9장　아무것도 하지 않기　262
네덜란드 사람들의 닉센 따라 하기

궁극의 휴식, 닉센　263
왜 우리는 장시간 노동을 당연시할까?　268
아무것도 하지 않는 것은 시간 낭비가 아니다　272
'생산성 죄책감'이라는 현대병　278
잘 쉴수록 잘 일하게 된다　284

당신의 뇌를 구하는 휴식의 기술 9
일상에서 닉센을 실천하는 법　291

나오며 | 휴식하는 삶　293
감사의 말　311
주　313
참고 문헌　325

"창의성은 낭비된 시간의 부산물이다."

- 알베르트 아인슈타인

1부

일

요즘 세상에서 아무것도 하지 않기란 매우 어려운 일이다. 우리 사회는 휴식을 장려하지 않으며, 기술이 이런 상황을 더욱 악화시킨다. 특히 스마트폰은 진정한 단절을 거의 불가능하게 한다. 하지만 현실이 이러함에도 이 책을 쓰기 시작하면서 나는 '아무것도 하지 않기'를 더 열심히 시도해보겠다고 결심했다. 인생은 짧다. 그리고 곧 알게 되겠지만, 과로는 우리의 지성과 창의성과 건강을 심각하게 훼손한다. 그 결과는 충격적이고 두려울 정도다. 단기 성과만을 맹목적으로 추구하는 이 소모적인 문화 속에서 이제 휴식은 일종의 해방 행위, 즉 일이라는 족쇄에서 벗어나기 위해 모두가 간절히 갈망하는 행위가 돼버렸다.

나는 당신에게 야망을 버리라고 말하려는 것이 아니며, 기후변화에 대응하는 행동이나 사회 정의 같은 중요한 문제를 소홀히 하라고 권하는 것도 아니다. 반反생산성을 주장하지도 않는다. 오히려 휴식의 과학적 이점 그리고 뇌의 디폴트 네트워크를 활성화하는 것이 어떻게 역설적으로 이전보다 훨씬 더 효과적이고 생산적인 삶을 살게 하는지 보여주려 한다. 지금부터 나는 잠시 멈추는 것이 사치가 아니라 필수임을 설명할 것이다. 바로 그 조용한 순간들 속에서 우리는 생각이 맑아지고, 문제를 더 잘 해결할 수 있게 되며, 우리 삶과 세상 모두를 변화시킬 힘과 지혜를 찾을 수 있다.

일중독자였던 나는 아무것도 하지 않는 시간을 자신에게 거의 허락하지 않았다. 하지만 이 책을 집필하면서 나 자신에게 한 가지 약속을 했다. 말로만 그치지 않고 직접 실천하겠다는 약속이다.

우선 스마트폰을 버릴 것이다. 필요하지도 않은 앱들로 가득 차 있고, 이메일을 끊임없이 확인해야 한다는 스트레스는 나도 모르게 나를 미치게 하고 있었다. 나는 주머니 속에 이런 요란한 컴퓨터를 들여오기 전에도 충분히 잘 살고 있었다. 이메일이나 뉴스를 확인해야 할 때는 예전의 '스마트폰 없는 조지프'처럼 실제 컴퓨터를 이용해 하루 중 정해진 시간에만 할 것이다. 솔직히 24시간 내내 쏟아지는 뉴스 속보에서 해방될 생각을 하니 정말 기대가 된다. 세계정세를 파악하는 일은 물론 중요하지만 온종일, 심지어 잠들기 직전까지 그럴 필요는 없다. 대부분 사람에게는 이런 행동을 갑작스럽게 중단하기가 힘들겠지만, 나는 이 책에서 누구나 적용할 수 있는 실용적인 방법도 함께 제시할 예정이다.

또한 하루 중 일부 시간을 아무것도 하지 않는 데 쓰기로 했다. 이제 막 시작했을 뿐인데, 그러는 게 벌써 너무 좋다. 나는 하늘의 구름을 바라보면서 생각이 이리저리 흐르게 내버려두는 것도 즐기게 됐다. 숲속을 걸으며 자연이 주는 기쁨을 만끽하거나, 허공을 바라보며 멍하니 있는 시간도 좋아하게 됐다. 가능한 한 다양한 방식으로 뇌가 진정으로 쉴 수 있게 할 것이다.

휴식 시간은 우선 하루 30분으로 시작할 것이다. 그다음에는 1시간을 목표로 삼겠다. 책을 쓰는 동안 더 늘려볼 생각이지만, 일단은 한 걸음씩 나아갈 것이다. 디폴트 네트워크를 활성화하는 이 여정은 분명 쉽지 않을 것이다. 하지만 내 뇌가 결국 나에게 고마워할 것임을 잘 알고 있다.

아무것도 하지 않는 것이 우리 삶에서 그렇게 중요하다고 믿기 어려울 수도 있다. 단기적 생산성에 집착하는 사회에서 우리가 겪는 번아웃, 불안, 스트레스 관련 질환을 생각해보면 지금 새롭게 부상하는 이 과학이 우리에게 얼마나 절실한지 알 수 있다. 뇌에 관한 모든 발견 중에서도 디폴트 네트워크는 가장 놀랍고 신비롭다. 또한 디폴트 네트워크는 직관에 반하면서도 뇌 건강과 사고 능력을 획기적으로 향상시킬 가능성이 매우 크다.

과학이 주는 메시지와 내 아버지처럼 고통받는 사람들의 현실은 분명하다. 우리는 모두 지나치게 열심히 일해왔고, 이제 균형을 잡아야 할 때다. 디폴트 네트워크의 가장 큰 위협인 과로를 이해하는 것부터 시작해보자.

1장 | 과로는 어떻게
우리를 죽음으로 몰아넣는가

뇌의 디폴트 네트워크가 그 해독제인 이유

"번아웃은 성공의 대가가 아니다."

– 아리아나 허핑턴 Arianna Huffington

2022년 크리스마스, 독일의 의사 옌스 푈Jens Foell은 가족과 함께 웨일스 해안을 따라 산책하며 메나이해협 근처에 있는 아름다운 성과 숲, 해안 절벽을 감상하고 있었다. 그러다가 갑자기 돌을 잘못 밟아 넘어지면서 다리가 부러졌다. 그 순간 날카로운 고통이 온몸을 꿰뚫었고, 그는 그대로 정신을 잃었다.

그가 눈을 떠보니 아내와 딸이 어쩔 줄 몰라 하면서 그를 내려다보고 있었다. 그는 이 사고로 허벅지 근육이 찢어졌고, 뼈가 부러졌으며, 발목이 탈구됐다. 충격과 혼란에 빠진 상태에서 그는 조심스럽게 들것에 실려 병원으로 이송됐다.

의사는 회복하는 데 최소 6개월이 걸릴 것이며, 그동안 물리 치료와 휴식에 전념해야 한다고 말했다. 환자를 돌보며 활동적인 삶을 즐기던 그에게 의사의 이 말은 청천벽력과도 같았다.

회복 기간에 필은 많은 생각을 했다. 사고 직전 몇 달간 자신이 얼마나 과로했는지, 그 결과로 기억력과 집중력, 신체 협응력이 얼마나 심각하게 저하됐는지를 떠올렸다. 그는 환자를 보기가 점점 더 어려워졌던 일, 한 동료가 자신에게 늘 과열 상태에서 '과속'하고 있다고 말했던 일을 떠올렸다. 친구들과 가족이 '얼굴에 피곤이 역력하다'고 지적했던 순간들도 기억이 났다.

"스트레스를 받고 있다고만 생각했어요." 석 달째 침대에 누워 지내던 그가 내게 말했다. "그게 번아웃이라는 자각은 없었죠."

하지만 그것은 분명 번아웃이었다. 필 자신도 번아웃에 대해 잘 알고 있었다. 진료 외에 의사들을 대상으로 한 연례 평가에도 참여하면서 업무의 범위와 과중한 요구에 관해 자주 이야기를 나눴기 때문이다. 좋은 이야기들은 아니었다.

"보건의료 분야의 번아웃은 최근 몇 년 사이 극적으로 증가했어요." 그가 말했다. "우리는 감정 노동, 인지 노동, 행정 노동까지 동시에 요구받고 있죠. 시스템이 비효율적이기 때문에 우리는 행복이나 삶의 의미를 일에서 찾기보다는 일 밖에서 찾게 됩니다."

오늘날 의사의 38퍼센트가 자신을 번아웃 상태나 우울증 상태 또는 둘 다라고 말한다. 절반 이상의 의료 종사자가 스트레스, 피로, 약물 의존, 심장 질환 등 번아웃 증상을 호소하고 있다.

"이래서는 안 되죠." 필이 말했다. "우리는 이미 줄 수 있는 것을

다 줘버린 상태에 가까워요."

바이러스보다 치명적인 일의 팬데믹

 쾰이 겪은 고통은 전 세계 정부가 외면하고 있는 또 하나의 세계적 유행병, 즉 '일의 팬데믹'을 드러내는 한 사례일 뿐이다. 실제로 나는 이것을 팬데믹이라고 부른다. 수많은 사람의 생명을 앗아가기 때문이다. 다른 팬데믹과 마찬가지로, 과로에 대한 통계 역시 참담하기 이를 데 없다.

 내 모국인 영국을 예로 보자면, 2023년 한 해 동안 업무와 관련된 건강 이상 사례가 180만 건에 달했다. 이 가운데 업무 관련 스트레스, 우울증, 불안장애 사례가 87만 5,000건이었다.[1] 또 업무로 인한 근골격계 질환이 47만 3,000건, 업무 중 발생한 비치명적 부상은 56만 1,000건에 이르렀다. 업무로 인한 폐 질환으로 사망한 사람은 1만 2,000명이었고, 일터에서 발생한 사고로 목숨을 잃은 노동자는 135명이었다. 가장 많은 피해자가 발생한 곳은 공공부문이다. 간호사, 의사, 교사, 사회복지사, 철도 노동자들이 심각한 타격을 입었고 그 뒤를 이어 은행원, 컨설턴트, 자영업자, 제조업과 서비스업 종사자 등 민간 부문 노동자들도 큰 영향을 받았다. 2022년 한 해에만 영국 경제는 과로 문화 탓에 280억 달러에 육박하는 손실을 봤으며, 이 수치는 앞으로 급격히 늘어날 것으로 보인다.

전 세계적으로 보면 상황은 더욱 암담하다. 세계보건기구WHO와 국제노동기구ILO의 발표에 따르면, 2016년 한 해 동안 주당 55시간 이상의 장시간 노동으로 74만 5,000명이 사망했으며 이는 2000년 이후 29퍼센트나 증가한 수치다.[2] 수년간의 노예 같은 노동 끝에 찾아오는 죽음은 대개 뇌졸중, 심장 질환, 호흡기 질환 그리고 드물게 업무 중 사고의 형태로 나타난다. 테워드로스 아드하놈 거브러여수스Tedros Adhanom Ghebreyesus WHO 사무총장은 장시간 노동을 "가장 치명적인 직업성 위험 요소"라고 말한 바 있다.[3] 우울증과 불안 같은 정신 건강 문제로 인한 세계 경제 손실은 연간 1조 달러에 이르며, 2030년이면 16조 달러로 증가할 것으로 예상된다.[4] 이 금액이면 전 세계 저소득 및 중간 소득 국가에 보편적 의료 체계를 세 번이나 구축하고도 남는다.

상황은 계속 악화되고 있다. 현재 전 세계 인구의 9퍼센트(어린이 포함)가 장시간 노동에 시달린다.[5] 나아가야 할 길이 완전히 거꾸로 뒤집힌 현실 속에서 밀레니얼 세대의 59퍼센트가 과로로 가장 심각한 피해를 보고 있으며 Z세대(58퍼센트), X세대(54퍼센트), 베이비붐 세대(31퍼센트)가 그 뒤를 잇고 있다.[6] 웰빙 측면에서 보면 노동자 5명 중 3명은 흥미와 동기, 에너지가 고갈됐다고 밝혔으며 36퍼센트는 인지 피로, 32퍼센트는 정서적 소진, 44퍼센트는 신체적 탈진을 호소했다.[7] 더 충격적인 사실은 이 수치들이 2019년 이후 38퍼센트나 증가했다는 점이다. 오늘날 노동 조건은 과거에 비해 개선된 측면도 있지만, 번아웃과 과로라는 측면에서는 극적으로 퇴행했다.

"요즘엔 늘 한 걸음 더 나아가야 해요." 푈은 말했다. "그저 '잘하는 것'만으로는 부족해요. 모든 활동을 끝까지 쥐어짜서 해내야 하죠. 기대 수준이 천문학적으로 높습니다."

이런 기대는 갑자기 생겨난 것이 아니다. 인간의 역사에서 일은 공동체적 행위, 즉 구성원 간의 협력이 필요한 행위로 여겨졌다. 각자는 불평 없이 자기 몫을 해내야 했다. '마음을 다잡고 묵묵히 일하라'가 보편적 사고였다. 오늘날 대부분 직장이 여전히 이런 철학을 따른다. 업무는 효율을 위해 세분화되고, 직원은 급여만 받으면 만족할 것으로 가정한다. 인간의 감정과 동기, 개별성은 무시된다.

푈은 이런 현실이 터무니없다고 여긴다. "책임은 늘 개인에게 돌아가지만, 그 개인은 누가 돌봐주죠? 우리는 직장 밖에서 돌봄을 기대하지만, 그것만으로는 충분하지 않아요. 일터 안에서도 돌봄이 필요합니다."

특히 그는 공공 부문에서 점점 늘어나는 '요구되는 일은 많고 통제권은 적은' 직무에 깊은 우려를 드러낸다. 스트레스는 극심하지만 보수는 낮고 업무에 대한 통제권도 거의 없는 이런 직무는 고혈압, 심장병, 뇌졸중으로 인한 사망 위험을 크게 높이는 주요 요인이다.

'번아웃'이라는 용어 자체도 문제다(독일 태생의 미국 심리학자 헤르

베르트 프로이덴버거Herbert Freudenberger가 1970년대에 처음 사용했다). 말 그대로 '연료가 다 탈 때까지 타버린 상태'를 뜻하는 이 용어는 근본적인 과정과 원인을 보기보다는 겉으로 드러난 현상에만 집중해 만들어진 것이다. 우리는 지금 우리에게 무슨 일이 벌어지고 있는지 제대로 표현할 말조차 찾지 못했다.

2015년, 아버지의 병세가 어느 정도 관리할 수 있는 상태가 되자 우리는 일을 대하는 태도가 아버지보다 훨씬 더 극단적인 어머니에 대한 걱정이 들기 시작했다.

그날은 평범한 목요일이었다. 어머니는 늘 그렇듯 새벽에 일어나 간단히 샤워를 하고 서류를 챙겨 자신이 직접 일군 어린이집으로 향했다. 일과는 평소처럼 직원회의로 시작됐고, 어머니는 부모들이 아이를 데려오기 전까지 모든 준비가 제대로 돼 있는지 확인했다. 영아반, 유아반, 유치반을 차례로 점검한 뒤 사무실로 들어가 하루를 준비했다. 수천 번 반복한 루틴이었다. 뇌가 자동 조종 모드로 움직이는 듯했다.

몇 시간 뒤 아침의 분주함이 잦아들고 선생님들이 지켜보는 가운데 아이들이 정원에서 놀기 시작했을 때, 어머니는 우체국에 택배를 부치러 나섰다. 돌아오는 길에 길 건너 안경점이 눈에 들어왔다. 어머니는 몇 주째 오른쪽 눈이 불편하다고 느껴왔다. 팔을 앞으로 뻗었을 때 새끼손가락이 잘 보이지 않을 정도였다. 가족 모두가

진료를 받으라고 간곡히 말했지만 어머니는 늘 이렇게 대답했다. "지금 너무 바빠. 일이 너무 많아. 곧 갈게, 진짜야."

안경사는 어머니의 눈을 들여다보다가 검사를 멈추더니 곧장 병원으로 가야 한다고 말했다. 진단 결과는 삶을 뒤흔들 만큼 충격적이었다. 의사는 어머니의 망막이 박리됐고 눈 안에 7개의 파열 부위가 있다며, 만성적인 스트레스와 과로가 확실한 원인으로 보인다고 말했다.

현재 한쪽 눈이 완전히 실명 상태인 어머니는 이전에는 자연스럽게 해내던 일들조차 힘들어한다. 차를 따르려 해도 잔이 아닌 식탁에 흘리는 일이 많다. 계단을 오르내릴 때는 넘어질까 봐 달팽이처럼 천천히 움직인다. 아이를 안고 계단을 오르내리는 것은 이제 불가능해졌는데, 아이들을 위해 일생을 바쳐온 사람에게 그 현실은 견디기 힘든 고통이다. 컴퓨터 작업조차 힘겹다. 나머지 한 눈이 쉽게 피로해져 예전처럼 일할 수 없게 됐다.

하지만 의사가 시력 저하보다 더 심각하게 우려하는 것은 위험할 정도로 높은 혈압이었다. 현재 어머니의 혈압은 240/180인데, 이 정도면 고혈압응급증hypertensive emergency에 해당한다. 혈압 수치를 신속하게 낮추지 않으면 심장마비나 뇌졸중처럼 생명을 위협하는 응급 상황이 발생할 수 있다. 그럼에도 어머니는 일 때문에 생각날 때만 혈압약을 복용한다. 주치의가 어머니에게 혈압을 측정해 결과를 보내달라는 문자를 자주 보내지만, 어머니는 요지부동이다. 우리 가족은 어머니가 일을 그만두거나 최소한 줄이도록 설득하기 위해 온갖 방법을 써봤다. 나와 어머니의 대화는 늘 이런 식이다.

"엄마, 제발요." 내가 애원한다. "이렇게 계속 가다가는 손주도 못 보고 돌아가실 거예요!"

"난 괜찮아." 어머니는 완강하게 대답한다. "그럼 TV 앞에만 앉아 있으란 말이니?"

"엄마는 괜찮지 않아요! 의사가 계속 문자를 보내잖아요! 금요일 하루라도 쉬면 안 돼요?"

"내가 있어야 일이 돌아간다니까."

수년간 뇌를 혹사하고 디폴트 네트워크를 방치한 결과 어머니는 이제 속도를 늦추는 방법을 잊어버렸다. 어머니의 정체성은 일과 완전히 얽혀서 '한발 물러선다'라는 생각 자체를 받아들이지 못한다.

오늘로 어머니는 예순여덟이 되셨다. 솔직히 말하면, 나는 어머니가 일흔을 넘기지 못할까 봐 걱정된다.

과로로 세상을 떠나는 사람들

일본어에는 과로로 인한 사망을 뜻하는 '가로시過勞死(과로사)'라는 단어가 있다. 가로시가 처음 공식적으로 인정된 사례는 1969년, 일본 최대 신문사의 물류부에서 일하던 스물아홉 살 청년이 갑자기 뇌졸중으로 사망했을 때다.[8] 당시에는 가로시가 크게 주목받지 못했지만, 1980년대 후반 들어 기저 질환이 없던 기업의 젊은 임원들이 잇따라 사망하면서 상황이 달라졌다. 가로시는 주당 60시간 이상, 8주 이상 일한 사람들에게 주로 나타났으며 뇌졸중, 심장마비, 자살이 많았다.

가로시 유행병이 무시할 수 없을 정도로 심각해지자 변호사와 의사들이 '가로시 핫라인'을 개설했다. 그들은 탈진한 노동자들의 전화를 받을 것으로 예상했지만, 실제로는 가로시로 남편을 잃은 여성들의 전화가 압도적으로 많았다. 이 여성들의 전화 내용에 따르면, 그들의 배우자는 뚜렷한 증상도 없이 세상을 떠났다. 대부분 사람이 자신이 과로하고 있다는 사실을 너무 늦게 깨닫기 때문이다. 2015년 일본 정부는 매년 약 400명이 과로로 인한 뇌졸중·심장마비·자살로 목숨을 잃는다고 발표했다. 하지만 전문가들은 과로로 인한 실제 사망자 수가 최대 2만 명에 이를 것으로 추정했다.[9] 일본 역사상 가장 강력했던 지진과 쓰나미로 인한 사망자 수와 맞먹는 규모다.

"오늘날 사람들은 자기 자신을 너무 몰아붙이는 경향이 있습니다." 일본 후쿠시마 의과대학 조교수이자 의사인 마함 스태니언Maham Stanyon은 내게 이렇게 말했다. "모든 직업군이 가로시의 위험을 안고 있죠."

일본 문화에서 일은 곧 정체성을 의미한다. 12~19세기 일본의 봉건제 사회에서는 가장 생산적인 이들이 가장 높은 사회경제적 지위를 차지했다. 사무라이가 최상위에 있었고(그들은 필요하다면 목숨을 바치기도 했다) 농민, 장인, 상인이 그 뒤를 이었다. 이로 인해 현대 일본인은 심리학자들이 말하는 '상호의존적 자기 개념interdependent self-construal'을 가지게 됐고, 이것이 일본 특유의 집단의식을 낳았다.

"우리 학과장님은 서양 사람들이 일을 '벌'로 생각한다고 말하곤 합니다." 스태니언이 말했다. "그런데 일본에서는 장시간 노동을 긍정적으로 인식해요. 집단의식이 사고방식을 바꾼 거죠. 일본에서는 다른 사람들보다 먼저 퇴근하게 되면 '먼저 가서 죄송합니다'라고 말합니다. 서양에서는 '늦게까지 일하시느라 고생 많으세요'라고 할 텐데 말이에요." 스태니언은 일본에서는 회사에 대한 충성과 집단에 대한 충성이 동일시되며, 충성은 어떤 결과를 초래하든 안전을 의미하는 것으로 여겨진다고 덧붙였다.

스태니언은 디폴트 네트워크를 활성화함으로써 가로시에 저항하는 사람이다. 그녀는 걷고, 뜨개질하고, 요리하고, 자연의 황홀한 아름다움을 감상하면서 가능한 한 많은 시간을 보낸다.

"그냥 한 가지에 몰두합니다. 그리고 그 안에 빠져들죠. 특별히 뭔가를 생각하는 건 아니에요. 그냥 나무를 바라보면서 사색해요. 아마 그게 제 디폴트 네트워크를 활성화하는 것 같아요."

"그럴 때 기분이 어때요?" 내가 물었다.

"생산적으로 된다는 느낌이 들어요. 무언가에 몰입하는 느낌도 들고요. 시간을 낭비하고 있다는 생각은 들지 않아요."

나는 스태니언이 들려준 가로시 이야기를 들으며 충격과 슬픔을 느꼈지만, 그 이면에서 또 다른 감정이 고개를 들었다. 분노였다. 어떻게 이런 일이 일어났을까? 왜 아무도 제대로 대응하지 않는 걸까? 나는 세계 곳곳에서 발생한 가로시 사례들을 떠올렸다. 런던에서는 스물한 살 모리츠 에르하르트Moritz Erhardt가 뱅크오브아메리카 메릴린치에서 사흘 연속 야근을 한 뒤 자신의 아파트에서 숨진 채 발견됐다.[10] 서울에서는 식품 공급 업체 직원 채수홍이 사무실 바닥에 쓰러진 채 발견됐다.[11] 샌프란시스코에서는 골드만삭스에서 주당 100시간을 일하던 애널리스트 사브슈레시트 굽타Sarvshreshth Gupta가 아파트 근처 주차장에서 시신으로 발견됐다.[12] 그 외에도 수많은 사람이 있다. '일의 팬데믹'이 가장 무서운 이유는 바이러스나 세균으로 인한 팬데믹과 달리 감염 경로를 추적할 방법도, 확산을 통제할 체계적인 방법도 없다는 것이다. 우리는 모두 잠재적인 위험에 직면한 감염자다.

고용주들은 일터의 문화를 바꾸겠다고 말로는 잘 포장한다. 현대식 사무실은 푹신한 소파, 독특한 예술 작품, 부드러운 조명과 살아 있는 식물들로 꾸며진 젠Zen 스타일의 공간이다. 일부 기업은 명상 수업, 헬스장 이용권, 휴식 공간도 제공한다. 이런 변화들은 환영할 만하지만 대부분 피상적인 수준에 그친다. 노동자들에게 진정으로 필요한 것은 개인 맞춤형 휴식과 휴가다. 기업이 직원들에게 무엇이 자신들에게 진정한 휴식이 되는지 그리고 어느 정도의 휴식이 필요한지 직접 묻고, 그 필요를 충족시키기 위해 업무 구조를 조정해야 한다. 이에 대해 비판적인 생각을 가진 사람들은 기업이란 이윤 극대화를 추구하는 조직이므로 휴식과 이윤이 충돌하는 게 당연하다고 주장할지 모른다. 하지만 이는 상사가 근로 시간을 늘리라고 하면 우리는 그저 참고 견뎌야 한다는 주장과 다르지 않다.

이 주장은 과학적으로 볼 때 말도 안 된다. 투입량이 많으면 산출량도 많아진다는 전제를 바탕으로 하는 주장이지만, 사실은 그렇지 않다. 컨설턴트를 대상으로 한 연구 하나만 보더라도, 관리자들은 실제로 주당 80시간을 일한 컨설턴트와 단지 그렇게 보이도록 연기한 컨설턴트를 구별하지 못했다.[13] 또 이 주장은 열심히 일하면 이익이 늘어난다는 생각에 기초하지만, 수십 건의 연구는 과로가 오히려 기업의 수익성을 떨어뜨린다는 사실을 보여준다.[14] 직원들이 뇌를 회복시키고 디폴트 네트워크를 활성화할 수 있도록 더 많은 휴식을 주지 않으면 기획과 조직, 판단과 지각, 문제 해결과 비판적 사고 같은 가장 기본적인 업무 능력이 심각하게 손상된다. 그 여파는 경제 전반에 심각한 악영향을 미친다. 직원의 업무 몰입도 저하, 업무 오류 및 사고 증가, 직장 이탈, 이직률 상승, 직장 내 괴롭힘 확산, 건강보험 비용 급증, 기업 명성 하락, 결국 장기적 생산성과 산출량 감소 등 악영향의 종류는 너무나 많다. 일과 삶의 균형에 대한 입장이 어떻든, 경제를 파괴하는 것이 결코 좋은 생각이 아니라는 데는 모두 동의할 것이다.

나는 필이나 스태니언에게 아니, 누구에게도 가로시가 닥쳐서는 안 된다고 생각했다. 바로 그 순간부터 나는 이 책을 쓰는 과정에서 발견한 모든 지식을 필과 스태니언을 비롯해 수많은 사람이 일상에서 실제로 적용할 수 있도록 돕겠다고 결심했다. 나는 휴식과 디폴트 네트워크에 관한 놀라운 최신 과학을 통해 일로 인한 황폐화에 사람들이 맞설 수 있도록 도우려 한다.

그럴 수 있으려면 무엇보다 먼저 과로가 우리 뇌에 어떤 영향을 미치는지를 이해해야 한다.

피곤한 뇌는 어떻게 반응할까

뇌가 과로에 시달리면 우리는 멍해지고 혼란스러워진다. 명료하게 사고하거나 기억하는 것도 어려워진다. 집안일처럼 단순한 일조차 이상할 정도로 힘들어진다. 뭔가 결정을 하기도 어려워진다. 그러다 보면 쉽게 짜증이 나고 우울하고 불안해진다. 우리는 이런 느낌이 어떤 것인지 너무나 잘 안다. 거의 매일 이런 느낌을 받기 때문이다. 하지만 과로가 우리 머릿속 깊은 곳에서 어떤 변화를 일으키는지는 정확하게 알지 못한다.

심리학적으로 볼 때, 과로는 마음속에서 '뭔가 찜찜하고 만족스럽지 않다'라는 가벼운 느낌으로 시작된다. 이 상황에서 우리는 뭔가 잘못됐다고 느끼지만, 그 정도는 감당할 수 있는 수준이라고 생각해 대개는 그 느낌을 무시한다. 하지만 그러다 보면 곧 스트레스와 정서적 탈진이 찾아온다. 과로가 에너지를 고갈시켜 몸과 마음을 지친 상태로 내몰기 때문이다. 그러다 보면 냉소주의에 빠진다. 일은 그저 해야만 하는 어떤 것이라는 생각이 들면서 더는 일에 집중하지 않게 된다. 다음 단계는 비인간화dehumanization다. 동료와 고객을 대할 때 그들과 자신을 감정적으로 완전히 분리하고 마음을 닫아버린다. 점점 더 신경질적으로 되고 사사건건 불평하게 된다. 그러다 이내 극심한 불안감과 지독한 우울감이 찾아온다. 사소한 일에도 비이성적으로 걱정하고, 짓눌리는 듯한 공포와 무기력감을 느낀다. 그 과정에서 죄책감, 절망감, 무능감이 축적된다. 이런 감정들은 마치 원래부터 자신의 일부였던 것처럼 자연스럽게 느껴진다. 과로는 점진적으로 정신 건강을 갉아먹는 진행성 질환이다. 이 질환은 한번 시작되면 회복하는 데 최대 3년이 걸릴 수 있다.

　과로는 뇌의 해부학적 구조와 화학적 구성에도 변화를 일으킨다. 가장 심하게 타격을 입는 곳이 전두엽이다. 전두엽은 의사 결정, 문제 해결, 계획 수립, 주의력 통제와 관련된 부위인데 과로는 노화와 동일한 방식으로 전두엽이 얇아지게 한다. 심지어 과로는 나이보다 더 빠른 속도로 뇌를 늙게 한다. 마치 숲에서 나무들이 서서히 없어지듯, 가지처럼 뻗은 구조인 수상돌기dendrite가 뉴런들에서 사라진다. 수상돌기는 한번 사라지면 다시 생겨나기가 거의 불가능하다. 또한 전두엽은 장기적인 결과를 인식하고 신중한 판단을 내리는 능력을 담당하는 곳이다. 즉, 과로를 멈추라고 조언할 수 있는 뇌 부위는 전두엽밖에 없다는 뜻이다.

이야기는 여기서 끝나지 않는다. 과로는 학습과 기억을 담당하는 해마hippocampus를 축소시키는 한편 투쟁-도피fight-or-flight 반응을 관장하는 편도체amygdala는 확장시킨다. 동시에 글루코코르티코이드glucocorticoid라는 스트레스 호르몬의 분비를 촉진한다. 이 호르몬은 혈류를 타고 곧장 뇌로 가서 뉴런을 공격하고 섬세한 뇌 회로망을 손상시킨다. 그 때문에 과로에 시달리는 사람은 일상에서 계획을 세우고 집중하고 기억하고 배우는 능력을 잃어버린, 지치고 겁에 질려 주저하는 사람으로 변해간다. 이런 변화는 아동기 트라우마를 경험한 사람과 외상후스트레스장애post-traumatic stress disorder, PTSD 환자들에게서도 관찰된다. 나이나 성별은 이 과정에 아무런 영향을 미치지 않는다.

또한 과로는 몸의 모든 장기에 악영향을 미친다. 오랜 시간 책상에 앉아 있는 생활은 심장마비나 뇌졸중 같은 순환기 질환을 유발한다. 별다른 위험 요인이 없는 사람에게도 예외 없이 나타나는 현상이다. 업무 강도가 높은 사람들은 그렇지 않은 사람들에 비해 제2형 당뇨병, 고콜레스테롤혈증, 호흡기 질환, 소화기장애, 두통, 만성 통증, 근골격계 질환에 걸릴 가능성이 훨씬 크다. 일반적으로 사람들은 열심히 일하면 그만큼 열심히 놀아야 한다고 생각하며 이 생각은 음주, 흡연, 기분 전환용 약물 복용, 불균형한 식사, 운동 부족 등으로 이어진다. 이런 자기 위안적 행동들은 단기적으로는 기분을 좋게 하지만, 장기적으로는 과로로 인한 건강 악화를 더욱 심화시킬 뿐이다.

뇌에 활기를 주는 간단한 방법

지금까지 부정적인 이야기만 했는데, 좋은 소식도 있다. 휴식을 취하면서 디폴트 네트워크를 활성화하는 것만으로도 뇌와 몸은 스스로 치유하고 회복할 수 있다는 것이다. 나는 이 과정을 더 깊이 이해하기 위해 현대 신경과학계를 대표하는 위대한 과학자이자 2001년에 디폴트 네트워크를 발견한 마커스 라이클^{Marcus Raichle}을 찾아갔다. 여든다섯이 된 지금도 그는 학생들을 가르치고 이끌며, 여전히 마음의 숨겨진 신비를 탐구하고 있다. 워싱턴주의 후드 운하 인근에 자리한 작은 보트하우스에서 만난 그는 환한 미소를 지어 보였다.

그는 부드러운 서부 억양으로 이렇게 말했다. "어떤 과제를 수행할 때, 특히 몰입이 필요한 어려운 과제를 수행할 때 활동을 멈추는 뇌 영역이 있다는 사실을 발견한 것은 거의 우연이었어요."

이 현상은 너무나 예상 밖이라 과학자들은 해당 뇌 영역을 부를 이름조차 생각해내지 못했고, 라이클은 이 영역에 임시로 '미스터리 두정엽 영역mystery parietal area'이라는 이름을 붙였다. 너무 놀랍고 도저히 믿기지 않아 그와 동료들조차 이 결과를 부정하려고 애썼다. 실제로 그들은 일부 동료 과학자가 주장하듯 이 결과가 단순한 실험 오류로 인한 결과일 수 있다는 것을 밝히기 위해 몇 년 동안 후속 연구를 진행했다.

하지만 아무리 실험을 반복해도, 이 미스터리 영역은 끈질기게 모습을 드러냈다. 어떤 사람의 뇌를 스캔하든, 누가 어떤 과제를 수행하든 결과는 늘 같았다. 과제에 몰두하면 뇌 활동은 희미해졌고, 과제에서 벗어나면 다시 활발히 살아났다. 마치 스위치를 켰다 껐다 하는 것 같았다.

"모든 게 정말 당혹스러웠어요." 라이클은 믿기지 않는다는 듯 고개를 저으며 말했다. "그 발견이 어떤 의미를 지니는지 당시엔 제대로 실감하지 못했죠."

이 발견은 두 가지 중대한 의문으로 이어졌다. 과제는 뇌의 어떤 기능을 억제하고, 휴식은 어떤 기능을 활성화하는가? 그리고 뇌는 무대 뒤편, 우리의 의식이 닿지 않는 곳에서 무엇을 하는가? 탁월한 신경학자인 라이클은 본질적으로 뇌가 놀라울 만큼 활동적인 기관이라는 사실, 즉 몸무게의 2퍼센트에 불과한 뇌가 우리 몸 전체가 가진 에너지의 20퍼센트를 소비한다는 사실을 잘 알고 있었다. 또한 그는 뇌가 다양한 '하우스키핑housekeeping' 기능을 수행한다는 사실도 알고 있었다. 하우스키핑이란 깨어 있는 동안 몸에 축적되는 독소와 노폐물을 제거하는 분자 수준의 뇌 활동을 말한다.

하지만 바로 이 사실들이 그의 발견을 더욱 풀기 어려운 수수께끼로 만들었다. 에너지를 폭발적으로 소모하는 기관이 과제 수행 중보다 휴식 중에 더 활발하다는 사실은 상식에 어긋나니 말이다. 단순한 하우스키핑만으로는 이토록 강렬하고 광범위한 뇌 활동을 설명할 수 없었다. 이런 뇌 활동은 마치 자전거를 멈추기 위해 페달을 밟고 속도를 내기 위해 브레이크를 잡는 것처럼, 직관에 정면으로 반하는 일이었다.

우리 뇌는 과제에 집중하는 상태와 휴식을 취하는 상태를 끊임없이 오가면서 그 사이사이에 생각하고, 성찰하고, 상상하고, 새로운 아이디어를 구상하며 의식이라는 심오한 미스터리를 만들어낸다고 할 수 있다.

"우리에겐 자신이 흥미를 느끼는 것들에 대해 곰곰이 생각할 시간이 필요해요." 라이클이 말했다. "자신에게 조언하고, 마음속에서 무슨 일이 일어나고 있는지 귀 기울일 시간이 필요하죠."

실제로 세상에서 가장 멋진 작품들은 이런 정신적 휴식의 결과물이다. 예를 들어『프랑켄슈타인』은 메리 셸리Mary Shelley가 꿈에서 힌트를 얻어 쓴 작품이고,『해리 포터』는 J. K. 롤링J. K. Rowling이 기차 여행 중에 구상했으며, 주기율표는 드미트리 멘델레예프Dmitri Mendeleev가 카드놀이를 하던 중에 착안했다.

라이클은 뇌를 오케스트라에, 디폴트 네트워크를 그 오케스트라를 이끄는 지휘자에 비유했다. 그의 설명에 따르면 우리가 어떤 일을 할 때, 특히 정신적으로 부담이 큰 과제를 수행할 때 뇌의 음악은 마치 피아니시모로 연주되듯 아주 낮고 조용하게 울린다. 이 상태에서는 뇌가 가진 잠재력이 거의 드러나지 않는다. 하지만 우리가 아무것도 하지 않고 휴식을 취할 때, 그 음악은 포르티시모로 연주되듯 매우 강렬해진다. 더 크고 더 벅차게, 눈부시게 터져 나오는 선율과 신경 활동의 향연이 펼쳐지는 것이다.

대화를 이어가던 중 문득 마음을 불편하게 하는 질문이 하나 떠올랐다. "그렇다면 과로가 지휘자를 죽일 수도 있을까요? 우리도 모르는 사이에 그런 일이 일어나는 것은 아닐까요?"

라이클은 잠시 허공을 바라보며 생각에 잠기더니 조용히 답했다. "그럴 수도 있어요. 과로가 창의력을 떨어뜨리는 건 확실해요."

"제 생각엔요." 나는 그의 솔직함에 힘입어 말을 이었다. "단기 생산성은 분명 올라갔어요. 사람들은 어느 때보다 열심히 일하고, 기그 경제gig economy(기업이 근로자를 고용하지 않고 필요할 때마다 계약해 일을 맡기는 고용 형태-옮긴이)가 확산되고, 활동적인 삶의 방식이 멋진 라이프 스타일로 포장되고 있잖아요. 사람들은 점점 더 많이 일하게 됐어요."

"그렇죠."

"결국 단기적인 생산성에 집착하는 오늘날의 문화는 뇌가 쉴 수 있는 여유를 앗아가고, 디폴트 네트워크의 활성화마저 억제하고 있어요. 이처럼 디폴트 네트워크가 제대로 작동하지 못하는 상황은 우리가 오케스트라의 지휘자를 죽인 상황과 비슷해 보입니다."

"나도 그렇게 생각해요." 그는 침울하게 고개를 끄덕였다. "특히 미국에서 그런 현상이 아주 두드러져요. 현대 사회는 사람들의 시간과 에너지를 끊임없이 요구하죠. 많은 이들이 직장을 그만두는 것도 그런 압박에 대한 본능적인 반응이에요."

"이런 문제가 코로나19 팬데믹의 후유증이라고 말하는 사람들도 있어요." 나는 일부러 반론을 던졌다. "오랜 시간 집에 있다가 다시 출근하는 게 힘들어서 그렇다고요."

"코로나19 팬데믹은 이 문제를 표면화했을 뿐이에요." 라이클은 단호하게 말했다. "이 문제는 오래전부터 존재했어요. 다만 이 문제가 우리 행동을 얼마나 강력하게 지배하는지를 우리가 제대로 인식하지 못했을 뿐이죠. 하지만 사람들은 이제 묻기 시작했어요. '왜 나는 일에 대해 이렇게 느끼는 걸까? 내 뇌가 나를 방해하는 건 아닐까?'라고 말이죠."

라이클은 이어서 내게 한 젊은 환자의 놀라운 이야기를 들려주었다. 그 환자는 실리콘밸리의 스타트업에서 일하던 20대의 임원이었는데, 갑자기 디폴트 네트워크의 핵심 영역에서 간질 발작이 시작됐다고 한다. 발작이 일어났을 때 그는 자기 자신으로부터 분리되는 느낌, 즉 자기 자신의 생각을 외부에서 지켜보는 관찰자가 된 듯한 느낌을 받았다고 했다. 그의 '나'라는 감각은 하나의 독립된 존재가 됐고, 라이클의 설명에 따르면 그 존재는 뇌의 여러 부위가 서로 주고받는 이야기를 듣고 있는 듯했다. 디폴트 네트워크가 혼란에 빠지자, 그의 생각은 더 이상 그 자신의 것이 아니게 됐다. 라이클은 뇌의 지휘자가 우리의 자아 감각마저 통제하고 있다는 놀랍고도 우려스러운 결론을 보여주는 사례라고 말했다.

이 이야기는 매우 충격적이었다. 물론 과로가 간질처럼 디폴트 네트워크에 직접적이고 급격한 손상을 입히지는 않을 것이다. 하지만 방치라는 형태를 통해 디폴트 네트워크를 서서히 약화시키는 것은 분명해 보인다. 그래서 과로 탓에 우리가 자아 감각을 잃어가고 있는 건 아닌지 조심스럽게 물어봤다.

"그럴 수도 있어요." 그는 부드럽게 답했다. "나도 늘 혼잣말을 하거든요. 당신도 그렇지 않나요? 그런데 만약 우리가 항상 무언가에 쫓기듯 반복적으로 일만 하면서 정신없이 살아간다면, 그렇게 자신과 대화하는 건 불가능해질 겁니다."

과로의 위험을 피하고 디폴트 네트워크를 건강하게 유지하기 위해 라이클은 자연을 바라보며 보내는 시간을 늘렸다고 한다. 그의 집이 있는 후드 운하 부근은 올림픽산맥 자락에 펼쳐진 지상낙원 같은 곳이다. 거대한 공룡 같은 상록수들이 언덕을 뒤덮고, 그 너머로는 철새 떼가 생명의 바다로 불리는 세일리시해의 물 위를 날아간다.

"여기 앉아서 이 모든 걸 바라보는 것만으로도 마음이 편안해져요." 그는 미소 지으며 말했다. "나는 이곳을 정말 사랑해요."

마지막으로, 사람들에게 '휴식'이라는 관점에서 무엇을 권하고 싶은지 물었다. 그는 더 깊이 사유하고 세상을 더 넓게 바라보라고, 그러려면 음악을 듣고 소설을 읽고 자연과 교감하는 데 더 많은 시간을 쓰는 것이 좋다고 말했다. 뇌에는 꺼짐 스위치가 없다는 것, '휴식'이라는 개념 자체가 어쩌면 잘못된 것일 수도 있다는 사실을 기억하라는 말도 덧붙였다. 오케스트라는 지금도 같은 자리에서 음악을 연주하고 있다. 귀를 기울이면, 그 장엄한 소리를 들을 수 있다.

디폴트 네트워크의 해부학적 구조

이제부터는 진정한 의미의 휴식이 무엇인지 이해하기 위해 디폴트 네트워크를 조금 더 깊이 들여다보자.

앞서 살펴본 것처럼, 디폴트 네트워크는 뇌 여러 영역에 걸쳐 분포하는 뉴런들의 집합체다. 우리가 '꺼지는' 순간, 이 네트워크는 '켜진다'. 뉴런은 정교하고 아름답기까지 한 세포 구조 덕분에 신경망을 이루기에 더없이 적합한 존재다. 일반적인 뉴런은 수많은 수상돌기를 갖고 있어 세포체의 표면적이 크게 확장돼 있다. 각각의 뉴런은 축삭^{axon}이라는 신경 섬유를 지니고 있으며, 이 축삭은 여러 갈래로 뻗어나가 한 뉴런이 평균 7,000개의 다른 뉴런과 연결될 수 있게 한다.

인간의 뇌에는 약 850억 개의 뉴런이 존재하는데, 이는 우리 은하에 있는 항성의 수와 거의 맞먹는다. 또한 인간의 뇌에는 약 100조 개에 이르는 뉴런 연결이 존재하며, 이는 우리은하 규모의 은하 1,000개에 존재하는 항성들의 숫자보다 많다. 현재까지 이렇게 숨이 막힐 정도로 정교한 복잡성을 가진 시스템은 발견된 적이 없다.

디폴트 네트워크의 한 영역이 활성화되면 나머지 영역들도 대개 동시에 활성화된다. 오랫동안 신경과학자들은 이 자동적 활성화를 디폴트 네트워크가 의미 없는 배경 신호를 만들어낸다는 증거로 여겨왔다. 하지만 이 배경 신호는 분명한 기능을 지닌다. 어쩌면 이 배경 신호는 우리가 발견한 신호 중 가장 중요한 것일지도 모른다. 생물학의 핵심 개념 중 하나는 '구조가 기능을 결정한다'라는 것이다. 따라서 디폴트 네트워크를 이해하려면, 먼저 그 해부학적 구조를 살펴보아야 한다.

디폴트 네트워크는 이런 방대한 연결망 속에서도 특히 4개의 주요 뇌 영역에 걸쳐 있다. 내측 전전두피질medial prefrontal cortex(이마 바로 뒤 뇌 표면 아래), 후측 대상피질posterior cingulate cortex(뇌 중심부), 설전부precuneus(뇌 꼭대기에서 뒤로 치우친 부분) 그리고 각회angular gyrus(머리 뒤쪽 귀 위 부근)다.

내측 전전두피질은 의사 결정, 미래 계획, 자아 인식, 장기 기억을 조율하는 핵심 부위다. 가족을 꾸릴지, 직업을 바꿀지 같은 깊은 고민을 할 때 이 영역은 과거의 성취와 미래의 열망을 하나의 통합된 계획으로 엮어 '진정한 나'에 부합하는 선택을 하도록 돕는다. 특히 주목할 점은 이 부위가 휴식 중에도 매우 높은 대사율을 유지한다는 것이다. 우리가 아무것도 하지 않을 때조차 이 네트워크는 많은 에너지를 소모한다는 뜻이다.

후측 대상피질은 길 찾기, 자서전적 기억 autobiographical memory, 마음 방황 mind wandering, 미래 상상과 같은 기능에 필수적이다. 쉽게 말해 이 부위는 뇌 속의 내비게이션이자 회고록, 수정구슬의 역할을 동시에 한다고 할 수 있다.

설전부는 일상적인 사건을 기억하는 능력 episodic memory(일화 기억)과 사물 간의 시각적·공간적 관계를 파악하는 능력 visuospatial imagery(시각적-공간적 심상)을 통제한다. 예를 들어 친구가 편지를 부쳐달라고 부탁했던 걸 떠올리게 하고, 우체통에 편지를 넣을 때 우편물 투입구의 방향에 맞춰 정확히 넣을 수 있도록 조정하는 역할을 한다.

각회는 읽기, 쓰기, 텍스트 해석 같은 복잡한 언어 기능을 담당한다. 각회는 당신이 지금 이 글을 읽는 동안에도 활성화돼 있으며, 미국 헌법을 놓고 공화당원과 민주당원이 다른 해석을 하는 데도 일정 부분 관계가 있다.

디폴트 네트워크의 규모와 영향력은 그 반대 개념인 집행 네트워크executive network와 비교하면 가장 잘 이해할 수 있다. 집행 네트워크는 목표 지향적이고 높은 인지 능력을 요구하는 과제를 담당하는 뇌의 네트워크다. 디폴트 네트워크가 휴식과 사색의 네트워크라면, 집행 네트워크는 일에 특화된 네트워크다. 집행 네트워크는 우리가 책상 앞에 앉아 집중할 때, 집안일을 할 때, 서류를 정리하거나 파일을 분류하는 단순 작업에 몰두할 때 활발히 가동된다. 본질적으로 이 네트워크는 정신적 긴장감이 필요한 모든 순간에 작동한다.

집행 네트워크가 활성화되면 디폴트 네트워크의 활동은 감소한다. 달리 말하면, 종일 쉬지 않고 단기적 성과에 몰두하는 우리의 문화가 뇌의 매우 중요한 활동 영역을 약화시키고 있다는 뜻이다. 이 과정은 신경과학자들이 '시냅스 억제synaptic inhibition'라고 부르는 메커니즘을 통해 이뤄진다. 시냅스 억제란 활성화된 뉴런이 시냅스(뉴런들이 연결되고 신호를 주고받는 지점)를 이용해 주변 뉴런의 활동을 억제하는 일종의 신경세포 간 경쟁을 뜻한다. 우리가 바쁘게 움직이는 동안 집행 네트워크는 디폴트 네트워크의 뉴런들을 억제한다. 마치 이웃집 와이파이 신호가 우리 집 인터넷 연결을 방해하는 것과 비슷한 원리다.

하지만 우리가 휴식을 취할 때는 집행 네트워크의 활동이 약화되고, 그로 인해 디폴트 네트워크가 활발히 작동할 수 있게 된다. 또한 휴식은 심박수를 낮추고 호흡을 안정시키며, 이는 긴장을 완화하고 스트레스 호르몬인 코르티솔cortisol의 수치를 떨어뜨리는 데 도움을 준다. 이런 심층적인 신체 기능들은 글루타메이트glutamate와 감마아미노뷰티르산GABA을 포함한 신경전달물질, 즉 사고를 위한 뇌의 연료를 보충하는 데 도움을 준다. 이 두 물질은 모두 디폴트 네트워크의 활동에 필수적이다.

...

16세기에 프로테스탄트 직업윤리가 등장한 이후, 휴식은 일의 본질적인 일부가 아니라 휴식과 반대되는 것으로 인식돼왔다. 19세기에 이르자 노동운동을 통해 노동자들은 하루 8시간 노동제를 쟁취하긴 했지만(그 전에는 하루 10~16시간이었다), 그것으로 문제가 해결된 것은 아니었다. 지금도 사람들은 주당 40시간에서 100시간까지 일하는 것을 당연하게 생각하며, 그 과정에서 뇌의 디폴트 네트워크는 철저히 외면당한다. 너무나 끔찍한 일이다.

이 책을 읽고 있는 당신도 어쩌면 저녁이나 주말 또는 점심시간이나 출퇴근길 대중교통 안에서 겨우 시간을 내어 책을 펼쳤을 것이다. 자신에게 물어보자. 왜 나는 책 읽을 시간을 더 많이 가지지 못하는 걸까? 왜 내가 진정으로 하고 싶은 일을 할 시간이 이렇게 부족한 걸까? 당신도 뮐처럼 번아웃 직전의 상태에 있는 것일지도 모른다. 지치고, 짜증이 많아지고, 압박감에 짓눌리는 느낌을 받거나 어쩌면 그보다 더 심각한 상황에 처해 있을지도 모른다.

오늘날 많은 사람이 이런 상태를 겪고 있다. 이는 단순한 시간 관리의 문제가 아니다. 건강의 문제이며, 우리가 당연하게 받아들이게 된 뿌리 깊은 행동 병리 현상이다. 우리 뇌는 지금처럼 과도한 노동 시간에 맞춰 진화하지 않았다. 따라서 다른 병리 현상들에 대처할 때처럼, 우리는 먼저 자신에게 문제가 있다는 사실을 인정해야 이런 상태에서 벗어날 수 있다. 건강을 되찾기 위해 다음 장에서는 '행동'의 과학을 탐구해보자.

당신의 뇌를 구하는 휴식의 기술 1
디폴트 네트워크를 깨우는 법

- 하루에 최소한 20분 정도는 멍하니 허공을 바라보며 보내자. 무언가를 생각하려고 하지 말고 그저 마음이 자연스럽게 흘러가도록 두면서 코로 천천히 깊게 숨을 쉬어보자. 사회가 우리에게 이런 시간이 쓸모없다고 끊임없이 주입해왔기에 실천하기가 쉽지 않을지도 모른다. 하지만 이 방법이야말로 디폴트 네트워크를 활성화하는 데 매우 효과적이다.

- 매일 단 몇 분이라도 일상의 반복된 루틴과 생각에서 벗어나자. 뇌는 중간중간 휴식을 취할 때 디폴트 네트워크가 활성화되고 사고도 더 맑아진다. 굳이 그 시간을 정당화하려 애쓸 필요 없다. 건강을 위한 일에 변명은 필요하지 않다. 나는 아침에 자전거를 타기 전 집 앞 가로수들을 잠시 바라보며 이런 소중한 순간을 챙긴다.

- 앙리 푸앵카레처럼 오래 걷거나 대중교통을 타고 창밖을 바라보며 멍하니 시간을 보내보자. 나는 영감이 필요할 때 목적지도 정하지 않고 버스를 타곤 한다.

- 욕조가 있다면 샤워보다 목욕을 더 자주 해보자. 목욕은 몽

친 근육을 풀고 혈당 수치를 낮추는 데 효과적일 뿐 아니라 마음이 자유롭게 떠돌 수 있게 해준다. 그래서 목욕을 하는 동안 우리는 깊게 사색할 수 있다. 잠자기 전의 목욕은 수면의 질을 높여주는데, 수면은 디폴트 네트워크가 활발히 작동하는 또 다른 시간대이기도 하다. 진정 효과가 있는 입욕제를 더하면 정신적으로 한결 편안해지는 느낌을 받을 수 있다.

2장 | '일'의 뇌과학

우리 뇌의 집행 네트워크

"우리가 하루하루를 보내는 방식이
곧 우리 인생을 보내는 방식이다."

– 애니 딜러드 Annie Dillard

겉으로는 다 달라 보여도 모든 일은 결국 동일한 신경생물학적 과정에 기반하고 있다. 예를 들어 수술을 집도하는 외과의사나 소설을 집필하는 작가는 모두 집중력, 의사 결정, 세밀한 주의력을 관장하는 뇌의 신경 과정에 의존한다. 지난 수년간에 걸쳐 나는 이 신경생물학적 과정들이 다양한 스트레스 환경에서 어떻게 작동하는지, 이 과정들이 한계점에 이르렀을 때 어떤 일이 벌어지는지 파악하기 위해 노력해왔다. 이 질문은 뉴런이 어떻게 시냅스를 형성하는지 이해하기 위한 연구에서부터 왜 알츠하이머병 환자들이 옷을 입는 것 같은 일상적인 일조차 어려워하는지를 밝히는 연구에 이르기까지 내 연구의 방향을 이끌어왔다. 하지만 일이 우리 뇌에 어떤 영향을 미치는지를 제대로 이해하려면, 통제되지 않는 자본주의라는 위태로운 환경과 그로 인한 필연적인 번아웃 상황을 우리 뇌가 어떻게 헤쳐나가는지를 먼저 살펴봐야 한다. 지금부터는 현대인의 고된 현실을 그대로 보여주는 사람들의 삶을 함께 들여다보자.

새벽 햇살이 지붕을 비추기 시작할 무렵, 교외 지역에서 사는 싱글맘이자 미술 교사인 애드워Adwoa는 일찌감치 일과를 시작한다. 그녀의 머릿속은 수업 계획, 학교 회의, 딸의 아침 준비에 대한 생각으로 분주하다. 애드워의 삶은 수많은 책임이 소용돌이치듯 얽혀 있는 하루하루로 이뤄진다. 그 모든 일에는 치밀한 계획, 지속적인 집중력, 유연한 사고, 문제 해결 능력이 필요하다.

곧바로 그녀의 뇌에서 목표 지향적인 일 네트워크인 집행 네트워크가 빠르게 가동되고, 그녀가 하루 일정을 머릿속으로 떠올리는 동안 이 네트워크는 단기 기억을 활성화한다. 이어서 그녀의 집행 네트워크는 해야 할 일들을 평가하고 우선순위를 매긴다. 수업안을 마무리할지, 칭얼거리는 여섯 살 아이를 달랠지를 결정하는 것이다. 마치 잘 가꿔진 생태계를 섬세하게 돌보는 능숙한 정원사처럼, 집행 네트워크는 애드워가 아침의 혼란을 헤쳐나가도록 부드럽게 이끌어준다. 아이의 요구와 그녀의 직업적 책임을 하나의 흐름으로 자연스럽게 엮어가며 말이다.

학교에 도착하면 애드워는 또 다른 신경생물학적 도전에 직면한다. 그녀가 아이들로 가득한 교실에서 미술 기법을 시연하고 설명할 때, 그녀의 집행 네트워크는 시각적 개념들을 학생들에게 전달할 수 있는 구체적인 아이디어로 전환한다. 또한 이 네트워크는 이후 교실의 질서를 유지하는 데도 도움을 준다. 소란스러운 학생을 조용히 시키는 일부터 학생들이 왓츠앱 알림을 끄게 하는 일에 이르기까지, 그녀가 주의를 산만하게 하는 요소들을 처리하고 눈앞의 아이들에게 집중할 수 있게 한다.

학교에서 고된 하루를 보내고 집에 돌아오면 애드워는 또 다른 직업, 즉 엄마라는 역할을 수행해야 한다. 집에서는 새로운 집행 기능들을 해내야 한다. 아이가 숙제를 성실히 하는지 살펴보고, 일상적인 집안일을 하고, 저녁 식사를 준비하는 데도 집행 네트워크가 필요하다. 예를 들어 딸아이의 미술 숙제를 도울 때, 애드워의 뇌는 교사의 관점에서 자식을 키우는 엄마의 관점으로 전환된다. 딸아이의 독특한 학습 스타일에 맞춰 설명하는 방식을 조정하는 것이다.

하루를 마무리할 때조차 애드워의 집행 네트워크는 쉬지 않는다. 이 네트워크는 내일을 준비하며 기억을 정리하고, 하루 동안의 경험에서 배운 것을 통합하며, 다가올 도전에 대비한 전략을 구상한다. 이 모드에서 그녀의 뇌는 끊임없이 생각과 행동을 조율하는 튼튼한 엔진처럼 작동한다. 이 엔진은 그녀가 잠자리에 들어야 비로소 멈춘다. 그리고 새벽이 오면 다시 가동된다.

집행 네트워크가 작동하는 구조

뇌가 과도하게 혹사당하는 현상은 이제 경제의 모든 분야에서 관찰된다. 교사, 환경미화원, 버스 운전사, 은행 직원 등 어떤 직업도 예외가 아니다. 모든 직업이 집행 네트워크에 어떤 형태로든 지속적인 압박을 가하기 때문이다. 민간 기업 부문에서 이 현상이 어떻게 나타나는지를 이해하기 위해 나는 런던 최고의 경영 컨설팅 회사 중 한 곳에 다니는 제시카Jessica(가명)와 이야기를 나눴다. 그녀는 옥스퍼드대학교를 갓 졸업하고 입사했던 5년 전만 해도 열정과 기대에 가득 차 있었고, '가치를 창출한다'라는 회사의 슬로건을 현실로 만들어갈 날들을 손꼽아 기다렸다. 하지만 그녀가 내게 들려준 지금의 삶은 그 기대와는 전혀 달랐다.

"저는 24시간 내내 긴장하고 있어요. 지금은 회사가 내 생활의 전부예요."

제시카의 세계에서는 평일과 주말의 경계가 사라졌고, 낮과 밤이 뒤섞였다. 대부분 남성으로 이뤄진 위계 구조의 사다리에서 위로 올라가기 위해 그녀는 이윤을 내고 고객의 요구에 자신을 맞추면서 휴식을 포기했다.

알람 소리가 새벽어둠 속에서 울려 퍼진다. 커피 한 모금을 마시기도 전에 그녀의 뇌는 이미 할 일 목록, 회의 일정, 마감일, 전략

기획을 생각한다.

"잠옷을 입은 채 줌Zoom 미팅을 한 적도 있어요." 그녀가 말했다. "회의가 연달아 이어지다 보면 정말 탈진하게 되고, 결국 하루 업무는 퇴근 시간 이후에나 시작하곤 해요."

매일 수많은 결정을 해야 하는 제시카의 집행 네트워크는 모든 결정의 중요성과 긴급성을 끊임없이 평가하고 조정한다. 예를 들어 '오늘 발표할 내용을 먼저 검토해야 할까, 아니면 어젯밤에 받은 이메일에 답장을 먼저 해야 할까' 같은 문제를 판단한다.

런던 금융 지구의 위압적인 유리 건물에 자리한 사무실에서 제시카의 집행 네트워크는 고객에게 이메일을 작성하고, 동료의 질문에 답변하고, 재무 보고서를 훑어보는 일을 지속적으로 수행한다.

"이제 멀티태스킹이 제 존재의 전부가 되어버렸어요." 그녀는 씁쓸하게 말했다. 불가피한 심야 화상회의가 열리면, 피로가 극에 달하고 따뜻한 침대가 간절해져도 그녀는 억지로 자신을 일으켜 세운다.

그녀가 집에 돌아와 겨우 뒤척이며 잠에 들면, 그제야 그녀의 집행 네트워크는 비로소 휴식을 얻는다. 하지만 그동안 축적된 과로로 이미 그녀는 건강에 치명적인 손상을 입었다. 의학 저널 《랜싯》에 발표된 한 논문에 따르면 그녀는 뇌졸중 위험이 33퍼센트, 관상동맥 심장 질환 위험이 13퍼센트 증가한 상태였다.[1] 현재 제시카는 불면증, 고혈압, 약화된 면역 체계에 시달리고 있다. 지속적으로 작업에 몰두하고 겉으로는 중요해 보이는 결정을 하도록 끊임없이 강요받은 결과 그녀의 인지 능력은 고갈됐고, 우울증을 겪게 됐고, 장기적으로는 치매에 걸릴 위험마저 커졌다.

"제가 기대했던 삶은 이게 아니었어요. 바쁘게 사는 것과 이렇게 사는 건 달라요. 이런 삶은 재앙이에요."

우리 뇌의 집행 네트워크는 일상 과업을 수행할 때 (전두엽 앞부분의 외측 표면에 있는) 입외측 전전두피질rostrolateral prefrontal cortex과 배외측 전전두피질dorsolateral prefrontal cortex, (뇌 깊숙이 자리한) 전측 대상피질anterior cingulate cortex, (두정엽 상부 뒤쪽에 있는) 하두정소엽inferior parietal lobule을 사용한다. 이 구조들은 유기적으로 상호작용하며 집중력, 계획 및 조직 능력 그리고 인지적으로 까다로운 과업을 수행하는 데 필수적인 역할을 한다.

입외측 및 배외측 전전두피질은 일종의 위원회처럼 기능하면서 매 순간 우리를 덮치는 방대한 감각 정보를 걸러내 그 가운데 무엇에 주목할지 결정한다. 이 신경 회의실에서는 결정을 논의하고, 결과를 평가하며, 계획을 수립하고, 행동에 나선다. 아침으로 무엇을 먹을지 고르는 단순한 선택에서부터 계란을 휘젓고, 시리얼을 붓고, 토스트에 버터를 바르는 복잡한 신경생물학적 과정까지 모두 이 구조들의 조율 아래 이뤄진다. 그 덕에 우리는 세부 사항을 일일이 의식하지 않고도 일상의 루틴을 수행할 수 있다. 따라서 이 구조들은 뇌가 매일 수천 가지 결정을 빠르고 유연하게 내려야 하는 현실에서 핵심적인 역할을 한다고 할 수 있다. 또한 이 구조들은 우리의 집중력과 주의력도 조절한다. 우리가 깊은 생각에 잠기거나 복잡한 문제를 분석할 때, 이 구조들은 마치 현미경이 물체의 이미지를 또렷하게 보여주듯 우리의 주의를 날카롭게 집중시킨다.

이 영역보다 더 깊숙한 곳에 있는 전측 대상피질은 의식적 인식의 이면에서 조용히 작동하는 아치형 구조다. 마치 비밀 감시센터에 숨어 있는 비밀정보국의 분석가처럼, 우리의 행동과 결정을 면밀히 감독하고 평가한다.

당신이 업무를 처리하는 중이라고 상상해보자. 이메일을 작성하고, 화상회의에 참여하며, 새로 들어오는 메시지를 계속 확인한다. 이때 실수를 감지하는 역할을 하는 것이 바로 전측 대상피질이다. 예를 들어 이메일을 엉뚱한 사람에게 보내는 실수를 알아채는 식으로 일종의 교정자 역할을 하며, 너무 늦기 전에 오류를 포착해낸다. 이 오류 탐지 메커니즘은 '에러 뉴런error neurons'이라고 불리는 특수한 세포 집단에 의해 작동한다. 에러 뉴런은 놀라울 만큼 정밀하게 작동하기 때문에 이들이 없으면 실수를 저지를 가능성이 급격히 커진다. 알츠하이머병 같은 질환에서는 에러 뉴런이 사멸하면서 환자들이 오븐을 끄는 것을 잊거나 리모컨을 냉동실에 넣고도 인식하지 못하는 등 일상적인 과제에서도 반복적으로 실수를 하게 된다.

오류를 감지하는 능력은 인지 조절cognitive control이라는 전측 대상피질의 또 다른 기능과 긴밀하게 연결돼 있다. 인지 조절은 바뀐 목표와 새로운 정보에 따라 행동을 조정하는 능력이다. 인지 조절 능력을 측정하는 전형적인 방법은 '스트루프 효과Stroop effect'를 이용하는 것이다. 이 효과를 이용한 검사를 스트루프 검사라고 하는데, 이 검사에서 대상자는 단어의 의미가 아니라 단어의 색깔을 읽어야 한다. 예를 들어 파란색 잉크로 쓰인 'red'라는 단어가 제시됐을 때 '파랑'이라고 말해야 한다. 전측 대상피질 덕분에 우리는 단어를 읽고 싶은 본능을 억제하고 색깔에 집중할 수 있다. 예를 들어 "셰프가 발견한 이 고대 향신료를 넣으면 모든 음식이 0칼로리가 된다!" 같은 기사 제목을 볼 때, 전측 대상피질은 이 충격적인 주장과 과학적 사실 간의 불일치를 즉각 감지해낸다.

머리 뒤쪽 상단에 있는 하두정소엽은 언어 이해, 수학적 사고, 표정 인지 등 복잡한 과제 처리를 담당한다. 이 구조는 우리가 요리법을 이해하고, 재료의 무게를 기준으로 조리 시간을 계산하며, 손님이 음식을 맛본 뒤 얼굴에 떠오르는 미소를 포착하는 과정에서 핵심적인 역할을 한다. 또한 촉각, 압각, 시각, 공간 인식 같은 기본 감각 처리에서도 중요한 역할을 한다. 공을 잡거나 커피잔을 집어 들 때 하두정소엽은 공의 궤적, 거리, 필요한 힘을 정확히 계산하여 손의 움직임을 정교하게 조율한다. 이 부위가 손상된 뇌졸중 환자들은 감각 경험의 상당 부분을 인식하지 못해 접시의 한쪽만 비우거나, 몸의 한쪽에만 옷을 입거나, 종이 한쪽에만 글을 쓴다.

이미 눈치챘겠지만, 특정 과제에 맞춰 뇌 영역이 전문화돼 있다는 사실 자체가 바로 멀티태스킹이 우리에게 해로운 이유다. 하나의 작업에서 다른 작업으로 전환할 때, 뇌의 일부는 여전히 직전에 하던 일을 처리하기 때문에 인지 능력에 지연이 발생하게 된다. 그러니 다음에 여러 일을 동시에 처리하고 싶어질 때는 꼭 기억하자. 뇌는 연극 전체를 한꺼번에 보는 것보다 한 장면씩 집중할 때 가장 잘 작동한다.

신경전형인들의 세계에서 살아가야 하는 신경다양성의 사람들

2021년 여름 어느 날, 엘라 브룩스Ella Brooks라는 스물한 살의 여성이 불안한 표정으로 한 정신 건강 클리닉에 도착했다. 부드럽게 물결치는 금발에 다정한 느낌을 주는 그녀는 주변 사람들에게 활기찬 낙천주의자로 잘 알려져 있었다. 하지만 언젠가부터 달라졌다. 한동안 그녀는 안절부절못함, 예민함, 건망증, 우울감 그리고 극심한 집중력 저하를 겪었다.

켄트에서 자란 브룩스는 방학 때마다 인간의 마음이 어떻게 작동하는지 열정적으로 탐구했고, 그 열정이 유니버시티칼리지런던에서 임상신경과학을 전공하도록 이끌었다. 운송업을 운영하며 성실하게 일해온 부모님은 줄곧 브룩스를 응원해왔고, 과학에 대한 그녀의 열정이 자라나는 모습을 보자 더욱 힘을 실어주었다. 클리닉에 도착했을 때 석사 학위를 마친 상태였던 그녀는 호주 뉴사우스웨일스대학교에서 장내 미생물이 정신 건강에 미치는 영향을 주제로 박사 과정을 시작하려 하고 있었다.

그날, 정신과 의사 앞에 앉은 브룩스는 소매 끝을 만지작거리며 초조함을 감추려 애썼다. 그녀는 20분에 걸쳐 자신의 걱정과 좌절을 조심스럽게 털어놓았다. 하지만 여전히 자신이 사기꾼이라고 느꼈고, 관심을 끌려는 사람으로 비칠까 봐 두려웠으며, 의사가 자신을 진지하게 받아줄지 끊임없이 의심했다.

정신과 의사는 그녀가 결코 사기꾼도, 관심을 끌려는 사람도 아니라고 확실하게 말했다. 브룩스는 ADHD(주의력결핍과잉행동장애), 더 구체적으로는 주의산만형 ADHD 진단을 받았다. 이 유형의 환자는 쉽게 주의가 산만해지고, 자주 잊어버리며, 지루하거나 시간이 오래 걸리는 과업에 집중하지 못한다. 이 진단은 그녀에게 마치 구명줄과도 같았다. 매일 하루를 끝낼 때마다 느끼던 극심한 탈진, 내면의 혼란스러움을 처음으로 누군가에게 인정받았기 때문이다. 그때부터 그녀는 우리 시대에 가장 오해받고 있는 그 질환을 중심으로 '일의 신경과학'을 전문가와 함께 탐색해나가기로 했다.

ADHD의 실재 여부는 오랫동안 논쟁의 대상이었다. 이 질환이 실제로 존재한다고 생각하지 않는 사람들은 ADHD라는 말이 문제 행동을 묘사하는 또 다른 표현에 불과하다고 일축했다. 반면 ADHD가 신경발달장애라는 점을 입증하는 연구 결과들이 늘어났다고 주장하는 사람들도 있었다. 이 끝없는 논쟁 속에서 ADHD를 겪는 사람들은 양측의 공방 사이에 끼어 자신을 설명하고 이해받기 위해 싸워야 했다. 과학적 진실조차 흔들리는 시대다. ADHD는 실제 질환이 아니라는 주장과 남자아이에게만 생긴다는 오해 그리고 그저 더 노력하면 된다는 편견까지, 잘못된 믿음들이 지금도 여전히 사회에 널리 퍼져 있다.

그러나 ADHD는 실재하며, 그 범위는 생각보다 넓다. 다소 과잉 진단되는 경향도 있지만 연구에 따르면 전 세계 초등학생의 약 5퍼센트, 성인의 약 2.5퍼센트가 ADHD를 겪고 있다.[2] 이는 결코 적은 수치가 아니다. 증상은 다양하지만 대체로 시간 관리의 어려움, 쉽게 산만해짐, 기억력 문제 그리고 일상 루틴에 영향을 미치는 독특한 집중 방식과 우선순위 설정 같은 특을 보인다. ADHD는 혈액 검사나 영상 촬영만으로는 명확히 판단할 수 없을 만큼 진단 과정이 매우 정밀하고 복잡하다. 치료는 주로 증상을 관리하고 삶의 질을 높이는 것을 목표로 하여 이뤄진다.

ADHD에서 가장 흥미로운 점은 뇌의 집행 네트워크가 변형된 형태로 나타난다는 사실이다. 브룩스 역시 이 네트워크의 전형적인 기능들이 다르게 발현되고 있었다. 그녀는 런던의 한 홍보 회사에서 3년 가까이 메디컬 라이터로 일했다.

"9시부터 5시까지 일하는 문화와 구조가 저를 완전히 파괴했어요." 그녀는 당시 겪었던 죄책감과 번아웃의 경험을 조심스럽게 설명했다. "다시 돌아간다는 건 상상도 할 수 없어요. 그러면 아마 완전히 무너지고 말 거예요."

브룩스의 뇌에서 ADHD는 집행 기능의 여러 측면에 영향을 미친다. 이는 많은 ADHD 환자에게 공통으로 나타나는 특성이다. 중요한 것은 브룩스의 집행 네트워크가 손상되거나 소실된 것이 아니라 연결 방식이 약간 다를 뿐이라는 점이다. ADHD는 문제인 것이 아니라 신경다양성neurodiversity의 한 형태다. 브룩스를 포함한 많은 사람이 ADHD를 자기 정체성의 일부로서 긍정적으로 받아들인다.

"ADHD를 겪는 사람들은 자기 뇌에 어떻게 동기를 부여할지 스스로 방법을 찾아야 해요. 제 뇌는 제가 원할 때 알아서 켜지지 않거든요." 그녀는 담담히 말했다. "저는 일할 수 있어요. 사실 일을 정말 사랑해요. 다만 제 방식대로 해야 하죠. 그리고 저는 극단적이기도 해요. 모든 걸 쏟아붓거나, 아니면 완전히 멍하니 있거나 둘 중 하나예요."

익숙하게 들리는가? 아마 그럴 것이다.

지난 수 세기 동안, 특히 산업혁명 이후 우리는 집행 네트워크를 이용해 의사 결정, 문제 해결, 행동 착수, 주의 산만 억제 등 온갖 일을 처리해왔다. 한마디로, 집행 네트워크는 오랫동안 우리가 생산성을 이야기할 때 중심에 놓인 영웅이었다. 무언가 일을 해야 할 때마다 이 네트워크의 힘을 동원했기 때문이다. 하지만 우리는 이 네트워크에 지나치게 매료됐고, 이 네트워크를 이용해 단기 생산성의 마지막 한 방울까지 짜내려고 집착하게 됐다. 그 결과 집행 네트워크가 과도하게 이용되기에 이르렀고, 네트워크의 성능은 점점 더 악화됐다.

이보다 덜 눈에 띄는 결과들도 있다. 스트레스, 번아웃 그리고 그로 인한 정신 건강 문제들은 미국에서만 매년 1,900억 달러에 이르는 의료비 지출로 이어지고 있다.[3] 결국 우리의 집행 네트워크는 개인적인 대가뿐 아니라 경제적인 대가까지 초래하는 셈이다.

브룩스의 이야기는 현대 사회를 살아가는 우리가 집단적으로 겪고 있는 과도한 업무와 소진이라는 현실을 잘 보여준다. 단기 생산성에 대한 과도한 집착은 우리 모두에게 영향을 미치지만, 특히 ADHD를 겪는 사람들에게는 이런 집착이 훨씬 더 큰 부담이 된다. 문제는 그들이 일하는 방식이 아니다. 실제 문제는 끝없는 노동이 가능하고 심지어 바람직하다는 터무니없는 기대에 있다. 그들이 겪는 어려움은 결코 개인적 결함을 의미하지 않는다. 오히려 현대 사회의 지속 불가능한 속도가 얼마나 비현실적인지를 여실히 드러내는 증거다. 진짜 문제를 가진 쪽은 브룩스 같은 사람들이 아니라 우리 자신이다.

테리 킬리 Terri Keeley는 고개를 들어 하늘을 올려다보다가 건물 꼭대기에 앉아 있는 한 남자를 발견했다. 기이한 광경이었다. 하지만 그녀는 아무런 행동도 취하지 않았다. 그저 그 사람이 왜 그러는지 이해하지 못한 채 그 광경을 바라보고만 있었다.

그녀는 "꽤 오랫동안 그 사람을 쳐다본 것 같아요. 그런데도 위험하다는 생각은 들지 않았어요"라고 당시를 떠올렸다. 그녀가 상황의 심각성을 인식하는 데는 3분이 걸렸고, 그 짧은 지연은 치명적이었다. 그녀가 상황을 제대로 인식하고 도움을 요청하기 시작했을 때는 이미 늦었다. 그가 이미 뛰어내렸기 때문이다. 이 사건은 킬리에게 깊은 죄책감과 혼란을 남겼다.

"그때는 제 잘못이라고 생각했어요. 제가 완전히 실수했다고 느꼈어요."[4] 리버풀 출신으로 서른세 살에 ADHD 진단을 받은 서른여섯 살의 킬리에게 세상은 모든 디테일이 동일한 강도로 동시에 몰려드는 곳이다. "신경전형적인 neurotypical(자폐스펙트럼장애, ADHD 등 신경학적 병증이 없는 상태-옮긴이) 뇌는 중요한 것을 필터링해서 집중할 수 있어요. 하지만 제 뇌는 모든 걸 동시에 받아들여요. 그래서 변화에 빨리 대응하기가 정말 어려워요."

내가 킬리를 만난 것은 2024년 봄의 어느 오후였다. 생각이 깊고 말을 조리 있게 하는 그녀는 헬스케어 커뮤니케이션 분야에서 일하며 신약 출시, 질병 인식 제고, 환자 권익 옹호 활동과 관련된 업무를 총괄하고 있다. 그녀의 아침은 늘 정신없고 혼란스럽다. 그녀는 "매일 아침이 완전히 아수라장이었어요"라며 자주 지각을 하고, 기차를 놓치기 일쑤이며, 심지어 길을 잃어 인사팀에서 그녀를 찾으러 나선 적도 있다고 말했다.

직장에서 킬리는 집중하는 데 어려움을 겪었고 실수도 잦았다. 그녀는 "내 뇌가 '오늘은 못 하겠어. 정말 못 하겠어'라고 말할 때가 많아요."라고도 했다. 그녀는 기억력도 좋지 않아 행동을 하면서 자신이 어떤 행동을 하는지 소리 내어 말하곤 한다. 청각적인 자극이 머릿속에 더 오래 남기 때문이다. 예를 들어 그녀는 이메일을 읽을 때도 읽는 도중에 자신이 무엇을 하고 있었는지 잊어버리곤 하기 때문에 이어서 계속하려면 내용을 소리 내어 읽어야 할 때가 있다. 마침내 그녀는 완전히 번아웃에 이르렀고, 지금은 재택근무를 하고 있다.

킬리는 이런 신경다양성 증상 때문에 더 자주 일을 멈추고 쉬어야 했다. 그래서 예전보다 근무 시간을 줄였고, 힘든 상황이 있을 때는 동료들에게 미리 알린다. 그녀는 강아지를 키우기 시작했는데, 강아지와 규칙적으로 산책을 하면 일에서 잠시 떨어져 쉴 수 있는 시간을 만들고 일과 삶의 균형을 회복하는 데 도움이 되리라고 생각했기 때문이다. 그녀는 이런 변화들이 오히려 장기적으로 전반적인 생산성을 높여주었다고 말한다.

"ADHD가 문제가 아니라 일하는 방식이 문제예요." 킬리는 말했다. "다른 사람들도 모두 힘들게 하루를 살잖아요. 저만 그런 게 아니죠. 사람들은 흔히 이렇게 말해요. '이번 한 시간은 정말 힘들 겠지만, 그냥 버티면 괜찮아질 거야.' 그런데 그 한 시간이 굳이 버텨야 하는 시간이 아니라 잠시 쉬고 재충전할 수 있는 시간이었다면, 그 후 다시 일할 때 훨씬 더 좋은 성과를 낼 수 있었을 거예요."

과로를 부추기는 '지위 불안'의 문제

'존재하기'보다는 '무언가를 해야 한다'는 기대, 쉬기보다 계속 일해야 한다는 압박감은 깊은 심리적 뿌리를 지니고 있다. 그중 하나는 과로를 가치로 환산하는 경제 모델이다. 이 모델은 개인의 가치를 얼마나 많은 일을 해낼 수 있는가로 측정한다. 하지만 더 근본적인 이유는 철학자 알랭 드 보통 Alain de Botton이 제시한 '지위 불안 status anxiety'이라는 개념에 있다. 그는 우리 사회의 구조가 개인의 성취를 끊임없이 비교함으로써 지위에 대한 불안을 부추긴다고 말했다. 우리는 마치 어딘가 도달해야 할 장소가 있는데, 그곳에 결코 닿지 못하는 듯한 감각에 갇혀 있다. 이 불안은 바쁨을 단순한 필요를 넘어 지위의 상징 같은 것으로 만들고, 우리는 그것을 통해 자신의 존재와 가치를 확인받으려 한다.

지위 불안은 동기 부여, 보상, 우울증과 관련된 뇌 영역인 측좌핵 nucleus accumbens을 자극한다. 우리가 자신의 지위가 위협받거나 손상된다고 느낄 때, 측좌핵은 기본적인 보상을 잃은 것처럼 반응하며 스트레스와 불안을 유발한다. 측좌핵이 활성화되면 우리는 고도의 경계 상태로 돌입할 뿐만 아니라 우울증 같은 정신 건강 문제의 위험이 높아진다. 이런 스트레스에 장기간 노출되면 심장병, 고혈압 같은 심각한 신체 질환으로 이어질 수 있다. 지위에 대한 끊임없는 집착은 시간이 흐르면서 집행 네트워크의 기능을 약화하고, 의사 결정과 감정 조절 능력을 무너뜨린다. 가장 아이러니한 것은 바로 그 '바쁨'에 대한 집착이 애초에 우리가 바쁨을 견뎌낼 능력 자체를 파괴한다는 사실이다.

최근 들어 브룩스와 킬리를 비롯한 수많은 이들이 자신의 ADHD가 제공하는 독특한 시각을 새롭게 인식하고 있다.
"사람들은 휴식의 가치를 충분히 인정하지 않아요." 브룩스의 말이다. "돈을 벌어야 하고, 월급을 많이 받아야 한다는 건 알아요. 하지만 인간은 이런 식으로 일해서는 안 돼요."
스마트폰을 오래 사용하는 것이 해로운 이유도 우리의 인지 자원을 지나치게 소모하게 한다는 사실에 있다. 수년 전부터 스마트폰 과다 사용이 우리의 주의력을 떨어뜨리고, 수면 패턴을 망가뜨리며, 급기야 삶을 송두리째 흔들어놓는다는 다양한 연구 결과가 발표됐다. 하지만 우리는 여전히 그 경고를 외면하고 있다. 평균적으로 사람들은 하루에 4.8시간을 스마트폰에 사용하며, 이는 깨어 있는 시간의 3분의 1에 해당한다.[5] 그런데 시장은 이런 위기를 적극적으로 활용한다. 생산성을 높여준다고 주장하는 수많은 앱과 도구가 쏟아져 나오고 있다. 할 일을 관리해주는 트렐로Trello부터 집중을 유도하며 가상 나무를 키우게 하는 포레스트Forest(실제로 집중하게 해주긴 한다)에 이르기까지 말이다. 하지만 이메일 과부하를 줄이고 디지털 습관을 관리해준다는 슬랙Slack이나 레스큐타임RescueTime 같은 앱들조차 결국 끝없는 알림을 쏟아내는 또 다른 도구로 전락하고 만다.

문제는 스마트폰 자체가 아니라 스마트폰 사용이 바로 직전에 하고 있던 일과 다르다는 이유만으로 마치 휴식인 양 가장된다는 것이다. 스마트폰은 탈출구처럼 느껴지지만, 사실은 뇌를 속이는 장치에 불과하다. 우리 뇌는 '새로움 편향novelty bias'을 가지기 때문에 새로운 것을 접하거나 알림을 받을 때마다 도파민dopamine이라는 쾌락 호르몬을 분비해 우리에게 보상을 준다. 그래서 우리는 틱톡을 확인하고, 인스타그램을 체크하고, 페이스북에 들어갔다가, BBC를 열어보고, 《가디언》을 클릭한 뒤, 다시 틱톡으로 돌아간다. 그리고는 이메일, 왓츠앱, 데이팅 앱을 순서대로 확인한 다음 '이번엔 진짜 마지막'이라고 자신을 설득하며 《뉴욕타임스》를 열어보고, X(옛 트위터)를 거쳐 다시 페이스북을 살핀다. 이 순환은 끝없이 반복된다. 우리 뇌는 기본적으로 도파민에 길들어 집행 네트워크를 계속 과열된 상태로 유지하는 훈련을 받고 있는 셈이다. 이 도파민 보상 시스템은 보상처럼 느껴지지만 실은 우리를 계속 몰아붙이는 채찍이다.

⋯

끊임없이 노력하면서 바쁘게 사는 것이 성공을 보장한다는 생각은 모순적이면서도 비극적이다. 이 생각의 모순적인 부분은 성공을 향한 끝없는 노력 속에서 정작 우리는 휴식을 통해 디폴트 네트워크를 활성화하지 못해 번아웃에 빠지고 일의 질도 떨어진다는 사실이다. 아울러 비극적인 부분은 이런 집착이 단지 우리를 지치게 하는 데 그치지 않고 뇌에 과도하고 부자연스러운 부담을 주어 정신적 과부하와 이른 죽음까지 초래할 수 있다는 것이다.

일에 대한 태도가 성실해야 한다는 생각에는 문제가 없다. 하지만 진정한 장기적 생산성은 더 열심히, 더 똑똑하게 일하는 데 있지 않다는 사실만은 확실하게 알고 있어야 한다. 장기적 생산성 향상의 핵심은 '무언가를 하는 상태'와 '그저 존재하는 상태' 그리고 노력과 여유 사이에서 균형을 유지하는 것이다. 언제 우리의 집행 네트워크를 가동할지, 언제 그것을 쉬게 하고 회복시킬지 아는 것이 중요하다. 일에서 잠시 벗어나는 짧은 휴식만으로도 그 과제에 더 오래 집중하는 능력이 극적으로 향상된다. 지속 가능한 생산성의 비결은 일이 아니라 휴식이다.

당신의 뇌를 구하는 휴식의 기술 2

집행 네트워크를 제대로 쓰는 법

- 하루 동안 정해진 시간에 규칙적으로 휴식을 취하자. 예를 들어 '포모도로 기법Pomodoro Technique'이 있는데, 25분간 집중해서 일한 뒤 5분간 쉬는 것이다. 이 방법은 번아웃의 위험을 낮추고, 뇌가 회복하며 집행 기능을 재정비할 수 있게 해준다. 그러면 더 높은 수준의 업무 능력을 유지할 수 있다.
- 시간 블로킹time-blocking 기법을 활용해보자. 하루를 여러 시간 단위로 나누고, 각 시간에 하나의 과제만 배정하는 방식이다. 주의 전환과 멀티태스킹 같은 생산성의 주된 방해 요소를 차단해 한 번에 한 가지 일에 몰입할 수 있게 해준다. 이 기법은 구조화된 과제를 선호하는 집행 네트워크의 작동 방식과도 잘 맞는다. 하나의 활동에 집중하면 인지 과부하를 줄일 수 있고, 전전두피질이 일을 더 효율적으로 해내게 할 수 있다.
- 이메일 규칙을 정하자. 이메일을 확인하고 답장을 보내는 시간을 하루 중 특정 시간대로 제한하면, 끊임없는 알림으로 주의가 분산되는 상황을 막을 수 있다. 계속해서 이메일을

확인하는 습관은 전전두피질을 지치게 하고, 집행 네트워크의 자원을 소모시켜 집중력과 의사 결정 능력을 떨어뜨린다. 이는 누군가가 밑에서 계속 흔들어대는 외줄 위를 걷는 것과 같다. 그런 상황에서는 누구도 중심을 잡기가 어렵지 않겠는가.

- 업무 회의에 대해 기준을 세우자. 이 회의는 정말 나와 관련이 있는가? 얼마나 오래 걸릴 것인가? 내가 반드시 참석해야 하는가? 이런 질문을 자신에게 던져본 뒤, 이메일로 요약하거나 회의를 짧게 하는 등의 대안을 제시해 시간을 아끼는 것이 좋다. 회의를 간소화하면 집행 네트워크에 큰 도움이 된다. 회의 시간이 짧고 목적이 분명할 때 우리는 주의력과 작업 기억을 훨씬 효율적으로 활용할 수 있다.

2부

휴식

이 책을 쓰기 시작한 지 몇 달이 지났다. 지금 나는 소파에 누워 창밖을 바라보고 있다. 빗줄기가 유리창을 타고 조용히 흘러내린다. 지금은 오후 4시다. 휴식을 자주 취하기 전의 나라면 이 시간에 일을 하고 있을 것이다. 책상에 몸을 웅크린 채 앉아 있거나 실험대 위로 상체를 구부린 채 이를 악물고 하루의 남은 일을 묵묵히 해치우고 있을 것이다. 하지만 오늘 나는 내리는 비를 그저 바라보고 있다.

약간의 죄책감이 든다. 불안이 잔잔한 밀물처럼 스며들면서 휴식이라는 호사를 누려야 할 나의 일부분을 서서히 잠식해간다. 나는 소파 위에서 몸을 뒤척인다. 불편하고 초조하다. 의도적으로 아무것도 하지 않는다는 것은 여전히 낯설다. 마치 남의 옷을 빌려 입은 것처럼 어색하기도 하다.

한 가지 고백할 것이 있다. 스마트폰을 치우겠다는 결심에서 약간 후퇴했다. 한동안 스마트폰을 부엌 서랍에 넣어뒀지만, 가끔 무심코 꺼내 예전 습관을 되풀이하기도 했다. 그래도 사용량은 훨씬 줄었다. 그것만으로도 충분히 좋은 시작이다.

업데이트할 것도 하나 있다. 처음에 시작했던 하루 30분짜리 '아무것도 하지 않는 시간'은 턱없이 부족했다는 것이다. 지금은 하루에 1시간 가까이 아무것도 하지 않으려고 노력하는데, 그 차이는 실로 놀랍다. 몸이 한층 건강해졌고, 생기가 돌기 시작했다. 머리가 또렷해지고,

기분이 한결 가벼워졌다. 마치 짙은 안개가 걷힌 듯하다. 그 덕에 내가 몰입해서 하는 일들이 더욱 의미 있게 느껴진다.

나는 자리에서 일어나 아무 목적 없이 집 안을 돌아다닌다. 쿠션을 정리하고, 화분에 물을 주고, 고양이들과 장난친다. 그러다 자연스럽게 책상 앞으로 간다. 책상 위에는 연구 논문이 산처럼 쌓여 있다. 과로와 번아웃이 우리를 어떻게 죽음으로 몰아가는지 그리고 휴식과 디폴트 네트워크 활성화가 어떻게 그 해답이 될 수 있는지를 보여주는 탄탄한 과학적 증거들로 가득한 논문들이다.

나는 그 논문 더미 위에 손을 얹고, 조용히 안도감이 밀려오는 것을 느낀다.

이렇게 사는 게 더 잘 사는 거야.

죄책감이 사라지고, 오늘 하루를 마무리하기로 한다.

다음 날 아침, 나는 휴식하는 삶을 실천하기 전보다 2시간 늦은 10시쯤 책상에 앉는다. 그리고 처음 15분은 아무것도 하지 않고 그저 허공을 바라본다. 창밖 나무들을, 책장에 꽂힌 책들을, 카펫 위로 뻗은 빛줄기를 바라본다.

나는 깊게 숨을 들이쉬고, 고요함이 온몸을 감싸도록 내버려둔 뒤, 천천히 몰입해 들어간다.

논문을 하나씩 훑어보며 데이터를 흡수하고, 신경과학자들과 생의학 전문가들에게 전화를 걸어 연구 결과를 교환하면서 통찰을 주고받는다. 모든 것을 빠짐없이 살피기 위해 연구 조교에게 도움을 청하기도 한다.

이제부터 가장 효과적인 휴식의 방법을 찾아가는 과학적 탐험을 시작할 것이다. 마음 방황, 삼림욕, 혼자 있기, 수면, 놀이, 운동 그리고 네덜란드 사람들이 '닉센niksen'이라고 부르는 어떤 행위가 이 여정에 포함될 것이다. 이 여정이 끝날 즈음, 당신도 깨닫게 되길 바란다. 아무것도 하지 않는 것이야말로 당신이 할 수 있는 가장 생산적인 일이 될 수 있다는 사실을 말이다.

3장 | 마음 방황

마음을 자유롭게 내버려두기

"영혼은 언제나 살짝 열려 있어야 한다.
 황홀한 경험이 찾아들 수 있도록."

− 에밀리 디킨슨 Emily Dickinson

삐이이이익.

까맣고 작은 점이 보인다.

'빛'이라는 단어가 떠오른다.

기차에서 난 소리를 들은 걸까? 진동을 느낀 걸까?

아니다. 그저 까맣고 작은 점과 '빛'이라는 단어뿐이었다.

런던 지하철을 타고 있던 나는 비퍼 beeper 를 끄고, 그 순간의 경험을 적은 뒤, 다음 역에 내릴 준비를 한다.

"까맣고 작은 점과 '빛' 중에서 뭐가 더 두드러졌나요?"

"점이요." 내가 말했다. "그렇지만 '빛'도 꽤 두드러졌어요."

"좋아요. 그럼 까만 점부터 시작해볼게요."

2월의 어느 추운 날 늦은 오후, 나는 네바다대학교 라스베이거스 캠퍼스의 심리학자 러셀 헐버트Russel Hurlburt 교수와 그의 열정적인 두 제자, 앰버Amber와 코디Cody 앞에 앉아 있다. 지금 내가 배우고 있는 것은 '묘사적 경험 표집법Descriptive Experience Sampling, DES'이라는 것으로, 귀에 착용한 비퍼의 수신기를 통해 무작위로 울리는 삐 소리에 맞춰 그 순간 내가 내면에서 무엇을 경험했는지를 있는 그대로 보고하는 기법이다. 이 기법의 목적은 실험실이나 뇌 스캔 같은 인위적 환경이 주는 편향을 배제하고, 사람들의 마음이 실제 환경에서 어떻게 작동하는지 관찰하는 것이다. 헐버트는 이를 '강화된 마음챙김mindfulness on steroids'이라고 부른다.

"그 까맣고 작은 점은 어떻게 보였나요?" 앰버가 묻는다.

"제 맞은편 좌석에 있었어요." 내가 말한다. "푸른 의자에 묘하게 찌그러진 까맣고 작은 점이 있었고, 저는 그걸 주의 깊게 쳐다보고 있었어요."

헐버트가 끼어든다. "당신의 경험은 그 작은 점 자체를 향해 있었나요, 아니면 그 얼룩을 바라보며 당신이 집중하는 데 더 초점이 맞춰져 있었나요?"

"작은 점 쪽이요." 내가 대답한다.

"그럴 거라고 생각했어요. 그럼 이제 '빛'이라는 단어로 넘어가죠."

앰버가 다시 질문한다. "그 단어는 어떻게 나타났나요?"

"머릿속 눈으로 봤어요. 전부 대문자로 된 '빛LIGHT'이라는 단어가 까맣고 작은 점 바로 위에 떠 있었어요. 이상하게도 마치 그 단어가 실제로 지하철 안에 있는 것처럼 느껴졌어요. 거기에는 나무판자도 있었어요. 그 판자 위에서 '빛'이라는 단어가 반짝였어요. 마치 빛이라는 단어로 반짝이는 간판을 만든 것 같았어요. 죄송해요…. 미친 사람처럼 보이지 않고 설명하려고 애쓰는 중이에요."

헐버트가 말한다. "우리에게 관심 있는 건 당신이 무엇을 봤느냐예요. 그게 이상하거나 기이하냐는 중요하지 않아요. 누구나 자기만의 방식으로 세상을 보죠. 그게 사람을 흥미롭게 하는 요소고, 바로 그것이 당신을 당신답게 하는 거예요. 그러니 이게 이상한지 미친 건지 따지는 건 제쳐두고, 그냥 당신이 본 것을 있는 그대로 말해주세요."

긴장되고 조금은 부끄러운 마음에 나는 깊이 숨을 들이쉰 뒤 묘사를 마무리한다.

"'빛'이라는 단어는 희고 굵은 대문자로 쓰여 있었고, 그 단어 바로 아래에 까맣고 작은 점이 있었고, 그 바로 뒤에는 나무판자가 놓여 있었어요. 마치 '빛'이라는 단어가 나무 간판 위에 쓰여 있는 것처럼 보였어요. 그렇게 보였죠."

"좋아요." 앰버가 말한다.

"아주 좋아요." 헐버트가 말한다.

내면의 야생 호랑이 엿보기

지금 하고 있는 일을 멈추고 허공을 바라보면서 머릿속을 떠다니는 생각들을 들여다보면, 우리의 의식적 경험이 항상 현재 순간에 묶여 있지는 않다는 사실을 알 수 있다. 눈앞에 펼쳐지는 것은 해변일 수도 있고, 친구의 얼굴일 수도 있다. 다른 사람은 들을 수 없는 목소리가 들릴 수도 있고, 과거를 떠올리거나 미래를 상상할 수도 있다. 또는 전혀 예상치 못한 무언가에 대해 생각하게 될 수도 있다. 이를 신경과학자들은 '과제와 무관한 사고Task Unrelated Thought, TUT'를 하는 상태라고 말하는데, 일반적으로는 '마음 방황'이라는 말이 사용된다. 우리는 깨어 있는 시간의 무려 25~50퍼센트를 이런 상태로 보낸다.[1]

오랫동안 마음 방황은 위험하고 무익한 것으로 여겨졌다. 운전 중 사고를 유발하고, 학습을 방해하며, 일상 활동의 수행 능력을 떨어뜨릴 수 있다는 이유에서였다. 다양한 종교적·신비주의적 전통들도 현재에 집중해야 한다고 가르치며, 방황하는 마음의 어리석음을 경고해왔다. 예를 들어 부처는 마음을 "끊임없이 탈출구를 찾는 춤추는 원숭이"에 비유했다.[2] 마음이 방황하는 상태는 일반적으로 지적 엄밀함을 해치는 요소이자 정신적 훈련이 부족하다는 신호로 여겨진다. 학교에서는 마음 방황, 즉 공상daydreaming을 부정적이고 우려스러운 시선으로 바라본다. 일반적으로 마음 방황은 학업 성취를 가로막고, 집중 학습을 방해하는 요소, 학습에 성실히

임하지 않는 태도를 드러내는 징후로 여겨진다.

하지만 지난 15년간의 연구 결과 마음 방황도 현명하게 활용하면 지능, 창의력, 사회적 공감 능력, 감정 처리 능력, 미래를 예측하는 능력을 향상시킬 수 있음이 밝혀졌다. 마음 방황은 뇌의 시냅스 연결을 강화하고, 대뇌 혈류와 순환을 조절하며, 우울증과 치매를 포함한 신경 질환의 발병 위험을 낮춰준다. 단순한 공상이 꽤 괜찮은 결과를 가져오는 셈이다.

마음 방황이 어떻게 작동하는지는 여전히 연구 중이지만, 디폴트 네트워크가 핵심적인 역할을 한다는 사실은 분명히 알려져 있다. 이 네트워크 중에서도 마음 방황에 가장 깊이 관여하는 부분은 내측 측두엽 medial temporal lobe이다. 이 부위는 시각 인식, 감정, 기억, 언어 그리고 확산적 사고, 시각적 디자인, 시 창작과 같은 창의적 기능을 조절하는 하위 시스템이다. 이 부위에 손상이 생기면 마음이 방황하는 빈도와 독창성이 줄어든다(한 연구에서는 마음 방황이 현재에만 국한되는 현상이 나타났다).[3] 예컨대 명상 수행자들 가운데 3,000시간 이상 사유 훈련을 한 사람들은 내측 측두엽과 디폴트 네트워크 전반에서 강한 뇌 활동을 보였다(마음챙김과 마음 방황은 내면의 생각에 관여한다는 점에서 연결돼 있지만, 마음챙김은 현재에 집중하는 반면 마음 방황은 과거·현재·미래를 자유롭게 넘나든다).[4]

물론 아직 마음 방황의 신경과학을 제대로 이해하기까지는 갈 길이 멀다. 이 주제를 다룬 모든 연구에는 크고 작은 한계가 존재한다. 생각이란 본래 자발적이고 예측 불가능하기 때문에 실험실 안에서 포착하기가 매우 어렵다. 진정한 생각이 '야생의 호랑이'라면, 우리가 실험실에서 다루는 것은 대개 목줄에 묶여 길든 고양이쯤 되는 셈이다. 고양이도 나름대로 흥미롭고 실험에 유용하긴 하지만, 결코 셰어칸Shere Khan(『정글북』에 나오는 위협적이고 위엄 있는 호랑이-옮긴이)은 아니다. 이 점에서 헐버트의 묘사적 경험 표집법DES은 매우 중요하다. 하루 중 무작위 시점에 지금 무슨 생각을 하고 있었는지를 묻는 방식은 실험실 관찰의 함정을 피해 훨씬 더 충실한 내면 경험을 끌어낼 수 있다. DES의 목표는 판단이나 해석 없이 솔직하고 담백하게, 기묘하면서도 완전히 독특한 당신만의 생각을 있는 그대로 그려내는 것이다. 단 몇 초라도 당신 내면의 '야생 호랑이'를 엿보는 것이다.

마음 방황의 순간들을 기록하면 인간 고유성의 본질과 창의적 사고의 신비한 작동 방식에 대한 귀중한 통찰을 얻을 수 있다. 이 장 서두에 소개한 내 DES 표본(까맣고 작은 점과 환각처럼 떠오른 '빛'이라는 단어의 생생한 묘사)은 우리 뇌가 얼마나 풍부하고 격렬한 내면세계를 품고 있는지를 보여준다. 우리 뇌는 우리가 예상하는 것보다 훨씬 더 소란스럽고 덜 정돈돼 있다. 이는 '생각'이라는 것의 본질을 다시 고찰하게 하며, 반사적 사고와 아이디어들이 가장 원초적인 형태로 존재하는 정신의 거대한 미지 영역을 인식하게 해준다.

물론 DES가 언제나 사람들의 마음 방황을 포착할 수 있는 건 아니다. 그리고 대부분 사람이 그렇듯, 나 역시 누군가와 공유하고 싶지 않은 생각이나 사적인 경험이 있다. 헐버트는 언제든 불편한 삐 소리는 건너뛰어도 좋으며, 실험을 중단하고 물러서도 된다고 말했다. 그렇게 나는 이후 몇 달 동안 헐버트가 이끄는 심리학자 팀과 함께 이전보다 훨씬 깊이 내 방황하는 마음의 세계를 탐험했다.

앙리 푸앵카레는 서른이 되기 전인 경력 초기에 이미 엄청난 통찰의 순간을 경험했다. 그는 한 수학 문제에 온 힘을 다해 매달렸지만 아무런 성과도 얻지 못했고, 문제를 파고들수록 오히려 정답에서 멀어진다는 느낌을 받았다. 지치고 좌절한 그는 결국 잠시 일을 멈추고 버스를 타기로 했다.

그가 나중에 회상하길, 버스에 오르는 순간 "이전까지의 어떤 생각도 그 답을 준비하고 있었다고 느껴지지 않았는데도" 불현듯 해답이 떠올랐다고 했다.[5] 푸앵카레 자신뿐만 아니라 당대의 누구도 알지 못했던 사실은 그가 겉보기에는 아무것도 하지 않는 순간조차 그의 디폴트 네트워크가 그 문제를 열심히 해결하고 있었다는 것이다.

나는 이 책을 쓰기 위해 연구하는 과정에서 이런 이야기를 수없이 읽었다. 이는 '배양 효과incubation effect'라고 불리는 현상의 고전적인 사례로, 어려운 과제에서 잠시 벗어나 있던 시간이 갑작스러운 통찰이나 해결책으로 이어지는 현상을 말한다. 푸앵카레의 예처럼, 의식이 문제에 깊이 몰입해 있을 때는 해답이 떠오르지 않다가 휴식과 이완의 순간에 오히려 답이 떠오르는 것이다. 집중된 작업에서 벗어나면 디폴트 네트워크가 과제 중심의 사고에서 풀려나 정보를 새로운 방식으로 탐색하기 때문이다. 그 결과 전혀 예기치 않은 통찰이 마치 무無에서 솟아나듯 찾아오게 된다.

그래서 나도 푸앵카레처럼 디폴트 네트워크가 뭔가를 만들어낼지(만약 만들어낸다면) 확인해보기 위해 비퍼를 챙기고 집을 나섰다.

남쪽으로 향하는 런던 168번 버스에 올라 좌석에 앉는다. 멍하니 창밖을 바라보며 그저 이 여정을 즐긴다. 오랫동안 별다른 일은 일어나지 않는다. 머릿속이 텅 비어 있다. 꼼지락거리거나 옆자리에 놓인 신문을 집어 들고 싶은 충동을 억누르며 깊게 숨을 들이쉰다. 그리고 이 시간을 '아무것도 하지 않는 시간'으로 받아들이자고 스스로 다독이며 자세를 가다듬는다.

홀번을 지나던 중 내 시선이 한 검은색 택시의 주황빛 불빛에 머무른다. 하지만 나는 그 불빛을 진짜로 보고 있는 게 아니다. 어렴풋이 어머니의 모습이 떠오른다. 부모님이 이제 나이가 많이 드셨다는 생각이 들고, 좀 더 자주 찾아뵈어야겠다는 생각이 함께 떠오른다.

삐이이이익.

헐버트는 내가 그 경험을 설명하는 동안 집중해서 듣는다.

"그러니까 삐 소리가 났을 때, 당신 경험의 중심은 '부모님을 좀 더 자주 찾아뵈어야겠어'라는 생각이었던 거죠?" 그가 묻는다.

"맞아요."

"그건 인지에 의한 생각인가요?"

"네. 하지만 이상하게도 약간 시각적인 면도 있었어요. 택시 위에 어머니의 얼굴이 겹쳐서 보였거든요."

"그럼 인지적인 측면은 당신에게 어떻게 나타났나요?"

긴 침묵이 흐른다. 뭐라고 대답해야 할지 전혀 감이 오지 않는다.

"그냥 나타난 것 같아요." 마침내 내가 말한다. "속으로 어떤 목소리가 들린 것도 아니었어요. 그 생각이 그냥 의식 속에 떠올랐어요. 내가 그 생각을 하고 있다는 느낌조차 없었어요."

내가 혼란스러워하는 것을 눈치챈 헐버트는 세션을 잠시 멈추고 설명을 덧붙인다. "당신이 방금 묘사한 건 전형적인 '비상징적 사고 unsymbolized thinking'라고 할 수 있어요. 당신은 혼란스러워하지만 그 생각에는 어떤 말도, 이미지도, 외적 상징도 없었잖아요. 그 사고 자체가 하나의 경험인 거예요."

비상징적 사고라는 것이 가능하다면(불가능하다고 믿는 이들도 많지만) 매우 흥미로운 현상이다. 왜냐하면 사고가 이미지나 기존의 상징을 넘어 존재할 수 있다는 가능성을 시사하기 때문이다. 즉, 어떤 생각은 감각적이거나 상징적인 요소 없이도 존재할 수 있다는 얘기다. 이는 모든 사고가 내적 언어inner speech나 내적 심상mental imagery에 기반한다는 전통적 관점을 뒤흔든다. 이런 사고는 인간의 사고 과정이 얼마나 다양하며, 우리가 자신의 마음을 어떻게 경험하고 이해하는지를 다시금 질문하게 한다. 이 현상은 오늘날에도 여전히 헐버트를 비롯한 여러 과학자를 당혹스럽게 하고 있다.[6]

"아까 어머니의 이미지가 희미하게 떠올랐다고 했죠?" 코디가 컴퓨터에 메모를 하며 말한다. "구체적으로 그 이미지는 당신에게 어떻게 나타났나요?"

"주황색 택시 불빛 앞에 어머니의 얼굴이 있었어요. 뒤로 불빛이 보였으니까, 어머니 얼굴은 투명했던 것 같아요."

"정말로 어머니의 이미지가 투명했을까요?" 헐버트가 묻는다. "아니면 어머니의 이미지가 투명해야 한다고 생각했기 때문에 당신이 그 이미지를 투명하게 한 걸까요?"

그는 DES의 목적이 이런 경험을 이성적으로 해석하는 것이 아니라고 조심스럽게 설명한다. 중요한 것은 경험이 어떻게 나타났는지를 '있는 그대로' 기술하는 것이며, 그것이 물리 법칙을 위반하는 것처럼 보여도 괜찮다는 것이다. 이 말이 다소 기묘하게 들릴 수도 있지만, 지각이라는 것은 본래 매우 신비로운 과정이며 우리

의 내면적 경험은 현실과 비슷하지 않은 경우가 많다.[7]

"투명했는지는 확실하지 않아요." 내가 솔직하게 말한다. "어머니의 얼굴과 택시 불빛을 동시에 봤던 걸지도 몰라요."

헐버트는 독심술사는 아니지만 오랜 경험을 통해 사람의 마음이 경험을 본능적으로 합리화하려는 경향이 있다는 걸 잘 알고 있다. 이 습관은 인간의 지각을 방해할 정도로 뿌리 깊다. 소설가 폴 볼스Paul Bowles는 이런 간섭을 '현실을 가리는 하늘the sheltering sky', 즉 내면의 현상을 탐색하지 못하도록 막는 믿음과 전제의 덮개라고 묘사했다. 이런 이유로 DES에는 인내와 훈련이 필요하며, 나 역시 이 방법을 익히기 위해 수십 번의 '삐 소리'를 들어야 했다.

"왜 그런 생각을 했는지 모르겠어요." 내가 조금 민망한 듯 말한다.

"꼭 알 필요는 없어요." 헐버트가 가볍게 대꾸한다.

하지만 나는 알고 싶다. 왜 이렇게 기이한 생각들(때로는 즐겁고, 때로는 이상하며, 때로는 무서운 생각들)이 내 마음속에 떠오르는 걸까.

마음 방황의 생물학적 메커니즘

마음 방황을 30년 넘게 연구해온 심리학자 조너선 스몰우드Jonathan Smallwood 교수는 이렇게 말했다. "마음 방황은 이론적으로는 있어서는 안 되는 일이에요. 마음 방황은 생각이 멈추는 현상이 결코 아닙니다."

스몰우드는 이 수수께끼를 진화론적 관점에서 설명했다. 그는 즉각적인 감각 자극에 집중하는 것이 동물의 행동에 내장된 생존 메커니즘임을 지적했다. 이는 환경에 민감하게 반응하도록 보장하는 시스템이다. 이런 관점에서 보면 마음 방황이라는 현상 자체가 역설처럼 여겨진다. 외부 자극을 세밀하게 처리하고 반응하도록 정교하게 설계된 뇌가 어떻게 그 입력에서 벗어나 당장 중요하지도 않고 지각적으로도 존재하지 않는 세계로 생각을 흘려보낼 수 있는 걸까? 이런 식의 '생각을 놓아버리는' 능력은 인간 인지가 단순한 생존을 넘어 훨씬 더 복잡한 수준에 이르렀음을 보여준다. 스몰우드는 뇌가 진화 과정에서 형성한 고정된 생존 메커니즘을 넘어설 수 있는 잠재력 그리고 그것이 더 추상적이고 창의적인 추구를 가능하게 하는지에 대한 심오한 질문을 마음 방황이라는 현상이 제기한다고 설명했다.

그렇다면 우리는 어떻게 그런 상태에 빠지는 걸까? 전 세계의 연구자들은 수십 년 동안 마음 방황의 생물학적 메커니즘을 이해하기 위해 노력해왔다. 한동안은 뇌의 어디를 들여다봐야 할지조차 알지 못했다. 마음 방황은 생각, 감정, 시각, 청각, 감각, 기억 등 뇌 전반에 흩어져 있는 수많은 기능과 관련된 현상, 즉 뇌의 어디에서든 일어날 수 있는 현상이었다.

그러다가 2020년, 과학자들이 마침내 중요한 실마리를 발견했다.[8] 디폴트 네트워크의 구성 요소 중 하나로 학습과 기억을 관장하는 해마 안에는 '날카로운 파동 잔물결sharp wave-ripples'이라는 작고 독특한 전기 신호 수백만 개가 존재한다. 이 날카로운 파동 잔물결은 마음 방황이 시작될 때마다 박동하며, 그로 인해 디폴트 네트워크 전반에 걸쳐 수십억 개의 뉴런이 활성화된다.

하지만 이 발견만으로는 왜 우리의 마음이 방황하는지 설명할 수 없었다. 우리는 왜 전체 시간의 4분의 1 가까이를 위험하고 무방비한 최면 상태 같은 마음 방황으로 보내도록 진화했을까? 마음이 현실에 대한 집중력을 잠시 놓아버리게 하는 것은 무엇일까? 이에 대해서는 여러 이론이 존재한다.

바르셀로나대학교의 심리철학자 조슈아 셰퍼드Joshua Shepherd 교수는 이렇게 말했다. "마음 방황에는 분명한 목적이 있어요. 목적이 없어 보이는 이유 중 하나는 마음 방황이 이리저리 헤매는 방식으로 일어나기 때문입니다. … 마음이 이리저리 헤매는 이유는 보상이 더 많은 과제를 찾을 때까지 탐색하고 살펴보는 것이 본래의 목적이기 때문이죠."9

셰퍼드는 보상이 수반되지 않는 일이 우리가 인식하지 못하는 사이에 우리 행동에 깊은 영향을 미친다고 설명한다. 너무 힘들고 만족감을 주지도 않는 일에 집중할수록 우리는 그 과제의 '가치가 너무 낮다'고 판단하는 정신적 필터링 과정을 작동시키게 되고, 이는 더 낫고 더 많은 성취감을 제공하는 과제를 찾기 위한 탐색 행동으로 이어진다. 현재 과제에 집중하지 못했다는 점에서는 실패지만, 새로운 경험을 추구한다는 점에서는 성공이기도 하다. 예를 들어 지루한 데이터 입력 작업을 하고 있다고 상상해보자. 시간이 조금 지나면, 주말여행을 계획한다든가 창의적인 프로젝트를 구상한다든가 하는 더 자극적인 생각으로 마음이 흘러갈 수 있다. 또 다른 예로, 길고 별다른 내용 없는 회의에 참석했을 때 취미나 개인적 관심사에 대한 공상을 하게 되기도 한다. 비록 당신의 몸은 회의에 참석하고 있지만, 당신의 마음은 더 의미 있는 무언가를 찾아 다른 곳으로 떠난 것이다. 지루한 과제에서 벗어나 더 지적이고 정서적으로 만족스러운 생각으로 나아가려는, 뇌의 자연스러운 성향이다.

이를 뒷받침하는 증거로 셰퍼드는 마음 방황이 디폴트 네트워크를 활성화할 뿐 아니라 새로운 목표를 선택하는 데 관여하는 집행 네트워크의 영역들까지 함께 활성화한다는 사실을 제시했다. 집행 네트워크의 영역 중 하나인 배측전측 대상피질 dorsal anterior cingulate cortex은 특정 과제의 비용과 이익을 판단하는 능력, 즉 경제적 선택을 하는 능력을 조절한다. 지루하고 반복적인 일에 몰입해야 할 때 이 부위는 무의식적으로 '이게 과연 돈이 되는 일인가?'라는 계산을 수행한다. 그 답이 '아니요'일 때는 디폴트 네트워크에 '네 역할을 해! 마음껏 방황해!'라는 신호를 보낸다. 이 메커니즘은 과제가 아무리 불만족스럽더라도 더 높은 임금이 집중력과 동기 그리고 장기적인 생산성을 높일 수 있는 이유를 설명해준다.

하지만 이 이론만으로는 높은 보수에 성취감까지 느끼는 일을 하는 사람들조차 왜 그렇게 자주 마음이 방황하는지를 설명할 수 없다. 실제로 우리 대부분은 업무에 대한 불만족 때문이 아니라 그저 마음 방황이 재미있기 때문에 그렇게 한다. 우리의 마음은 항상 무언가를 탐색하고, 우리는 그 '무언가'가 무엇인지 알고 싶어 한다. 마음 방황이 '새출발fresh start'이라는 메커니즘을 통해 창의성을 향상시킨다는 이론은 바로 이 현상에 기초한다. 요약하자면, 새출발 이론은 마음 방황이 뇌 속에서 일종의 신경학적 리셋 스위치를 작동시켜 문제를 새로운 시각으로 바라볼 수 있게 한다고 본다.

이 리셋은 매우 중요하다. 왜냐하면 뉴런이 피로해지거나 혈액을 통해 포도당과 산소를 충분히 공급받지 못할 경우 시냅스 기능과 뇌 활동이 저하되기 때문이다. 이런 상태가 너무 오래 지속되면 번아웃, 나아가 앞서 본 것처럼 조기 사망으로 이어질 수도 있다. 뉴런이 리셋되면 세포 속 '발전소' 역할을 하는 미토콘드리아가 세포 내부를 이동해 필요한 곳으로 자리를 옮길 수 있게 되고, 이를 통해 뉴런은 에너지를 회복할 수 있다. 미토콘드리아가 세포 내에서 위치를 바꾸는 능력 덕분에 에너지를 많이 요구하는 부위에 필요한 에너지가 '재충전'되는 것이다. 이 과정은 도시에서 전력 부족이 발생한 지역으로 전력을 재분배하는 과정과 비슷하다.

뉴런이 리셋되지 못할 때 어떤 일이 일어나는지는 아주 간단한 실험으로 알 수 있다. 아무 단어나 하나 떠올려 머릿속에서 계속 반복해보자. 곧 그 단어가 점점 낯설게 느껴지고, 결국에는 아무 의미도 없는 소리처럼 생각될 것이다. 이는 반복적인 자극이 뇌에 마비 효과를 일으키는 '의미 포화semantic satiation'라는 현상 때문이다. 이제 같은 실험을 다시 하되, 단어가 의미를 잃기 시작할 때 잠시 마음을 방황하게 두자. 1분쯤 아무 생각이나 떠오르게 놔둔 뒤, 다시 그 단어를 머릿속에서 반복해본다. 그 단어의 의미가 되살아날 것이다. 잠깐의 정신적 이탈이 뉴런을 리셋해주었고, 역설적으로 그 리셋이 지금 이 순간에 당신이 다시 집중하게 한 것이다.

수많은 연구와 개인적 경험담이 이 이론을 뒷받침한다. 사람들에게 반복적인 과제를 수행하게 했을 때, 마음 방황을 더 많이 한 이들이 대체로 더 나은 성과를 보였다. 디폴트 네트워크 전반의 회색질grey matter 밀도를 증가시켜 창의성까지 높여준 결과다. 심지어 마음 방황이 과제 수행을 방해할 때조차(머릿속이 구름 속에 떠 있는 듯한 상태가 너무 길어졌을 때조차) 창의력은 오히려 전반적으로 향상된다.

많은 작가, 예술가, 학자들이 이 생산적인 연관성을 체감해왔다. 르네 데카르트René Descartes는 침대에 누워 천장의 파리를 바라보다가 (대수학과 기하학을 연결하는) 좌표계를 고안했다고 전해진다. 실제로 물리학자들은 과제에 집중할 때보다 마음이 방황할 때 더 뛰어난 아이디어를 떠올리는 경향이 있다는 연구 결과도 있다.[10] 영국의 소설가 마틴 에이미스Martin Amis는 이렇게 말하기도 했다.

"영감이 오지 않을 때 억지로 짜내려 하지 않게 됐어요. 예전엔 종일 머리를 싸매고 고민했죠. 그런데 이제는 그냥 물러나 아무것도 안 해요. 그러면 내 잠재의식이 따라잡을 시간을 얻게 되죠. 다시 책상 앞으로 돌아왔을 때는 대개 문제가 해결돼 있어요."[11]

생각이 흘러가는 대로 두기

매일 오후 3시쯤 제법 많은 일을 마치고 머릿속이 조금씩 흐려지기 시작하면, 나는 동네 골목길을 따라 20분간 산책을 한다. 이 책을 위한 연구를 하면서 생긴 습관이다. 산책길은 매력적인 빅토리아풍 주택들과 작은 식당들, 운하를 지나 나무가 흩어져 있는 공원을 따라 이어진다. 나는 이제 안다. 이 산책이 내 머리를 맑게 해주는 이유는 바로 디폴트 네트워크가 활성화되기 때문이다.

오늘도 다르지 않다. 나는 공원으로 들어서 나무를 올려다보고 잠시 초록빛 속에 빠져들며 마음을 자유롭게 흘려보낸다. 그때 소리가 울린다.

삐이이이이익.

초록 잎사귀들. 나뭇가지들. 고요하고 행복한 느낌. 이것들이 대체로 헐버트가 준 노트에 내가 적어놓은 내용이다. DES를 제대로 수행하려면 감각에 들어온 모든 자극을 과장하거나 덧붙이지 않고, 경험을 있는 그대로 기술하는 것이 중요하다. 헐버트와 그의 팀이 관심을 갖는 건 오직 하나, 내면 경험의 충실한 재현이다.

"당신 경험의 중심은 올려다본 행위인가요, 잎사귀인가요, 가지인가요, 아니면 잎의 초록빛인가요?" 다음 DES 세션을 시작하자 헐버트가 묻는다.

"푸른 하늘 아래 잎사귀와 가지였어요." 내가 말한다.

"색이 중요한 요소인가요? 잎의 초록과 하늘의 파란색이?"

"네. 그리고 저는 파란 하늘이나 가지보다는 초록색을 더 의식하고 있었어요. 그걸 보고 있을 때 고요하고 기분이 좋아졌어요. 잎의 초록을 보고 있다는 사실이 기뻤던 것 같아요."

"좋아요. 그 감정을 좀 더 말해줄 수 있나요?"

"고요함이 느껴졌고, 동시에 기쁘기도 했어요. 참 좋은 느낌이었어요. 아마도 오랜 시간 실내에 갇혀 일하다가 밖에 나온 것이 좋았기 때문인 것 같아요. 날은 추웠지만 햇살이 비쳤고, 그래서 잎의 초록을 바라보는 그 순간에 고요하면서도 기쁜 느낌이 함께 있었어요."

"그 두 느낌이 하나처럼 느껴졌나요? 아니면 고요함과 기쁨이 따로 느껴졌나요?"

"서로 다르게 느껴졌어요. 같지는 않았어요."

"그러면 각각은 어떻게 느껴졌나요? 몸의 느낌이었나요, 정신적인 느낌이었나요, 아니면 '저기 나뭇잎 속'에 있는 느낌이었나요?"

"고요함은 몸의 느낌이었어요. 그 순간 내 몸이 아주 편안해진 느낌이었죠. 그런데 기쁨은 정신적인 감정에 가까웠던 것 같아요."

"그 두 감정은 당신에게 똑같이 강하게 느껴졌나요? 고요함과 기쁨이 같은 정도로?"

"잘 모르겠어요."

"지금까지 얘기를 정리해보면, 당신의 경험에는 세 가지 정도가 있겠네요. 초록빛, 고요함 그리고 기쁨."

"맞아요. 그리고 마치 내가 거기 없는 것 같았어요. 오직 초록빛 잎들만 있었죠. 아무 생각도, 걱정도 할 필요가 없었어요. 잎의 초록 속으로 도망칠 수 있어서 기뻤던 것 같아요."

내가 가장 좋아하는 마음 방황 방법은 소파에 누워 고양이 지기와 롤라를 쓰다듬으며 집 안 화초를 바라보는 것이다. 그 순간엔 말로 할 수 없이 평온해진다. 세상에서 가장 수가 많은 생명체인 식물이 내 일상에 스며 있는 모습을 바라보는 것만으로도 마음이 놓인다. 세상 어딘가에서 무슨 일이 일어나든 나는 언제라도 여기로 돌아와 부드러운 털, 잔잔한 고양이 울음소리 그리고 흙냄새 가득한 사색 속에 나를 흘려보낼 수 있다.

하지만 '생각하는 것에 대해 생각하기'를 하는 사람은 별로 없다. 혼자 남겨지면 우리는 대개 자유롭게 흘러가는 생각 속으로 들어가기보다는 휴대전화를 확인하는 쪽을 선택한다. '그저 생각하기'는 지루하게 느껴지고, 심지어 고된 일처럼 여겨지기도 한다. 이 감정은 우리 마음 깊숙이 뿌리내리고 있어서 심리학자들이 이 현상에 '게으름 혐오idleness aversion'라는 이름까지 붙였다. 우리 시대의 안타까운 현실 중 하나다.

문제는 사람들이 '그냥 아무 생각이나 하기'의 가치를 과소평가하는 데 그치지 않고, 그게 얼마나 깊은 정신적 만족을 줄 수 있는지도 제대로 모른다는 것이다. 예를 들어 한 연구에서는 일본과 영국의 대학생들에게 20분 동안 방 안에서 '생각만' 하도록 요청했다.[12] 참가자들은 휴대전화를 쓸 수도, 잠을 잘 수도, 운동을 할 수도 없었으며 의자에 앉아 생각만 해야 했다. 실험 전 학생들은 자신이 얼마나 재미있고 몰입된 경험을 하게 될지 예측해보라는 요청을 받았는데, 당연히 대부분은 그 시간이 지루할 거라고 생각했다.

그런데 정작 실험에 참여한 학생들은 놀라운 사실을 깨달았다. '그냥 아무 생각이나 하기'가 실제로 얼마나 만족스럽고 풍요로운 경험이 될 수 있는지를 크게 과소평가했다는 걸 알게 된 것이다. 그들이 그 활동을 기피한 건 논리나 이성 때문이 아니라 단지 '지루할 것'이라는 선입견 때문이었다. 그들의 마음이 그들에게 거짓말을 한 셈이다. 왜 그랬을까?

이 현상은 '초점주의focalism'라는 흥미로운 인지 편향과 관련이 있을지도 모른다. 초점주의란 우리가 예상되는 어떤 사건의 특정 요소(주로 부정적인 측면)에 지나치게 집중한 나머지 전체 경험을 제대로 예측하지 못하는 경향을 말한다. 앞의 사례에서 학생들은 '그냥 아무 생각이나 하기'의 부정적 가능성, 즉 지루하고 무의미할 것이라는 생각에 매몰되어 그 활동이 지닌 이점을 알아채지 못했다.

이건 누구나 빠지기 쉬운 함정이다. 디지털 기기 없이 혼자서 하루를 보내겠다는 계획을 세운다고 상상해보자. 초점주의가 외로움이나 지루함 같은 감정에만 초점을 맞추게 하기 때문에 휴식이나 자기 성찰이라는 진짜 혜택은 가려진다. 나는 이 책을 쓰기 시작하면서부터 그런 소중한 순간들을 어떻게 하면 붙잡을 수 있을지 고민해왔다. 나는 다양한 연구에서 해준 조언대로 휴대전화는 내려놓고, 한 번에 여러 가지 일을 하는 것을 피하고, 몸과 마음을 이완했다.

그래서 지금 나는 소파에 몸을 웅크리고 고양이를 무릎에 올린 채 내가 가장 좋아하는 추리 소설을 읽으며, 일에 대해선 전혀 생각하지 않는다. DES 실험의 다섯 번째 날 저녁이고, 나는 이제 '아무것도 하지 않는 것'을 진심으로 즐기기 시작했다. 초반의 불안과 혼란은 결국 환상일 뿐이었고, 일이 사라진 자리에는 내 잠재의식이 확장될 수 있는 여백이 생겼다.

나는 냉장고로 걸어가 문을 열고, 사과주스 팩을 선반 안에 억지로 밀어 넣으려 한다. 잘 들어가지 않아서 왼손으로 안의 물건들을 치우며, 오른손으로 여전히 주스를 밀어 넣고 있다. 냉장고 선반과 그 안쪽의 불빛을 바라보는 와중에 내 마음이 슬그머니 떠돌기 시작한다. 선반의 구조적 형태에 대해 뭔가를 느끼지만, 그것을 말로 표현할 수는 없다. 그 순간 소리가 들린다.

삐이이이이익.

"당신의 경험은 보는 것에 더 가까운가요, 아니면 행동하는 것에 가까운가요? 아니면 둘 다인가요?" 헐버트가 묻는다.

"경험의 중심은 냉장고 선반을 보는 것이었어요." 나는 이제 숙련된 DES 참여자답게 그런 용어를 자연스럽게 사용하는 자신이 조금은 뿌듯하다.

"당신은 빈 곳을 찾기 위해 의도적으로 보고 있었던 건가요, 아니면 그런 것도 아니었나요?"

"그게 아니었어요. 그냥 보고 있었어요."

"사과주스를 들고 그것을 넣으려는 행위는 당신에게 경험된 건가요, 아니면 그냥 자동으로 움직이고 있었던 건가요?"

"자동으로요. 실제 경험은 선반을 보는 것이었어요. 그리고 냉장고 안쪽의 조명도 꽤 또렷하게 느껴졌어요."

"선반 위의 물건들보다 조명이 더 도드라졌나요?"

"비슷했던 것 같아요."

"'선반을 봤다'고 했는데, 선반 자체를 봤다는 건가요?"

"아니요, 선반들 사이의 공간에 집중하고 있었어요."

"그러니까 선반의 기하학적인 구조를 본 거군요?"

"맞아요."

"이 층, 저 층 그리고 또 다른 층…." 헐버트가 손짓을 곁들여 말한다.

"네, 그런 식이었어요."

"좋아요. 지금까지 얘기한 내용을 정리해보면, 당신은 지금 사과주스를 냉장고에 넣으려는 행동을 하고 있지만 실제로 경험된 것은 그 행동과는 별개의 마음 방황 상태라는 거네요. 이를테면, 당신은 빛을 보고 있고 그 빛은 사과주스를 넣는 행위와 아무 상관이 없을 수 있어요. 또한 당신은 선반의 기하학적 구조를 봤는데, 그렇게 구조를 보는 행동도 사과주스를 넣는 행동과 전혀 관련이 없다는 거고요. 사과주스를 냉장고에 넣으려 하는데 눈앞에 선반이 놓여 있으니 그 장면이 망막에 들어온 건 맞지만, 실제로 당신은 공간을 찾고 있었던 것도 아니고요. 괜찮게 정리했나요?"

"네, 그게 제 경험을 정확하게 표현한 거예요. 다시 떠올려보면 꽤 흥미로워요. 말씀하신 대로 저는 단지 냉장고에 사과주스를 넣으려고 했던 건데, 정작 그건 제가 실제로 한 경험의 중심과는 전혀 무관했으니까요. 참 흥미롭죠."

"그렇죠. 그리고 만약 이 실험의 질문이 '사과주스를 냉장고에 넣는 경험은 어떤가요?'였다면 당신은 아마도 공간을 어떻게 찾았는지, 무엇을 옮기려 했는지에 집중했을 거예요. 하지만 지금 이 경험은 그런 것과는 전혀 다른 거죠."

⋯

　마지막 세션을 마친 뒤, 마침내 나는 헐버트가 DES를 '강화된 마음챙김'이라고 부르는 이유를 이해하게 됐다. 삶이란 결국 우리가 무엇을 알아차리느냐로 이뤄진다. 그리고 우리가 더 잘 알아차릴 수 있게 되면, 아주 사소하고 평범한 것조차도 더 깊은 의미로 다가온다. 특히 마음이 방황하는 순간들을 알아차리는 법을 배우면, 우리는 디폴트 네트워크를 활성화할 수 있고 정신 건강도 다양한 방식으로 좋아질 수 있다. 그러니 이제부터 나는 산책할 때 초록 잎의 색을 흘려보내지 않고, 버스에 앉아 있을 때 불현듯 떠오른 사랑하는 사람의 얼굴을 그냥 지나치지 않을 것이다. 그 순간을 붙잡고, 곱씹고, 어디로 이어지는지 따라가 볼 것이다.

　지금 당신의 머릿속엔 이런 생각이 떠오를지도 모르겠다. '나는 마음 방황 같은 걸 할 시간이 없어. 너무 바빠!' 그런 생각은 당신이 진짜 그렇게 믿을 때만 사실이 된다. 현재 우리는 대부분 일이 '꼭 해야 하는 일'이라고 믿도록 길들었기 때문이다. 하지만 대부분의 일은 '꼭 해야 하는 일'이 아니다. 이메일에 당장 답장할 필요도 없고, 모임에 꼭 가야 하는 것도 아니다. 열심히 일한다고 불확실성이 사라지는 것도 아니며, 바쁘다고 해서 중요한 사람이 되는 것도 아니다.

　핵심은 이것이다. 우리가 지금 이렇게 압도당한다는 느낌을 받는 이유 중 하나는 처음부터 마음 방황을 충분히 하지 않았기 때문이다. 우리는 우리의 본성이 의도한 방식대로 디폴트 네트워크를 활용하지 못하고 있다. 만약 그렇게 했더라면 스트레스도 덜 받고, 불안도 줄고, 더 창의적이고 효율적으로 일할 수 있었을 것이다. 더 많은 일을 해낼 수 있었을 것이고, 진정한 삶의 충만함은 우리가 저항하라고 배워온 바로 그 행위('아무것도 하지 않기')를 더 많이 할 때 느낄 수 있다는 사실을 발견했을 것이다.

이 모든 걸 기억하려 애쓰며, 나는 멍한 상태로 컴퓨터 앞에 앉아 이메일에 답장을 보내고 있다. 실제로 대부분 직장인은 업무 시간의 28퍼센트를 이메일을 처리하는 데 쓴다고 한다.[13] 나는 아마 40퍼센트쯤 쓸 거다.

이쯤에서 나는 결심한다. 이제 충분하다. 의자를 뒤로 밀어 책상에서 물러나 창 쪽으로 몸을 돌린다. 그리고 멍하니 하늘을 바라본다. 구름 사이로 햇빛이 비치고 새소리가 맑게 울려 퍼진다. 내 마음이 다시 방황하기 시작한다. 정원과 집 벽이 보인다. 갑자기 비퍼가 울린다.

삐이이이이익.

당신의 뇌를 구하는 휴식의 기술 3
마음에게 방황의 자유를 주는 법

- '긍정적이고 건설적인 몽상Positive Constructive Daydreaming, PCD'이라는 기법을 시도해보자. 의도적으로 유쾌한 공상 속으로 자신을 이끌어 마음이 자연스럽게 떠돌도록 유도함으로써 디폴트 네트워크를 활성화하는 방법이다. 예를 들어 앞으로 1년 뒤 원하는 삶을 살고 있는 자신을 상상해보거나 지상낙원에 있는 자신을 그려보는 것이다. 미국심리학회APA의 최근 연구에 따르면, 이렇게 의도적으로 유도한 마음 방황은 우리가 무심결에 빠지는 의도치 않은 방황과 달리 스트레스와 불안을 더 효과적으로 줄여준다. 특히 생각의 내용이 자신에게 흥미로운 것일수록 효과가 더 크다.[14] 그러니 이제부터는 일하다 말고 고래의 노랫소리로 해저 지형의 지도를 만들 수 있다거나 지구상에 존재하는 박테리아가 4쿼타quetta(1쿼타는 10의 30제곱) 마리나 된다는 사실 또는 두께가 1.4킬로미터에 이르는 그린란드의 빙산 속에 화석화된 식물이 있다는 생각에 빠져들었다고 해서 자책하지 않아도 된다.
- 일주일에 한 번은 새로운 것을 시도해보자. 새로운 상황에

놓일 때마다 뇌는 그 상황을 빠르게 처리하기 위해 하측 전 전두피질을 활용하는데, 이 부위에는 창의성을 증진하는 디폴트 네트워크 뉴런들이 집중돼 있다. 완전히 새로운 걸 시도하기 어렵다면 평소 하던 일을 다른 방식으로 바꾸는 것도 좋다. 예를 들어 출근길 경로를 바꿔본다든가, 메모를 스마트폰에 입력하는 대신 손으로 써본다든가, 동네 한가운데에 잠시 멈춰 서서 모든 감각을 동원해 주변의 경치를 천천히 음미하는 식이다.

- 슬픈 음악을 들어보자. 우울할 때 슬픈 음악을 들으면 오히려 기분이 나아질 뿐 아니라(믿기지 않겠지만 사실이다) 마음 방황이 더 활발해지게 하고 디폴트 네트워크의 활동을 높이는 효과도 있다.[15]
- 당신이 고용주라면 마음 방황에 대한 낙인을 없애는 것이 본인을 위해서도 회사를 위해서도 큰 도움이 된다. 직원들과 마음 방황의 장점에 대해 이야기하고, 그들이 창의적 가능성을 탐색할 수 있도록 시간을 허락해주자.

4장 │ 나무 끌어안기

뇌를 사로잡는 '부드러운 매혹'

> "작은 시냇물 곁에선 누구나
> 그 시냇물 소리에 조용히 귀를 기울여야 한다."
> – 루스 크라우스 Ruth Krauss

2022년 초 사람들이 코로나19 팬데믹 이후 사무실 복귀를 꺼리고 삶과 일의 균형을 다시 생각하던 때, 한 친구가 내게 마법처럼 효과적인 휴식법을 소개해줬다. 그러면서 그녀는 "인생이 달라질 거야"라고 말했다. 정말 그랬다. 하지만 인생을 바꾸려면 인내와 절제 그리고 다르게 생각하는 용기가 필요했다. 그래서 나는 에식스에 있는 울창한 숲 에핑 포레스트로 들어갔다.

그해 4월 말, 나는 휴대전화를 꺼둔 채 혼자 숲에 도착했다. 전형적인 영국 날씨였다. 하늘은 잿빛이고 공기는 쌀쌀했으며 자작나무와 참나무, 너도밤나무 같은 거목들이 고요하면서도 우아하게 움직이는 무용수처럼 흔들리고 있었다. 나는 잠시 멈춰 서서 송진 냄새, 축축한 흙냄새, 야생화의 은은한 향을 가득 들이마셨다.

나는 이곳에 목욕하러 왔다. 물론 전통적인 의미의 목욕은 아니고, 자연에 온몸을 담그고 오감을 열어 자연을 흠뻑 받아들이는 것이다. 나는 일본 의학에서 예방적 건강 관리와 치유의 초석으로 자리 잡은 오래된 관습, 즉 삼림욕을 체험하러 이곳에 왔다. 삼림욕은 디폴트 네트워크를 활성화하는 강력한 촉매제이기도 하다.

빠르게 걷는 산행과 달리 이 여행에는 목적지가 없다. 이 여행은 땅을 누비거나 길을 개척하는 것이 아니라 자연으로 되돌아가는 일이며, 우리 주변의 숲속 세계와 의식적·의도적으로 다시 연결되기 위한 것이다. 이런 여행은 나무껍질을 만지고, 꽃향기를 맡고, 숲의 소리에 귀 기울이고, 공기의 신선함을 맛보고, 빛과 그림자의 어우러짐을 바라보게 한다. 한마디로, 살아 있음을 느끼기 위한 여행이다.

삼림욕이라는 단어는 1982년 일본 정부가 만든 것으로, '숲의 분위기를 흡수한다'라는 뜻이다. 일본의 고대 종교인 신토神道와 불교의 전통에 뿌리를 두고 있으며, 사람이 자연 속을 거닐며 휴식을 취하면 심신이 치유되고 회복된다는 단순한 개념이다.

숲속 깊은 곳으로 들어갈수록 도시의 소란은 사라지고, 그 자리에 고요함이 깃들었다. 숲이 내 생각을 포근히 감싸주고 지친 감각을 되살려주는 듯했다. 솔직히 말하면, 나는 이 시간이 그저 필요한 정도가 아니라 절실했다. 수년 동안 나는 무기력할 정도의 심각한 불안장애에 시달려왔다. 처음에는 단순한 불편감이었다. 하지만 시간이 지나면서 일상을 몽땅 집어삼킬 정도로 증상이 심각해졌다. 나는 심장 박동과 혈압을 낮추는 약물로 증상을 관리했지만, 약물은 일시적인 효과밖에 없었다. 미국 작가 앤드루 솔로몬Andrew Solomon은 불안을 이렇게 절묘하게 표현했다. "그것은 끝이 보이지 않는 자유낙하, 멈추지 않는 추락처럼 느껴진다."[1]

의사는 나의 이런 불안이 스트레스와 만성적인 도시 생활 때문일 거라며 야외에서 시간을 보내보라고 조언했다. 처음에는 농담인 줄 알았다. 하지만 그녀가 자연이 지닌 치유의 힘에 대해 이야기하는 순간, 나는 그 말이 단순한 조언을 넘어선다는 것을 깨달았다. 그것은 인간 존재의 뿌리로, 즉 우리가 하나의 종으로서 존재해온 시간의 99.9퍼센트를 보내온 자연으로 돌아가라는 우리 내면의 강한 호소였다.

자연과의 분리불안을 겪는 현대인

현재 불안장애로 지출하는 비용은 유럽연합EU이 연간 1,700억 유로에 달하고, 미국은 2,100억 달러에 이른다. 원인은 복합적이지만, 전문가들은 가장 큰 요인으로 우리가 점점 자연으로부터 멀어지고 있다는 점을 지적한다. 예를 들어 엑서터대학교 매슈 화이트Matthew White 박사가 2만 명을 대상으로 진행한 연구에서는 일주일에 단 2시간을 녹지 공간에서 보내는 것만으로도 심리적 안녕감이 크게 향상된다는 결과가 나왔다.² 직업, 인종, 사회경제적 지위는 물론 만성 질환이나 장애 여부와 관계없이 동일하게 나타난 효과였다.

문제는 생각보다 심각하다. 미국 환경보호청EPA에 따르면, 미국인들은 하루의 90퍼센트를 실내에서 보낸다. 실외에서 보내는 시간이 일주일에 12시간이 조금 넘는 수준에 불과하다는 뜻이다.³ 유럽인들도 비슷한 경향을 보인다. 내가 사는 영국에서는 전체 어린이의 75퍼센트가 교도소 수감자들보다 실외에서 보내는 시간이 적다.⁴

야외 활동이 주는 이점은 단순히 몸에 좋은 수준을 넘어선다. 자연은 자기 성찰, 창의적 사고, 깊은 사색의 순간들을 불러일으킨다. 그리고 이런 순간들은 디폴트 네트워크와 심리적 건강에 필수적이다. 우리 뇌 회로는 수백만 년에 걸쳐 이 과정을 경험하도록 진화해왔다.

산책 중 나는 호숫가에 멈춰 섰다. 호수 표면은 흐릿한 하늘빛을 반사하며 초록과 갈색의 물결로 잔잔히 일렁이고 있었다. 고요함을 깨뜨린 건 간간이 울려 퍼지는 거위와 물닭의 울음소리뿐이었다. 숲에서 불어오는 바람은 달콤하고 흙냄새 어린 향기를 실어 나르며 호수의 물비린내와 어우러졌다. 나는 깊이 숨을 들이쉬면서 마음의 평화를 느꼈다.

걷기는 단순한 신체 활동을 넘어서는 수준의 행위다. 우리는 하루 평균 약 6,000보를 걷는다. 평생에 걸쳐 약 12만 킬로미터(지구 둘레의 3배)를 걷는다는 뜻이다. 이렇게 반복되는 걷기는 정신 건강에도 상당한 영향을 미친다. 걷기는 뇌의 구조를 변화시킴으로써 학습과 기억을 담당하는 뇌 영역에서 회백질을 증가시킨다. 또한 뇌의 신경화학적 메커니즘에도 영향을 미쳐 스트레스를 줄이고, 기분을 좋게 하고, 전반적인 행복감을 높이는 도파민과 세로토닌serotonin 같은 신경전달물질의 분비를 촉진한다. 심지어 골격근에도 변화를 일으켜 마이오카인myokine이라는 '희망 분자hope molecule'를 분비하게 하는데, 이 분자는 혈액-뇌 장벽을 통과해 항우울제처럼 작용한다.[5] 걷기는 우리의 사고력과 추론 능력, 읽기와 쓰기, 복잡한 문제를 해결하는 능력에도 영향을 미친다. 걷기는 자연이 마음을 치유하는 방식이다.

하지만 걷기의 효과는 녹지 공간에 의존한다. 숲이나 들판을 걸을 때 평온함을 느끼는 이유는 전전두피질의 활동이 감소하면서 우리가 몰입flow 상태, 즉 자아 감각과 시간 감각이 희미해지는 상태로 들어가기 때문이다. 이 상태에 진입하면 바쁘고 불안한 베타beta파가 줄어들고, 창의적이고 몽상적인 알파alpha파와 명상적인 세타theta파가 증가한다. 핀란드의 한 연구에 따르면, 일주일에 서너 차례 도시 녹지를 걷는 것만으로도 약물 치료를 받아야 할 정신 건강 문제의 위험을 3분의 1로 줄일 수 있다.[6]

버지니아대학교 환경심리학자 제니퍼 로Jennifer Roe 박사는 수십 년 동안 녹지 걷기의 이점을 연구해왔다. 그녀의 연구는 점점 더 중요해지고 있다. 유엔UN 자료에 따르면, 세계 도시 인구는 1950년 7억 4,600만 명에서 2014년 39억 명으로 급증했으며, 2050년에는 지구 인구의 68퍼센트가 도시에 거주할 것으로 예상된다.[7] 영국에서는 특히 도시 빈곤 지역일수록 녹지 공간이 부족하다.[8]

로 박사가 사용하는 방법 중 하나는 사람의 머리에 뇌파 측정용 EEG 센서를 부착한 뒤, 도시 지역과 도시의 녹지 공간을 걷는 동안 뇌파를 관찰하는 것이다. 현재 세계 곳곳에서 계속되고 있는 이런 연구는 번잡한 도심에서 도시 녹지로 이동할 때 베타파가 감소하고 알파파가 증가한다는 사실을 보여준다. 로와 그녀의 동료들은 이런 현상이 일어나는 이유가 우리의 주의를 자연스럽고 편안하게 사로잡는 것들, 즉 '부드러운 매혹soft fascinations'이 자연에 가득하다는 것이라고 밝혔다.

"핵심은 '자연스럽다effortless'라는 말에 있어요." 로 박사는 이 자연스러움 때문에 자연 속에서 걸으면 스트레스가 완화돼 신경이 안정된다고 말했다.

도시 생활을 하면서 우리는 끊임없이 '강한 매혹hard fascinations'의 폭격을 받는다. 스마트폰 알림과 메시지, 소셜미디어, LED 광고판, 기차 안내 방송, 중요한 이메일, 압박하는 상사, 말도 안 되는 마감일 같은 것들이 집중력을 떨어뜨리고 인지적 피로를 초래한다. 하지만 귀뚜라미 소리나 숲속에서 갑자기 피어난 데이지꽃 같은 자연의 섬세한 디테일, 즉 부드러운 매혹은 우리 뇌에, 더 나아가 우리의 주의력이라는 자원을 유지하는 데 꼭 필요한 휴식을 제공한다. 캘리포니아의 레드우드 숲이나 스리랑카 미리사 해변의 아름다움은 우리의 주의를 자연스럽게 끌어당길 만큼만 자극을 주기 때문에 기분을 좋게 하고 사고를 한결 유연하게 한다. 실제로 유타대학교 연구진은 숲에서 시간을 보내는 것이 창의력과 문제 해결 능력을 50퍼센트 향상시킨다는 사실을 밝혀냈다.[9]

우리는 이런 부드러운 매혹의 효과를 즉각적으로 느낀다. 로 박사는 이렇게 말한다. "부드러운 매혹은 우리의 마음을 또 다른 세계로 인도해 우리를 전혀 다른 공간과 연결하는 걸지도 몰라요."

나는 물가에 앉아 인간과 자연 사이의 오랜 연결 관계에 대해 깊이 생각했다. 우리의 조상은 거친 자연 한가운데서 살았고, 지구와 완벽하게 조화를 이루며 번성했다. 우리는 언제 그 연결 관계를 잃었을까? 그리고 그 연결 관계가 우리의 행복에 중요하다는 걸 언제쯤 깨달았을까? 그 답은 오래된 시간 속, 흩어진 기억들 사이에 숨어 있다.

자연은 인간에게 무조건 이롭다

1984년, 로저 울리치 Roger Ulrich 박사는 텍사스 A&M대학교 연구실에서 나와 펜실베이니아주 교외 지역에 있는 한적한 병원으로 향했다. 병원에 도착한 그에게 담낭 절제 수술을 받은 환자들의 모습이 눈에 띄었다. 병원에 들어서자마자 그는 담낭 수술을 받고 회복 중인 환자들을 주의 깊게 관찰하기 시작했다. 그가 이 병원을 찾은 이유는 환자들을 치료하기 위해서가 아니라 환자들이 창밖으로 보는 풍경이 어떤 것인지 조사하기 위해서였다.

이 환자들은 모두 동일한 수술을 받은 뒤, 회복을 위해 침대에 누워 있었다. 이들 중에는 창밖으로 작은 숲을 볼 수 있는 사람들도 있었고, 칙칙한 벽돌담만 볼 수 있는 사람들도 있었다. 이 환자들의 병실 구조는 완전히 같았고 창밖 풍경만 달랐다. 울리치는 작은 숲을 바라볼 수 있는 환자들, 즉 아주 조금이라도 자연에 노출된 이들이 더 빠르게 회복하고 통증을 덜 느끼며 부정적인 감정도 적게 표현할 것이라는 가설을 세웠다. 나무 한 그루를 보는 것만으로도 환자의 회복 과정이 근본적으로 달라질 수 있다고 본 것이다.

그의 연구는 지적인 호기심에서 시작됐는데, 그 뿌리는 매우 개인적인 것이었다. 10대 시절 울리치는 신장 질환으로 오랜 시간을 침대에 누운 채로 보내야 했는데, 유일한 위안은 창밖으로 보이는 소나무였다. 그에게 그 소나무는 외로움의 고통을 부드럽게 달래주는 존재였다.

그는 2년 동안 환자들의 회복 과정을 추적하며 회복 속도, 진통제 사용량, 간호사들이 기록한 환자 상태 등을 꼼꼼히 수집했다. 그렇게 모인 데이터 속에서 하나의 뚜렷한 패턴이 나타났다. 숲이 보이는 방에 있었던 환자들은 벽돌담을 바라보던 환자들보다 훨씬 나은 결과를 보였다.[10] 이들은 병원에 머무는 기간이 짧았고, 진통제 사용량도 적었으며, 간호사들은 이 환자들에게서 부정적 감정을 덜 목격했다고 보고했다. 침대에서 바라본 자연이 확실하고도 측정 가능한 건강 향상 효과를 낸 것이었다.

울리치의 연구는 그때까지 주로 직관의 영역에 머물던 하나의 생각에 실증적 근거를 제시했다. 즉, 자연은 우리에게 이롭다는 것이다. 우리의 건강은 단지 몸 안의 생리적 작용에만 좌우되는 것이 아니라 일상적으로 마주하는 풍경이나 자연의 녹음과도 깊이 연결돼 있다. 이는 임상 환경에서도 마찬가지다. 무엇보다 울리치는 자연이 삶의 배경에 불과한 것이 아니라 우리의 건강에 핵심적인 역할을 한다는 사실을 분명히 보여주었다.

울리치에게 이 발견은 시작에 불과했다. 그는 이 발견에서 무한한 가능성을 봤다. 하지만 세월이 흐르면서 사람들은 그의 발견에 점점 무관심해졌다. 문제는 두 가지였다.

첫째, 현재의 의료 시스템에서는 자연을 '처방'하기가 어렵다는 점이다. 현재의 의료 시스템은 혈압을 낮추기 위한 항고혈압제나 당뇨 관리를 위한 인슐린처럼 계량 가능하고 쉽게 배포할 수 있는 솔루션에 맞춰져 있다. 오늘날에도 이른바 '그린 처방(자연)' 또는 '블루 처방(바다)'에 대한 연구는 아직 초기 단계에 머물러 있다.

두 번째이자 어쩌면 더 결정적인 이유는 대형 제약 회사가 제조하는 약물이 막대한 수익을 보장해준다는 사실이다. 약은 특허를 낼 수 있고, 대량 생산과 고가 판매가 가능하다. 반면 자연은 누구에게나 열려 있고 비용이 들지 않는다. 따라서 수익화할 수 없으며, 독점도 불가능하다. 누구도 석양의 온기나 레드우드 숲의 장엄함을 특허로 등록할 수는 없다. 자연의 효능은 분명하지만, 건강을 상품화하는 시스템에서는 그 효능이 측정되지 않는다. 자연 기반 건강 접근법이 오래도록 제자리걸음을 한 데는 이런 이유가 있다. 나무의 치료 효과를 탐구하는 연구는 뒷전으로 밀렸고 자연을 통한 회복이라는 경로는 거의 연구되지도, 투자되지도, 주목받지도 못한 채 방치됐다.

그러던 어느 날, 이 조용한 흐름은 조용하고 겸손한 한 숲 애호가의 세심한 노력으로 다시 살아나기 시작한다.

칭리Qing Li 박사는 호리호리한 체격에 두꺼운 뿔테 안경을 쓰고, 검은 머리를 말끔히 빗어 넘긴 온화한 미소의 소유자다. 그는 중국 산시성 다퉁의 작은 마을에서 자라며 친구들과 숲을 탐험하곤 했다. 그는 봄과 여름에 선명한 초록빛으로 물들던 포플러 숲이 가을마다 황금빛으로 변해가던 모습을 기억한다. 어린 시절 그 숲에서 토끼, 여우, 다람쥐, 햄스터들과 함께 나무 사이를 누비며 숨바꼭질하던 기억도 생생하다.[11] 마을 근처의 살구 숲은 4월 한 달 내내 분홍빛으로 물들었고, 해마다 가족이 수확하던 살구는 황홀한 맛이었다. 1988년 그는 의학을 공부하기 위해 일본으로 건너갔지만, 나무들 사이에서 보낸 유년 시절은 그의 마음속에 늘 살아 있었다. 훗날 그는 숲 치유 의학과 면역학 분야의 세계적 권위자가 됐다.

일본은 숲의 나라다. 북쪽 홋카이도의 추운 지역에서 남쪽 오키나와의 따뜻한 해변에 이르기까지 국토의 3분의 2가 울창한 숲으로 덮여 있다. 열도를 가로지르며 솟아 있는 일본 알프스는 '열도의 지붕'이라고 불리며 숲으로 뒤덮여 있다. 일본에서 처음으로 삼림욕 국가 건강 프로그램이 도입된 아카사와 숲은 오늘날 '아카사와 자연휴양림'이라는 이름으로 잘 알려져 있다. 이곳에서는 짙은 붉은빛 껍질이 벗겨지는 줄기와 끝이 축 늘어진 비늘 모양의 잎을 지닌 키 큰 편백나무들이 자란다. 이 나무들은 한때 불상, 사무라이 성, 신사의 건축 재료로 쓰였지만 지금은 보호를 받고 있다.

리 박사는 자신의 책 『숲속으로 Into the Forest』가 세계적인 베스트셀러가 됐을 때, 유튜브 강연에서 "일본에서 중요한 두 종교인 신토와 불교는 모두 숲을 신성한 영역으로 여깁니다"라고 말했다. 일본어에는 말로 표현할 수 없는 깊고 강렬한 감정을 나타내는 단어가 있는데, 바로 '유겐幽玄'이다. 15세기 전후로 활동한 일본의 극작가 제아미 모토키요世阿弥元清는 유겐을 "돌아올 생각 없이 거대한 숲속을 방황할 때 느끼는 경외"라고 묘사했다.[12] 신경과학적으로 보면, 유겐은 디폴트 네트워크가 자연과 조화를 이루는 순간에 느끼는 감정이라고 할 수 있다.

숲속을 거닐 때 우리 뇌에서 일어나는 일

삼림욕을 할 때나 자연 속에서 걸을 때, 디폴트 네트워크의 여러 영역이 활성화된다. 그중 하나가 전두엽에 있는 내측 전전두피질이다. 전두엽에 있는 이 영역은 개인의 서사를 형성하는 데 핵심적인 역할을 한다. 이곳은 내면을 들여다보는 성찰의 중심지이자 의사 결정과 자기 지향적 사고가 움트는 장소다. 내측 전전두피질은 키 큰 나무들, 바스락거리는 잎사귀, 발밑에서 부서지는 낙엽들이 만드는 숲의 분위기를 흡수할 때 활발히 작동해 당신의 생각과 경험을 현재의 자아 감각에 엮어 넣는다.

이 과정에서 우리는 그동안 살면서 내린 결정들을 되돌아보거나 개인적인 문제들에 대해 생각하게 되며 '그 일을 해야 할까?', '나는 지금 무엇을 하면서 살고 있는 걸까?' 같은 질문을 자신에게 던지기도 한다. 이는 지나치게 많은 생각을 하는 것과는 다르며, 건강한 내면 성찰과 의사 결정을 위한 생각의 자연스러운 흐름이다.

최근 스탠퍼드대학교의 한 연구팀은 삼림욕이 과도한 사고를 억제해 불안과 부정적 감정을 완화하는 데 효과적이라는 사실을 밝혀냈다.[13] 실제로 숲은 더 낙관적인 사고방식을 촉진하며, 도전적인 상황을 긍정적으로 바라볼 수 있도록 돕는다. 숲속 환경으로 자극을 받은 내측 전전두피질의 활동은 일본 전통 미학에서 말하는 '유겐'(즉, 개인의 내면적 성찰과 외부 세계가 하나로 녹아드는 순간의 느낌)의 신경생물학적 메아리라고 할 수 있다. 당신의 뇌가 숲과 대화를 나누는 순간이 바로 이런 연결의 순간, 짧은 성찰의 순간이다.

한편 숲에서는 당신의 뇌에 있는 외측 측두피질 lateral temporal cortex도 활성화된다. 이 영역은 디폴트 네트워크의 하위 영역으로 뇌의 옆면에 자리 잡고 있으며, 시각 인식을 관장한다. 숲은 다양한 감각 자극으로 가득한 공간이다. 따라서 우리가 숲으로 들어가는 일은 이 뇌 영역에 그야말로 축제와도 같다. 우리 눈이 수없이 다양한 초록빛들, 다양한 모양의 잎들, 쥐며느리가 갉아 먹어 쓰러진 나무 그리고 빛과 그림자의 어우러짐을 담아낼 때 이 뇌 영역은 그 모든 정보를 바쁘게 처리한다. 햇살을 받고 있는 양치식물부터 뒤틀린 고목의 나무껍질에 이르기까지 모든 세부 요소가 복잡한 시각적 모자이크를 이루며, 외측 측두피질이 이를 하나하나 조합해낸다. 이 과정을 통해 시각 인지 능력이 향상된다.

1865년, 뉴욕 센트럴파크를 설계한 프레더릭 로 옴스테드 Frederick Law Olmsted는 자연을 바라보는 행위에 대해 이렇게 말했다. "자연은 마음을 지치게 하지 않으면서도 작동하게 하고, 고요하게 하면서도 생기를 불어넣으며, 그렇게 마음이 몸에 미치는 영향을 통해 전신에 상쾌한 휴식과 새로운 활력을 선사한다."[14]

이 모든 뇌 활동에는 해마가 관여한다(해마도 디폴트 네트워크의 하위 시스템 중 하나다). 기억을 관장하는 영역으로 주로 알고 있지만, 디폴트 네트워크에서 해마는 단순히 당신의 기억을 저장하고 간직하는 역할에 그치지 않고 숲속에서 당신을 인도하는 길잡이 역할도 한다. 해마 깊은 곳에는 '장소 세포place cells'라고 불리는 세포들이 존재하는데, 이 세포들은 이름 그대로 당신이 특정한 장소에 있을 때 활성화되어 주변 환경에 대한 머릿속 지도를 만들어낸다. 숲속으로 들어서는 순간, 이 세포들은 활발히 반응하기 시작한다. 오솔길의 굽이 하나하나, 나무에 새겨진 표시 하나하나가 이 신경 GPS에 저장되는 좌표가 되고 당신의 공간 기억을 고정하는 기준점이 된다. 인류 진화의 대부분은 도시의 격자 구조나 고속도로가 아니라 숲과 사바나를 탐색하며 이뤄졌다. 따라서 해마가 이런 방식으로 작동할 때 뇌는 수백만 년에 걸쳐 발달해온 정교한 인지 능력을 활용하게 된다고 할 수 있다.

숲에서는 후측 대상피질과 설전부도 활성화된다. 이 두 영역 모두 디폴트 네트워크의 일부로, 자서전적 기억과 일상의 사건들을 기억하는 기능을 담당한다. 발밑의 이끼가 발을 부드럽게 감싸고 나뭇가지들이 시야를 채울 때, 어린 시절 고향에서의 기억이 떠오르게 하는 영역들이 바로 이곳이다. 이 두 영역이 활성화되면 어렸을 때 공원에서 뛰놀던 기억, 여름날 캠핑했던 기억처럼 오래전 기억이 놀라울 만큼 선명하게 떠오를 수도 있다. 한 연구에 따르면, (날씨와 상관없이) 숲을 거니는 사람들은 도시의 거리에서 걷는 사람들에 비해 약 20퍼센트 더 많은 정보를 기억해낸다.[15] 이는 전혀 놀라운 일이 아니다. 우리 뇌는 인공적인 세계가 아니라 자연환경을 기억하도록 진화해왔기 때문이다. 다시 말해 삼림욕은 야생 속에서 활발히 작동하던 뇌의 영역들을 다시 깨운다고 할 수 있다.

신경 수준에서 삼림욕은 디폴트 네트워크 내 수상돌기와 시냅스를 재구성해 세포 간 통신을 개선한다. 또한 자연 소리를 듣는 것만으로도 디폴트 네트워크, 특히 후측 대상피질의 연결성이 강화된다.[16] 영국에서 '버드송 라디오 Birdsong Radio' 같은 새소리 방송이 인기를 끄는 것도 이 때문일 것이다. 새소리를 듣는 것은 단순히 기분 좋은 경험이 아니라 뇌를 회복시키는 효과적인 방법이다.

더 넓은 차원에서 볼 때, 삼림욕은 우리 몸의 휴식과 회복을 담당하는 부교감신경계를 자극한다. 스트레스를 받을 때 우리 몸은 교감신경계가 관장하는 '투쟁-도피' 모드로 전환된다. 도시에서 받는 지속적인 스트레스는 우리 몸을 끊임없이 경계 상태에 머물게 하며, 이는 신체적·정신적으로 큰 소모를 초래한다. 부교감신경계는 이런 상태에서 균형추처럼 작용해 위험이 사라졌다고 인식하면 몸을 이완 상태로 되돌린다.[17] 심박수를 낮추고 소화를 돕는 기능도 한다. 삼림욕은 도심 속 산책보다 훨씬 강하게 부교감신경계를 자극하며, 그 효과는 거의 하루 가까이 지속된다.

이뿐만이 아니다. 삼림욕은 우울증 치료에도 강력한 효과를 보이는 것으로 밝혀졌다. 반추 사고나 우울한 생각과 관련된 뇌 영역인 피하 전전두피질 subgenual prefrontal cortex의 활동을 변화시키기 때문이다. 철학자이자 심리학자인 윌리엄 제임스 William James는 그 자신도 우울증과 싸웠던 인물인데, 1898년 애디론댁산맥을 등반하던 중 숲에서 이 사실을 몸소 체험했다. 그는 나무들 사이에서 위안을 얻은 뒤, 아내에게 보낸 편지에 "가장 생생하고도 강렬한 영적 각성 상태에 들어섰소"라고 썼다.[18]

나에게 이 통찰들은 놀라움과 동시에 깊은 확신을 준다. 불안장애와 우울증 가족력을 안고 살아가면서 나는 가까운 숲을 찾아가는 단순한 행위로 치유의 기운을 느끼고 있다. 하지만 숲과의 개인적인 연결감을 느꼈으면서도 한때는 이런 본능적 욕구 앞에서 망설이거나 심지어 그 충동을 억누르기도 했다. 자연에서 목적 없이 거니는 행위에 대한 사회적 낙인이 어느새 은밀하게 내 의식 속에 스며들어 있었기 때문이다. '방랑자', '부랑자', '유목민'처럼 비생산적인 사람들에게 붙는 사회의 낙인들은 충동에 충실한 이런 행동을 하찮거나 심지어 무책임한 행동으로 치부하게 했고, 삶의 좌표를 잃은 사람들이나 반항적인 사람들만이 하는 일처럼 느끼게 했다. 설령 그런 낙인을 직접 느끼지 않는다고 하더라도, 우리 일정이 실내에서 살아가고 일하는 방식에 맞춰 짜여 있기 때문에 아무리 바깥으로 나가고 싶어도 현실적으로 시간을 내기가 어렵기도 하다.

나는 얼마나 잘못 생각하고 있었던가. 그리고 얼마나 놀라운 일인가. 내 뇌의 디폴트 네트워크가 반추, 기억, 주의, 회복을 한데 엮어 만화경처럼 펼쳐내며 숲을 떠난 뒤에도 오래도록 남는 맑은 통찰과 깊은 연결의 순간들을 선사한다는 사실이 말이다. 알고 보니 삼림욕은 우리의 모든 감각을 어루만짐으로써 이런 영향을 미치고 있었던 것이다.

그 출발점은 후각이다.

자연의 치유력을 활용하는 법: 후각

삼림욕을 하지 않을 때 리 박사는 면역학 연구를 한다. 구체적으로는 자연살해 세포 Natural Killer cells, 즉 우리 몸을 감염과 암으로부터 보호하는 백혈구를 연구한다. 백혈구는 지금 이 순간에도 우리 몸속을 끊임없이 순찰하며 이상 징후를 감지하고, 종양 세포나 바이러스에 감염된 세포에 자폭 신호를 보내 제거하고 있다. 하지만 이 미세한 파수꾼들도 무적은 아니다. 백혈구는 스트레스와 노화로 수가 줄어들 수 있으며, 그에 따라 신체 방어력이 약해질 수 있다.

삼림욕이 스트레스를 줄여준다는 사실에 주목한 리 박사는 삼림욕이 자연살해 세포 수를 증가시켜 질병을 막는 데도 도움이 되는지 알아보고자 했다. 그는 도쿄의 중년 직장인 그룹을 모집해 사흘 동안 삼림욕을 하게 했다.

결과는 놀라웠다.[19] 참가자들의 자연살해 세포 수가 40퍼센트나 증가했다. 일주일이 지나도 여전히 40퍼센트 증가한 상태였고, 30일이 지나자 감소했지만 여전히 실험 전보다 15퍼센트 높은 수준이었다. 단 며칠 동안의 삼림욕이 장기적인 면역력 강화를 가져온 것이다.

자연살해 세포는 퍼포린perforin, 그랜자임granzymes, 그랜줄리신granulysin이라는 항암 단백질을 이용해 암세포를 공격한다. 이 막강한 단백질들은 암세포의 막을 뚫고 구조를 붕괴시켜 암세포의 증식을 막는다. 사흘 동안 숲에 머물렀을 때 실험 참가자들의 항암 단백질 수치도 급상승했다. 퍼포린은 28퍼센트, 그랜자임은 39퍼센트, 그랜줄리신은 무려 48퍼센트 증가했다.[20] 어떻게 이런 일이 일어났을까?

어느 숲이든 들어가 코로 깊이 숨을 들이마셔 보자. 소나무 향, 퀴퀴한 냄새, 후추 향, 감귤 향, 송진 냄새, 허브 향, 균류의 향, 나무 향 등 숲의 다양한 냄새는 '피톤치드phytoncide'라고 불리는 식물 화학물질에서 비롯된다. 피톤치드는 나무가 세균으로부터 자신을 보호하기 위해 만들어내는 천연 오일이다. 실험실에서 피톤치드와 인간의 자연살해 세포를 배양 접시에 함께 넣고 며칠을 기다리면, 항암 단백질의 수치가 증가한다. 디퓨저를 사용해 피톤치드를 방 안에 분사하고 건강한 중년의 사람들이 그 속에서 잠을 자게 했더니 자연살해 세포의 수와 항암 단백질 수치가 모두 증가했다. 다른 연구자들도 유사한 실험을 진행해 피톤치드가 스트레스, 분노, 혼란을 줄이고 수면, 기분, 에너지 수준을 개선한다는 사실을 확인했다. 피톤치드의 이런 효과가 어떤 메커니즘으로 발생하는지는 아직 정확하게 밝혀지지 않았다.

분명히 해두자. 피톤치드의 놀라운 효능이 기존의 암 치료를 대체할 수 있다고 오해해서는 안 된다. 암은 복잡하고 다면적인 질병으로, 전문적인 의학적 개입이 반드시 필요하다. 그런 점에서 삼림욕을 하고 피톤치드를 들이마시는 것은 면역력을 높이고 질병의 위험을 줄이는 자연적인 예방 전략, 즉 기존 치료를 보완하는 접근법으로 이해해야 한다.

어쨌든 도시 지역에서 암 발병률이 농촌보다 높은 것은 주로 오염 때문이며, 도시 생활이 우리의 면역 체계에 도움이 되지 않는다는 사실만은 분명하다. 우리의 건강은 눈에 보이지 않는 것들(미세하고, 현미경으로만 보이고, 겉으로는 무해해 보이는 것들)에 크게 좌우된다. 자연으로 들어간다는 것은 바로 그 보이지 않는 아군들로 가득한 세계로 들어간다는 뜻이다. 그 아군들은 우리가 마시는 공기 속에 있다.

오랫동안 연구자들은 자연과의 접촉이 미생물 수준에서도 영향을 미칠 것으로 추측해왔다. 1820년대에 프랑스 생리학자 피에르 플로랑Pierre Flourens이 소화계와 뇌 사이의 연관성을 가설로 제시했는데, 이는 오늘날 우리가 '장-뇌 축gut-brain axis'이라고 부르는 개념의 기초가 됐다. 이 축은 감정과 인지를 담당하는 뇌의 중심 영역과 장내 미생물들이 서로 영향을 주고받는 쌍방향 소통 시스템이다.

이 미생물 중 하나인 미코박테리움 바카이Mycobacterium vaccae는 토양에서 서식하는데, 숲속을 걸으며 이 균을 들이마시는 것만으로도 우리는 실제로 더 행복해진다. 이 효과는 거의 우연히 발견됐다. 2005년, 런던 로열 마즈던 병원의 종양학자 메리 오브라이언 Mary O'Brien 박사는 폐암 환자에게 미코박테리움 바카이를 주입함으로써 면역 체계를 자극해 암을 완화할 수 있을지 알아보고자 했다. 암을 치료하는 데는 효과가 없었지만, 뜻밖의 결과가 나타났다. 환자들이 더 긍정적이고, 활력이 넘치며, 머릿속이 맑아졌다고 보고한 것이다.

미코박테리움 바카이는 기분을 좋게 하는 호르몬인 세로토닌과 옥시토신oxytocin을 통해 디폴트 네트워크의 신경 활동을 조절한다(쥐 실험에서도 미코박테리움 바카이는 항우울제와 유사한 효과를 보였다). 대부분 사람은 흙 속의 미생물이 정신 건강을 좋게 해준다고 생각하지 않는다. 그렇지만 정원을 가꾸거나 캠핑을 하거나 밖에서 뛰놀거나 흙에서 자란 유기농 식품을 먹는 매 순간 우리는 미코박테리움 바카이를 흡수하며, 그에 따라 우리의 디폴트 네트워크는 '행복 모드'로 전환된다.

미코박테리움 바카이가 기분에 미치는 영향에 대한 과학적 설명은 인간과 자연 사이의 공생 관계를 단적으로 보여준다. 우리의 생리 작용은 단지 자연을 선호하는 것이 아니라 본질적으로 자연을 필요로 한다. 하지만 시간이 흐르면서 도시화된 사회와 끊임없는 할 일 목록은 진화 과정에서 결정적이었던 미생물들과의 관계를 사실상 단절시켰다. 그 관계를 회복하려면 용기와 겸손이 필요하다. 모든 일을 멈추고 그저 앉아 있기 위해 숲으로 간다는 건 패배처럼 느껴질 수도 있기 때문이다. 하지만 그것은 당신 안에 뿌리내린 "뭔가를 해야 해!"라는 목소리, 수년간 잘못 길든 내면 비판자의 목소리일 뿐이다. 그 비판자를 죽여야 한다. 그게 힘들다면, 적어도 침묵하게는 만들어야 한다.

이 변화를 이끄는 또 하나의 감각이 있다. 바로 촉각이다.

자연의 치유력을 활용하는 법: 촉각

잠시 멈춰 나무에 손을 대고 가만히 기다려보자. 곧 연결감이 느껴질 것이다. 피부를 통해 미묘한 맥박이 전해지고, 심장 박동이 느려지면서 호흡이 깊어지기 시작할 것이다. 고요함이 온몸을 감싸고, 긴장이 서서히 풀릴 것이다. 세상이 멈춘 듯 고요해지고, 당신의 시선과 의식은 당신이 손으로 만지고 있는 살아 있는 식물에 온전히 집중될 것이다.

'나무를 껴안는 사람들'을 얕잡아 보는 이들도 있지만, 어쩌면 그들은 우리가 모르는 무언가를 알고 있는 것인지도 모른다. 나무에 손을 얹는 순간 밀려오는 평온함은 다양한 호르몬의 작용에서 비롯되며, 그중 하나가 바로 '포옹 호르몬'으로 알려진 옥시토신이다. 옥시토신의 수용체들은 뇌와 몸 곳곳에 흩어져 있으며 감각 경험을 감지해 나무껍질의 촉감, 시든 잎에서 풍기는 짙은 냄새, 균류가 피어난 모습을 인식한다. 이 모든 자극은 신뢰감, 평온함, 연결감을 불러일으킨다. 나무는 인간보다 오래된 존재이며, 인간은 나무에서 처음으로 안정을 느꼈다.

옥시토신은 생물학적으로 가장 오래된 호르몬에 속한다. 생명이 진화하는 과정에서 옥시토신은 생식과 사회적 유대를 이끄는 핵심 역할을 했다. 옥시토신의 초기 기능은 세월을 거치며 확장되고 다양화되어 다세포 생물에서 인류의 먼 조상인 여러 호미닌hominins과 현생인류로 이어졌다. 인류는 진화 과정에서 옥시토신의 치유 능력을 사회적 유대나 양육 행동뿐 아니라 불안이나 신체적 상처 같은 외부 스트레스에 대처하는 데까지 활용하는 놀라운 능력을 발달시켰다. 나무껍질의 촉감, 나뭇잎이 만드는 그늘, 꽃의 향기⋯ 이 모두는 옥시토신을 활성화해 스트레스를 완화하고 우리가 세상에 속해 있다는 느낌을 불러일으킨다.

최근 들어 연구자들과 건강 전문가들이 인간과 나무의 관계를 새롭게 조명하고 있다. 나무를 껴안으면 심박수가 감소하고, 혈압이 낮아지며, 기분이 좋아지고, 스트레스가 줄어든다. 나무를 껴안는 단순한 행위만으로도 행복감이 눈에 띄게 향상된다는 것은 이미 입증된 사실이다.

나무 껴안기가 정신 건강에 미치는 영향은 더욱 놀랍다. 나무를 껴안는 일이 히피들이나 하는 허황된 행동처럼 보일 수도 있을 것이다. 하지만 실제로 나무 껴안기는 자연과의 물리적 교류 행위, 즉 자연과 직접 교감하는 행위다. 전체 성인의 약 31퍼센트가 일생 중 어느 시점에는 불안장애를 겪는 것으로 추정되며, 이 수치는 해마다 증가하고 있다.[21] 나무를 껴안는 행위는 뇌에서 긍정적인 반응을 연쇄적으로 불러일으켜 불안과 우울 증상을 완화하는 데 도움을 준다. 옥시토신의 급격한 분비는 자연스러운 진정제처럼 작용해 마음을 느긋하게 하고 심리적 균형감을 회복시킨다.

하지만 이 효과는 단지 마음을 진정시키는 데 그치지 않는다. 나무를 껴안는 일은 행복감을 높이고 삶의 만족도까지 끌어올린다. 많은 연구에서 성인의 단 3분의 1만이 '매우 행복하다'라고 응답하는 지금,[22] 나무 껴안기는 우리 모두에게 절실히 필요한 일이다. 더 비관적인 조사 결과는 지난 50년간 인류가 가장 불행한 시기를 살아왔다고 말한다.[23] 이런 수치를 개선하고 전 세계 수백만 명의 정신 건강에 긍정적인 영향을 미치는 매우 좋은 방법 중 하나는 뇌가 나무를 통해 안정감을 느끼도록 유도하는 것이다. 다시 말해 자연을 껴안는 것이다.

이제 나무에서 손을 떼어보자. 그리고 소리를 들어보자.

자연의 치유력을 활용하는 법: 청각

"이상하지 않나요?" 검은 뿔테 안경을 쓴 호리호리한 남자가 말했다. 그의 목소리는 점점 잦아들어 속삭임처럼 들렸다.

"정말 그렇네요." 무의식중에 목소리의 톤을 낮추며 내가 대답했다.

두꺼운 문이 닫히자 거리의 소음이 점차 희미해졌고, 이내 완전한 정적만이 남았다. 천장에 매달린 조명 하나가 창문 없는 방을 밝히고 있었고, 사방 벽면은 벌꿀색의 거대한 원뿔들로 뒤덮여 있었다.

나는 유니버시티칼리지런던에 있는 무향실an anechoic chamber 안에 서 있었다. 이 방은 거의 완벽하게 방음 처리가 된 공간이다. 내부에서 소리가 반사되거나 울리는 일이 없도록 설계돼 있어서 말을 해도 목소리가 마치 두꺼운 이불을 사이에 두고 들리는 듯 이상하게 뭉개져서 들린다. 정말 기이한 경험이다.

"자연스럽지 않죠." 이 방을 관리하는 음향 기술자 고든 밀스 Gordon Mills가 말했다. "음향적으로 말하자면, 이 방에 있는 것은 바람조차 거의 없는 사막 한가운데에 있는 것과 같아요." 그는 이 무향실이 소리에 매우 민감해 50킬로미터 떨어진 곳에서 일어난 탄광 폭발의 진동을 감지한 적도 있다고 말했다.

"조명을 켜둘까요, 끌까요?" 밀스가 물었다.

"켜주세요." 내가 대답했다.

그렇게 밀스는 나를 남겨두고 무향실을 나섰다.

홀로 남자 그 효과가 한층 더 이상하게 느껴졌다. 입안에서 침이 움직이는 소리가 끔찍할 정도로 크게 들렸다. 고개를 돌릴 때마다 뼈가 삐걱거리는 소리가 정적 속을 울리듯 날카롭게 퍼졌다. 그러고 나서 1분쯤 지나자 희미하지만 분명한 울림이 귀를 가득 채웠다. 환청 같은 소리였다. 거의 완전한 침묵에 직면하면, 인간의 뇌는 무언가 인식할 수 있는 대상을 붙잡기 위해 아무 음이나 만들어낸다.

하지만 몇 분이 지나자 믿을 수 없을 만큼 편안한 기분이 밀려왔다. 마치 정적 속을 헤엄치는 듯한 느낌이었다. 낯설고도 새로운, 거의 황홀에 가까운 감각의 공간을 떠다니는 느낌이었다. 나는 깊게 숨을 들이쉬고, 고요함이 온몸을 감싸도록 내버려뒀다. 이곳에 한동안 머물러도 좋겠다고 생각했다.

고요함은 우리 뇌에 다양한 방식으로 변화를 일으킨다. 새로운 뇌세포의 생장을 자극하고, BNDF$_{\text{brain-derived neurotrophic factor}}$(뇌유래 신경영양인자)와 같은 유익한 단백질의 분비를 촉진한다. BDNF는 신경세포 간의 시냅스를 형성하고 알츠하이머병의 진행을 늦추는 분자로 알려져 있다. 고요함은 인지기능을 강화해 기억력과 주의력을 높여주고, 정신적 피로와 스트레스를 줄이며, 평온함과 정서적 안정을 증진한다. 또한 내면의 깊은 성찰을 이끌고, 마음이 자유롭게 떠돌며 상상할 수 있게 해 창의력을 높인다.

"지금 세상은 어느 때보다 시끄러워요." 10분이 지나가 밀스가 무향실로 돌아오며 말했다. "심지어 시골 지역에서도 소음의 가장 큰 원인이 도로 교통이죠." 그는 코로나19 팬데믹 당시 전 세계가 조용해졌을 때의 이야기를 들려주었다. 세상이 거의 침묵에 가까운 고요 속에 잠겼을 때, 그는 그 참혹한 상황에서 자신이 조용함을 얼마나 즐기고 있었는지 깨달았다고 했다. 그러다 어느 날, 모든 소음이 다시 몰려왔다. "그제야 나는 내가 소음 때문에 꽤 화가 나 있었다는 걸 알았어요."

지속적인 소음 역시 우리 뇌를 변화시킨다. 지속적인 소음은 새로운 뇌세포의 생성을 방해함으로써 뇌의 회복과 성장에 걸림돌이 된다. 또한 코르티솔 같은 스트레스 호르몬의 분비를 유발하는데, 이는 신경염증과 신경기능장애로 이어져 기억력을 떨어뜨리고 학습에 어려움을 초래한다. 그뿐만이 아니다. 지속적인 소음은 집중력을 흐트러뜨리고 정보를 유지하기 어렵게 하며, 정신적 피로를 가중시켜 불안과 감정적 혼란의 악순환을 부른다. 깊은 자기 성찰을 방해하고 창의력을 억누르며, 우리의 마음을 혼란과 불안으로 가득 찬 무질서한 공간으로 바꿔버린다.

플로렌스 나이팅게일 Florence Nightingale은 "불필요한 소음은 아픈 사람과 건강한 사람 모두에게 해가 되는 가장 잔인한 종류의 무관심이다"라고 썼다.[24] WHO에 따르면 교통 소음이 유발하는 심장병, 고혈압, 수면장애, 아동의 인지기능 손상 등으로 해마다 최소 100만 년의 건강기대수명 healthy life year(건강하게 살 것으로 기대되는 기간으로서의 수명-옮긴이)이 손실되고 있다.[25]

나는 런던 지하철 빅토리아 노선 근처의 아파트로 이사 오기 전까지는 소음에 대해 깊이 생각해본 적이 없었다. 보수당의 예산 삭감으로 런던 교통공사의 유지보수 예산이 크게 줄면서 기차 소리는 멀리서 들리는 낮은 진동음에서 귓가를 찢는 악몽 같은 소음으로 바뀌었다. 평일에는 새벽 5시부터 다음 날 새벽 1시까지, 주말에는 24시간 동안 100초 간격(이 노선은 그만큼 자주 운행된다)으로 내 아파트의 모든 벽을 공압 드릴로 뚫는 듯한 소음이 이어졌다. 마치 지하철 승강장 위에 사는 듯한 기분이었고, 나는 점점 미쳐갔다.

쾅 쾅 쾅 쾅 쾅 쾅 쾅 쾅! 100초 휴식. 쾅 쾅 쾅 쾅 쾅 쾅 쾅! 100초 휴식. 쾅 쾅 쾅 쾅….

그 소음을 막기 위해 할 수 있는 건 다 해봤지만, 어떤 방법도 효과가 없었다. 나는 예민해지고 우울해졌다. 몇 달 동안 이웃들과 함께 항의한 끝에 마침내 교통공사가 소음을 줄이는 조치를 하기로 했지만, 더는 버틸 수 없었다. 결국 이사를 했고, 그 후로는 고요함과 평온을 당연하게 여긴 적이 없다.

"소음은 단지 삶의 질을 떨어뜨리는 데 그치지 않아요." 밀스가 말했다. "뇌졸중이나 심장병 같은 질병을 유발하기도 하죠. 정확한 메커니즘은 말하기 어렵지만, 수면 부족 등을 통한 이차적 효과일 수도 있고, 불안과 스트레스를 통한 직접적 영향일 수도 있어요. 당신이 이사한 게 전혀 놀랍지 않네요."

숲에서 고요함을 찾는 일은 어렵지 않다. 나는 에핑 숲에 갈 때마다 숲 깊은 곳에 자리한 나이 든 서어나무 아래 앉아 마치 천장처럼 둘러쳐진 나뭇잎을 기분 좋게 올려다본다. 물론 완전한 침묵은 아니다. 새들이 노래하고 때때로 다람쥐가 덤불 사이를 바삐 지나간다. 하지만 괜찮다. 중요한 건 내가 앉은 자리가 자동차, 사이렌, 공사 소리, 기차, 텔레비전, 끊임없는 대화처럼 도시의 소음에서는 벗어나 있고 자연의 소리로 가득하다는 점이다.

그 결과는 인지 능력의 향상, 특히 디폴트 네트워크의 활성화로 나타난다. 연구자들이 이 현상에 대한 과학적 근거를 밝혀냈다. 2017년 브라이턴-서식스 의대의 과학자들이 자연환경과 인공환경의 소리를 놓고 실험을 했는데, 자연의 소리를 들은 사람들이 인지 과제에서 훨씬 더 좋은 성과를 보였다고 발표했다.[26] 이는 디폴트 네트워크가 더 활발하게 작동하기 때문이다. 반대로 인공적인 소리를 들은 사람들은 주의를 바깥이 아닌 안으로 집중하게 돼 불안과 걱정이 늘고, 그 결과 인지 수행 능력이 떨어졌다.

이 사실을 세계에서 가장 잘 아는 이들은 발리 사람들일 것이다. 그들은 매년 하루를 '녜피 Nyepi', 즉 '침묵의 날'로 지정해 조용히 성찰하고 멈추는 시간을 가진다. 법으로 모든 노동, 이동, 대화가 금지되고 평소 북적이던 거리는 텅 빈다. 이날은 발리 사람들의 건강에 헤아릴 수 없는 이점을 제공할 뿐 아니라 기후변화에 관한 정부 간 협의체 IPCC에 따르면 발리 전체의 부유 입자 total suspended particulate, TSP 농도를 78퍼센트, 온실가스 배출량을 33퍼센트나 줄인다.[27] 발리는 미국 델라웨어주만 한 작은 섬이다. 만약 우리 모두가 이런 날을 정해 지킨다면 어떤 일이 벌어질까.

⋯

　디폴트 네트워크를 활성화하기 위해 자연에서 오랜 시간을 보낼 필요는 없다. 하루 10분에서 90분 사이면 충분하며, 나는 최소 20분을 목표로 삼길 권한다. 대부분 사람은 단 20분만 자연에 있어도 건강이 극적으로 개선될 수 있다. 설령 육아와 일을 병행하는 워킹맘이든, 일하는 시간이 불규칙한 교대 근무자든, 단지 시간이 부족한 사람이든 그 20분을 어떻게든 확보하기 위해 노력할 만한 가치가 있다. 중요한 것은 바쁜 일상에서 도망치는 것이 아니라 현실의 일상에 필수적인 건강 관리 요소를 자연스럽게 녹여내는 것이다. 정신 건강을 위해 반드시 필요한 일이다.

　물론 숲의 마법 같은 힘을 부정할 수는 없지만, 자연의 혜택을 누리기 위해 반드시 광활한 산림이 필요한 것은 아니다. 도시의 공원, 마을 정원, 풀 몇 포기 있는 뒷마당도 충분한 효과를 낸다. 이는 특히 도시에 사는 사람들에게 더욱 중요하다. 도심의 미세입자(가장 위험한 오염 물질)가 천식, 폐 질환, 심장마비, 암, 뇌졸중 등을 유발해 해마다 670만 명을 조기 사망으로 몰고 있다.[28] 내가 살고 있는 런던에서는 나무 한 그루가 연간 4.5킬로그램의 대기 오염 물질을 흡수하며, 런던 시내 전체에 있는 나무들이 236만 톤의 탄소를 저장하고 있다는 연구 결과도 있다. 특히 자작나무는 자동차에서 배출되는 미세입자의 50퍼센트를 흡수하는 뛰어난 효과를 보인다.[29]

모든 산업 분야의 노동자들이 하루 20분의 자연 휴식 시간을 위해 캠페인을 벌여야 한다. 우리가 현대에 들어 이틀짜리 주말을 얻어낸 것처럼 말이다. 이런 휴식을 건강한 근무일의 필수 요소로 정상화해야 한다.

그러나 안타깝게도, 해마다 숲은 점점 더 빠른 속도로 사라지고 있다. 세계은행은 지난 25년 동안 세계에서 사라진 숲의 면적이 무려 130만 제곱킬로미터에 달한다고 보고했다.[30] 남아프리카공화국 전체보다 넓은 면적이다. 일부는 재조림과 자연적인 산림 확장으로 보완되고 있지만, 전반적으로는 훼손되는 속도가 더 빠르다.

칭리 박사는 이런 현실을 가슴 아파한다.

"선불교에서는 경전이 풍경에 쓰여 있습니다. 자연 자체가 곧 신의 책이죠. 신토에서는 정령이 자연과 분리된 존재가 아니라 자연 자체입니다. 나무와 바위, 바람과 시냇물, 폭포에 깃들어 있어요. 이런 정령을 가미kami라고 부릅니다. 수백만, 수천만의 가미가 자연 어디에나 존재할 수 있습니다."[31]

내가 영적 문제에 전문가는 아니지만, 우리는 가미처럼 우리를 낳은 자연 세계와 떼려야 뗄 수 없는 존재임을 우리의 디폴트 네트워크가 증명하는 건 분명하다. 이제 우리는 단풍나무, 참나무, 자작나무, 소나무, 플라타너스, 목련 사이로 되돌아가 그곳에 머물기 위해 애써야 한다.

당신의 뇌를 구하는 휴식의 기술 4
숲속에서 뇌를 활성화하는 법

- 숲속을 천천히 걸어보자. 이건 등산이나 조깅이 아니다. 목적지는 중요하지 않다. 주변을 관찰하고 자연과 교감할 수 있을 만큼 여유로운 속도로 걷는 것이 핵심이다.
- 기회가 있을 때마다 나무를 껴안아 보자. 코르티솔 수치, 혈압, 심박수가 낮아질 뿐 아니라 옥시토신 분비가 촉진되고 뇌의 디폴트 네트워크가 활성화된다.
- 가능하다면 1년에 몇 차례는 캠핑을 떠나자. 자연살해 세포의 수를 늘리는 데 효과적이다. 더 자주 갈수록 더 좋다.
- 숲뿐 아니라 해변이나 바닷가에서도 시간을 보내자. 해안가에 사는 사람들은 그렇지 않은 사람들보다 신체적·정신적 건강 상태가 더 좋다. 믿기 어려울 수도 있지만, 그 이유 중 하나는 푸른색이 실제로 뇌파를 변화시켜 평온함과 안정감을 유도하기 때문이다. 바닷바람 역시 기분을 좋게 하는 데 탁월한 효과가 있다.

5장 의도적 고독

혼자 있는 시간과
인지 능력의 상관관계

"깊은 고독 없이는 어떤 진지한 작업도 가능하지 않다."

— 파블로 피카소 Pablo Picasso

흙길을 따라 조용히 차를 몰아 도착한 숲속의 외딴 오두막. 나는 열흘 치 식량을 챙겨 피톤치드 향이 가득한 상쾌한 숲속 공기 속으로 발을 내디뎠다. 세상과 완전히 단절된 이 오두막은 다른 사람들의 시선에서 벗어나 나만의 시간을 보내기 위한 곳이다. 철저히 고립된 이 공간에서 나는 모든 디지털 기기를 끄고 책과 새소리, 바람, 숲의 기운 속에서 쉼을 찾으려 했다.

이런 의식을 실천하는 사람 중 하나가 바로 빌 게이츠 Bill Gates다. 그는 해마다 일주일 동안 책 더미만 들고 외딴 오두막으로 들어가 외부와 단절된 시간을 보낸다. 그는 이 시간을 '생각 주간 Think Week'이라고 부르며, 자신의 뇌에 주는 'CPU(중앙처리장치) 시간'이라고 표현한다. 사색과 학습, 방해받지 않는 사고를 위한 시간이라는 뜻이다. 틀린 말은 아니지만 더 정확히 말하자면 뇌의 디폴트 네트워크가 작동하는 시간, 즉 뇌가 자유롭게 떠돌고 탐색하며 고요한 고립 속에서 가질 수 있는 창의적 사고와 문제 해결에 몰입하는 시간이다.

나는 두꺼운 나무문을 밀고 안으로 들어갔다. 가죽 냄새와 말라붙은 나뭇잎 냄새가 섞인 퀴퀴하지만 묘하게 매혹적인 향이 코끝을 스쳤다. 제법 괜찮은 벽난로가 있고, 그 옆에는 장작이 가지런히 쌓여 있다. 작지만 있을 건 다 있는 부엌, 아늑해 보이는 침대, 커다란 소파(와우!), 현관에 놓인 흔들의자, 끝없이 뻗은 나무들의 풍경.

완벽했다.

사회적 관계에 대한 집착의 부작용

우리 뇌가 사회성을 발달시키는 방향으로 진화해왔으며, 돌고래·코끼리·침팬지처럼 뇌가 큰 동물일수록 사회성이 높다는 주장은 현재까지 수없이 제기돼왔다. 하지만 고독 역시 진화의 결과일지 모른다. 높은 지능을 지닌 동물 중에는 혼자 살아가는 종도 많기 때문이다. 예를 들어 문어는 철저히 혼자 사는 동물이면서 놀라울 만큼 지능이 높다. 문어는 문제를 해결하고 미로를 통과하며 도구를 사용하는 능력까지 지녔다. 곰은 뛰어난 기억력을 가지고 있으며, 문을 열거나 자동차 창문을 여는 법도 학습할 수 있다. 호랑이는 각 개체가 자신만의 사냥 기술을 발달시키고, 은폐와 감지의 원리를 정교하게 파악한다. 표범, 오랑우탄, 여우, 거미 등 이런 동물의 예는 수없이 많다.

함께하는 삶은 물론 중요하다. 하지만 현대 사회는 함께하는 삶에 병적으로 집착한다. 우리의 조상들에게는 소셜미디어가 없었지만, 있었다고 해도 그들은 '좋아요'를 얼마나 많이 받는지 신경 쓸 여유가 없었을 것이다. 자주 배가 고팠고 때로는 두려움에 떨었으며, 사회적 인정에 매달리기엔 주변 환경에 대응하느라 너무 바빴을 테니 말이다. 오늘날 우리의 걱정 지형은 극적으로 바뀌었다. 기술, 의학, 사회 시스템의 발달 덕분에 굶주림과 질병, 빈곤의 위험은 상당히 줄었다. 하지만 이렇게 사회가 안전해졌음에도 사람들의 불안감은 줄어들지 않았다. 지난 20년 동안 우리의 관심은 점점 더 사회적 관계에 집착하는 쪽으로 이동했고, 그 중심에는 언제나 우리 곁에 존재하는 소셜미디어의 영향력이 자리 잡고 있다.

우리 뇌는 정신적으로 약 150명 정도만 사회적 관계망에 담을 수 있지만, 온라인에서 누군가는 수천 명을 '팔로우'하기도 한다. 지구 반대편에 사는 전혀 모르는 사람들의 소식을 '알림'으로 받거나 낯선 사람이 나를 팔로우했다는 알림 소리에 잠에서 깨기도 한다.

이제 소셜미디어의 유해성은 더 이상 논쟁의 대상이 아니다. 메타 CEO 마크 저커버그Mark Zuckerberg처럼 여전히 그 유해성에 대해 논쟁하는 사람들은 흡연이 암을 유발한다는 사실을 부정하던 과거의 담배 회사들과 다를 바 없다. 소셜미디어(사실 소셜미디어는 '사회적' 미디어가 아니라 반사회적 미디어다)는 증오, 편견, 사이버폭력, 온라인상의 차별을 확산시키면서 심리적 피해를 일으키고 있다. 그 결과 사용자들은 공포, 불안, 우울감, 자존감 저하에 시달리게 된다. 소셜미디어가 자해나 자살과 연관 관계를 가진다는 연구 결과들도 발표됐다.

신경학적으로도 그 영향은 심각하다. 소셜미디어가 수면에 끼치는 해악은 이미 널리 알려져 있다. 또한 소셜미디어는 전전두엽에 있는 억제 중추를 교란한다. 이 부위는 자기통제력, 의사 결정, 사회적 행동의 조절을 관장한다.[1] 특히 이 억제 중추가 아직 발달 중인 청소년기에 소셜미디어가 유발하는 끊임없는 자극과 즉각적인 보상은 자연스러운 뇌 발달 과정을 방해한다. 억제 중추가 제대로 발달하지 않으면 충동을 조절하거나 의사 결정을 하는 데 평생 어려움을 겪는다. 그 결과 중독 위험이 커지고, 감정 조절에 문제가 생기며, 만성적인 정신 건강 문제에 시달리게 된다.

이런 과잉 사회화와 소셜미디어 중독은 고독을 전례 없이 평가절하하게 했다. 이를 잘 보여주는 유명한 연구가 있다. 버지니아대학교 연구팀은 사람들이 몇 분간 혼자 조용히 있는 것보다 차라리 전기충격을 받는 것이 낫다고 생각한다는 사실을 발견했다.[2] 당신이라면 절대 전기충격을 선택하지 않으리라고 생각할지도 모른다.

하지만 너무 자만하지 않는 편이 좋을 것이다. 우리는 모든 순간을 소리와 정보로 채우는 데 무의식적으로 익숙해졌다. 공공장소에서 헤드폰을 끼고 팟캐스트나 오디오북을 틀어 하루의 짧은 틈마저도 익숙한 목소리로 채우는 일이 이미 우리에게 제2의 천성이 돼 버렸다. 본질적으로 고요한 혼자만의 시간을 피하도록 뇌를 훈련해온 것이다.

우리가 사회적 동물인 것은 사실이지만, 아무리 좋은 것도 지나치면 문제가 된다. 최근 연구에 따르면, 지나친 사회적 관계는 심지어 사망 위험을 높일 수도 있다. 구체적으로는 친구나 가족을 한 달에 한 번이 아니라 매일 만나는 것이 오히려 사망 위험을 8퍼센트나 높인다.³ 또한 일부 내향적인 사람들에게는 일주일에 한 번 사회적 상호작용을 하는 것조차 스트레스가 심해지는 계기가 될 수 있다.

사람들과 어울리는 일이 얼마나 소모적인지 우리는 본능적으로 알고 있다. 기본적으로 사람들의 말에 귀를 기울이고 적절히 반응하는 데 에너지가 들 뿐만 아니라, 사회적 상호작용에는 대개 진심과는 거리가 먼 예의와 규범에 자신을 억지로 꿰맞춰야 한다는 부담이 따르기 때문이다. 작가 프란츠 카프카Franz Kafka는 사람들과 어울리는 일에 유독 예민한 사람이었다. 그는 한 모임에서 느낀 감정을 이렇게 표현했다. "방 안 전체가 내 가슴을 짓눌러 꼼짝도 할 수 없다. 내 존재 전체가 그들 안으로 파고드는 것 같고, 모든 게 절

망적으로 느껴진다."⁴

그럼에도 세상은 고독에 대한 공포를 부추긴다. 2010년에는 '외로움은 살인을 부른다: 알코올 중독만큼 건강에 해롭다'(사실이 아니다)라는 기사,⁵ 2023년에는 '외로움은 담배 15개비를 피우는 것보다 치명적이다'(역시 사실이 아니다)라는 기사가 나오기도 했다.⁶ 사실 친구나 가족과 '전혀' 만나지 않다가 '한 달에 한 번' 만나기 시작하면 사망 위험이 10퍼센트 감소하는 것은 맞다. 하지만 대부분 사람은 이렇게 극단적인 고립을 경험하지 않는다. 이런 자극적인 헤드라인은 사람들에게 고독을 위험 요소로 인식하게 할 뿐이다. 현대인들에게 혼자 있는 순간은 정신 건강을 돌보고 자기 자신을 발견할 수 있는 소중한 순간이 아니라 외로움에 빠지게 하는 위험한 순간으로 인식되고 있다.

물론 고독을 강요당하는 것은 끔찍한 일이며, 외로움·우울·자살 충동·정신병적 증상으로 이어질 수 있다. 감옥에서 독방 감금을 처벌 수단으로 사용하는 것도, 정신 건강 전문가들이 공동체와의 연결을 최우선으로 하는 회복 치료를 주장하는 것도 이 때문이다. 우리가 코로나19 봉쇄 기간에 정신적으로 큰 어려움을 겪었던 것도 마찬가지 이유에서다.

고독을 강요당하는 것이 뇌에 어떤 영향을 미치는지는 아직 확실하게 밝혀지지 않았지만, 2020년에 《네이처 뉴로사이언스》에 실린 연구가 하나의 실마리를 제공한다.[7] 연구자들은 실험 참가자 40명에게 모든 디지털 기기를 연구진에 맡기게 한 뒤, 완전한 사회적 고립 상태에서 10시간을 보내도록 요청했다. 참가자 각각은 안락의자, 책상과 사무용 의자, 간식과 음료가 채워진 냉장고만 있는 방에 혼자 남겨졌다. 지루함에 질리지 않도록 퍼즐, 스도쿠, 색칠놀이용 책, 테트리스나 버블슈터 같은 비사회적 게임도 제공됐다. 10시간 후 참가자들은 사회적 상호작용 장면(사람들이 함께 이야기하며 웃고, 친구들과 장난치며 운동하는 모습)이 담긴 사진을 보면서 뇌 스캔을 받았다. 흥미롭게도, 갈망과 관련된 뇌 영역(배고픈 사람이 음식을 볼 때 활성화되는 바로 그 부위)이 격렬하게 반응했다. 참가자들은 말 그대로 누군가와 함께 있기를 갈망하고 있었다.

뇌에서 갈망은 중뇌midbrain에 있는 60만 개 이상의 도파민 생성 신경세포로 조절된다. 이 신경세포들은 술집에서 친구들과 술을 마실 때나 가족과 식사를 할 때처럼 우리가 보상을 기대할 때 활성화된다. 우리가 좋아하는 노래를 들을 때 가슴이 설레고, 팽팽한 경기에서 결승점을 넣기 직전에 흥분하는 것도 바로 이 뉴런들 때문이다. FIFA 월드컵 결승전의 전율 가득한 경기장을 떠올려보라. 선수들은 말 그대로 도파민의 바다 위에 떠 있는 셈이다.

하지만 오랫동안 사회적 접촉이 차단되면 도파민을 생성하는 신경세포가 쇠퇴해 제대로 기능하지 못한다. 외로움은 신경 노화를 가속화하고 뇌의 구조와 기능을 조기에 소모시킨다. '앙골라 삼총사'('앙골라'는 미국 루이지애나 주립교도소의 별칭으로, 교도소 측의 비인권적인 처사에 저항하며 폭동을 일으킨 세 명의 죄수가 종신형을 선고받고 독방에 갇힌 일을 빗댄 것-옮긴이) 중 한 명인 로버트 킹이 29년간 독방에 갇혔다가 풀려났을 때 그는 시각, 언어, 기억, 방향 감각에 심각한 장애를 겪고 있었다.

자기 내면과 만나는 실존화의 순간

도대체 누가 제정신으로 긴 시간을 혼자 보내고 싶어 하겠느냐고 묻고 싶을지도 모른다. 하지만 여기서 중요한 건 스스로 선택했다는 점이다. 고독이 강요가 아니라 선택일 때, 우리 뇌는 전혀 다르게 반응한다.

마리 퀴리Marie Curie, 시몬 드 보부아르Simone de Beauvoir, 헨리 데이비드 소로Henry David Thoreau, 라빈드라나트 타고르Rabindranath Tagore 등 위대한 인물들은 고독의 가치를 중시한 것으로 잘 알려져 있다. 신비주의자들과 모험가들 또한 오래전부터 소란스러운 세상에서 벗어나기를 갈망해왔다. 전해지는 바에 따르면, 붓다는 보리수 아래에서 수년간 홀로 명상한 끝에 깨달음을 얻었다고 한다. 세계 일주를 단독으로 완주한 최연소 항해사 라우라 데커Laura Dekker 역시 바다 위에서 고독의 가치를 발견했다. 그녀는 이렇게 썼다. "가끔은 더 빠르게 나아가려고 돛을 조정해보지만, 대부분은 그저 끝없이 펼쳐진 부드럽고 푸른 바다와 그 고요함을 즐길 뿐이에요."8

이 위대한 인물들은 우리가 사회의 소음에서 벗어날 때 비로소 그런 환경이 우리를 어떻게 빚어왔는지 명확히 알 수 있게 된다는 사실을 깨달은 사람들이다. 그 순간 우리는 자신이 누구인지 더 선명히 이해하게 되고, 결과적으로 더욱 진정성 있고 창의적인 방식으로 자신을 표현할 수 있게 된다. 고독 전문가인 잭 퐁Jack Fong 교수는 이런 직관적 깨달음의 순간을 '실존화의 순간existentializing moments'이라고 부른다. 이 순간에 뇌가 본질적인 진리나 숨겨진 지식을 드러낸다는 것이 그의 설명이다. 2017년 한 인터뷰에서 그는 이렇게 말했다. "그런 순간이 찾아오면 회피하려고 하지 마세요. 그 순간을 있는 그대로 받아들이세요. 그 순간이 차분하고 진실되게 흐르도록 놔두세요. 혼자 있는 시간을 두려워해서는 안 됩니다."9

'실존화의 순간'은 뇌의 디폴트 네트워크가 작동하면서 우리가 어떤 느낌을 가지게 되는 순간을 뜻한다. 이때 내측 전전두피질, 후측 대상피질, 각회 같은 영역이 특히 활발해진다. 이 영역들은 자기 성찰, 도덕적 판단, 문제 해결, 미래 상상과 같은 기능에 핵심적인 역할을 한다. 사람들이 샤워할 때나 혼자서 조용히 걸을 때 깊이 생각할 수 있는 이유가 이것이다.

2024년에 퐁 교수를 처음 만났을 때, 그는 고독이 의식에 미치는 영향에 대한 연구를 더욱 확장하고 있었다. 그는 우리가 곧 자기 생각과 함께 머무는 능력을 잃게 될지 모른다는 점을 걱정했다.

"자아self란 무엇일까요?" 캘리포니아 폴리테크닉 주립대학교 포모나 캠퍼스 연구실에서 그는 내게 이렇게 물었다. "우리는 이제 이런 질문을 하지 않아요. 그 대신 다른 사람들의 정체성을 자신에게 덧씌우는 데만 열중하고 있어요. 우리는 자기 자신을 알아가는 걸 두려워하게 됐어요."

사회학자로서 퐁은 현대 문명의 외형적 요소들이 우리의 사고력과 자기 인식을 흐리게 한다고 생각한다. 그는 사회 시스템이 우리의 정체성을 외부의 기준에 의존하게 했으며, 그 결과 사람들은 물질적 소유와 소셜미디어의 음울한 수치들('좋아요' 개수나 팔로워 수 같은)에서 자신이 인정받고 있다는 확신을 얻으려 하게 됐다고 본다. 또한 그는 자기 존중감은 점점 더 내면의 자원이 아니라 외부의 조건에 따라 결정되기 시작했으며, 그 결과 한때 자기 탐색과 내적 확신을 위한 핵심 수단이었던 고독이 이제 더는 자신에게 아무런 실질적 가치가 없다고 믿는 사람들이 많아졌다고 주장했다.

"우리는 행복, 기쁨, 자기 존중감 같은 것들이 바깥세상에 존재하는 것들에서 온다고 배워왔어요. 물질주의적인 서구 사회에서는 '이 차가 필요해, 이 시계가 필요해, 페이스북의 좋아요가 필요해, 멋져 보여야 해'라고 생각하도록 길러지죠. 하지만 이런 생각들은 우리가 자기 존재의 심연을 깊이 들여다보지 못하게 합니다."

퐁은 태국 비엔티안에서 태어나 방콕에서 자라며 불교의 영향을 받은 사람이다. 그는 종교로서 불교를 믿지는 않지만 이런 성장 환경 덕분에 "머릿속의 껍데기를 깨뜨릴 수 있었어요"라고 말한다. 이 표현은 서구에 만연한 물질주의적 사고방식의 덧없음을 불교를 통해 자각하게 된 과정을 비유한 것이다.

박사 과정을 밟을 때 그는 여섯 달 동안 미얀마에서 카렌족과 함께 생활하며 그들의 분리독립 운동을 연구했다. 카렌족은 오랜 세월 분리독립을 위해 투쟁해온 미얀마 소수민족 중 하나다. 그곳에서 퐁은 치열한 내전 한가운데에 놓이게 됐고, 안전을 위해 군 막사에 머물렀다. 막사라는 고립된 공간, 분쟁의 한가운데라는 배경 그리고 열악한 생활 여건 속에서 퐁은 여러 차례 실존화의 순간을 겪었다. 그 순간들은 두려움과 불안과 굴욕감으로 점철돼 있었지만, 동시에 자신의 존재와 삶의 목적에 대한 근본적인 질문들과 마주하게 했다. 나는 왜 이곳에 있는가? 내 인생에서 무엇을 이루고 싶은가? 내면 깊은 곳에서 내가 진정으로 중요하게 여기는 가치는 무엇인가?

"그 순간들이 나를 영원히 바꾸어놓았어요." 그가 말했다. "지금도 그때를 떠올립니다."

퐁은 미얀마에서의 이런 변혁적인 경험에 자극을 받아, 지금도 매달 한 번씩 캘리포니아 남부의 사막으로 혼자 캠핑을 떠난다. 텐트와 망원경 하나만 차에 싣고 광활한 사막 깊숙이 들어가 자신의 내면과 마주하게 해주었던 바로 그 고독을 다시 찾는 것이다. 밤이 깊어지고 궁수자리가 떠오르면, 그는 몇 시간이고 별을 응시하며 시간을 보낸다. 이 시간을 그는 치유의 시간이라고 부른다.

그가 집으로 돌아온 뒤 기분이 어떠냐고 물었더니 그는 예상대로 '회복된', '재충전된', '편안한' 같은 말들로 대답했다. 그리고 이렇게 덧붙였다. "무엇보다도, 무언가가 완전히 초기화된 기분이에요."

신경과학자인 내게 이 말은 깊은 울림을 주었다. 디폴트 네트워크가 활발히 작동해 깊은 자기 성찰과 내면 탐색을 가능케 했다는 분명한 증거이기 때문이다. 그에게서 영감을 받은 나는 나 역시 같은 효능을 직접 느끼기 위해 혼자 자연으로 떠나는 여행을 계획했다.

고독이 뇌에 미치는 인지적·정서적 영향

오두막 고립 생활 4일 차. 솔직히 약간 지루하다.

산책은 충분히 했다. 소파에 누워 추리 소설 몇 권도 해치웠다. 창가에 앉아 푸앵카레처럼 몇 시간이고 멍하니 창밖을 바라보기도 했다. 심지어 사소한 천장 누수도 수리했는데, 의외로 꽤 뿌듯했다. 하지만 여전히 뭔가 허전했다.

이런 과도기가 있을 거라고 예상하기는 했다. 고독에는 항상 적응기가 따르기 때문이다. 지금 내 도파민 생성 신경세포들은 자동차 경적과 북적이는 거리 소음에 익숙했던 상태에서 더 건강한 정상 상태에 적응해가는 중이다. 술에 의존하던 사람이 금주에 적응하는 것과 비슷하다. 고독 전문가 매슈 보커Matthew Bowker는 이렇게 말했다.

"고독이 즐거운 경험이 되기까지는 약간 시간이 걸릴 수도 있어요. 하지만 일단 그렇게 되고 나면 그 경험은 누구에게나 가장 중요한 관계, 즉 자기 자신과의 관계를 확실하게 만들어줄 겁니다."[10]

나는 깊게 숨을 들이쉬며 왜 고립 생활을 선택했는지 자신에게 다시 일깨운다. 계획이 취소됐을 때 은근히 기뻤던 순간들이 떠오른다. 진이 빠졌던 수많은 날과 이번 해에는 꼭 도시를 떠나 자연에서 혼자만의 시간을 갖겠다고 다짐했던 기억들도 함께 떠오른다. 결국 나는 삶에 지쳐 있었던 것이다. 잭 케루악Jack Kerouac이 소설 『빅 서Big Sur』에서 묘사한 고군분투가 떠오른다. 그는 캘리포니아 해안의 숲속 오두막에서 평화와 고요를 찾고자 했다. 그도 처음에는 지루함을 느꼈지만, 도시에서의 탈출은 마침내 그에게 새 생명을 불어넣었다.

"늦은 아침, 눈을 뜨면 온몸이 상쾌함으로 가득 차고 이름을 붙일 수 없는 절묘한 방식으로 우주의 존재를 인식하게 된다. … 야생의 고요와 건강을 간직한 태초의 순수함이 마음 깊이 스며든다."[11]

오두막 생활 초반에 나는 예상치 못한 깨달음을 얻기도 했다. 혼자 있을 때는 마음챙김이 훨씬 쉬워진다는 사실을 알게 된 것이다. 고독은 내면의 독백과 정면으로 마주하게 한다. 방해받을 일이 없으니 생각을 판단하거나 즉각 반응하려는 압박 없이 더 또렷하게 인식하고 천천히 곱씹을 수 있다. 이 성찰은 내가 예상하지 못했던 종류의 성찰, 내가 기대했던 것보다 훨씬 더 깊은 성찰이었다. 조금씩, 혼자 있는 시간은 고요함이라는 호사를 누리는 법을 내게 가르쳐주고 있다.

고독이 뇌에 주는 긍정적인 영향은 크게 두 가지로 나눌 수 있다. 하나는 인지 능력의 향상이고, 다른 하나는 정서적 안정이다. 혼자 있을 때 우리 뇌는 자유롭게 떠돌며 생각을 깊이 탐색하고 디폴트 네트워크를 활성화한다. 글쓰기, 피아노 연주, 그림 그리기, 정원 가꾸기, 기도, 명상 같은 활동을 제대로 수행하기 위해 뇌가 필요로 하는 것은 대개 고독이다. 이런 고립의 순간에 디폴트 네트워크는 새로운 시냅스 연결을 형성함으로써 우리의 역량을 강화하고 창의력을 더 효과적으로 향상시킨다.

또한 고독은 우리의 기억력과 집중력을 놀라울 정도로 강화한다. 그 핵심에는 '자서전적 계획autobiographical planning'이라고 불리는 과정이 있다. 이는 과거의 경험을 되돌아보고 미래의 목표를 상상하며 그 통찰을 자기 개념에 통합하는 활동이다. 시베리아에서 유배 생활을 할 때 도스토옙스키Dostoevsky는 이렇게 썼다.

"영혼의 고독 속에서 나는 지난 삶 전체를 되짚어봤다. 아주 작은 부분까지도 되새기며 나 자신을 곱씹고, 혹독하고 가차 없이 심판했으며, 때로는 이 고독을 내게 안겨준 운명에 감사하기도 했다. … 나는 믿었고, 다짐했고, 맹세했다. 앞으로의 삶에서는 과거의 실수와 타락을 반복하지 않겠다고."[12]

유배에서 돌아온 그는 네 편의 걸작을 썼다.

미시간대학교 연구팀은 자연에서 혼자 걸었던 참가자들이 그룹으로 걷거나 도시 환경에서 걷는 사람들보다 기억력 테스트에서 더 좋은 성과를 보였다는 실험 결과를 발표하기도 했다.[13] 이는 평온한 환경에서의 고독이 기억을 저장하고 떠올리는 능력을 크게 높여줄 수 있음을 보여준다.

실제로 고독은 뇌의 신경가소성 neuroplasticity을 높여 기억이나 집중과 관련된 신경 연결을 더욱 강하고 풍부하게 한다. 또한 고독은 우리가 외부 자극에서 벗어나 깊은 성찰에 몰입할 수 있게 해주며, 과거에 우리가 했던 생각들에 뇌가 다시 집중하고 흩어진 사고들을 유기적으로 연결할 수 있게 해준다. 이는 새로운 정보를 장기기억으로 통합하는 데 도움이 될 뿐 아니라 과거의 경험을 이해하고 그로부터 배우는 데도 유용하다. 간단히 말해 고독은 단지 사회적 세계에서 벗어나는 휴식이 아니라 기억력 향상과 인지 성장에 필수적인 조건이다.

게다가 머리가 좋은 사람들이 대개 혼자 있는 시간을 선호한다는 것은 이제 확실한 사실로 굳어졌다. 그들은 사회적 상호작용의 소음과 요구에서 벗어나 깊이 사고할 수 있는 고요함과 고독의 공간을 소중히 여긴다. 그들과 고독의 관계는 양방향적이다. 지능이 높은 사람들은 혼자 있는 시간을 선호하고, 그 시간은 다시 디폴트 네트워크를 활성화해 창의력 향상에 핵심적인 역할을 한다. 고독은 이들의 타고난 성향에 잘 들어맞으며, 이들의 인지 능력을 높여 지적 성장의 선순환을 만들어낸다.

모순적이라고 느껴질 수도 있지만, 고독은 다른 사람에 대한 공감 능력도 강화한다. 혼자 있는 시간을 통해 우리는 자신을 더 깊이 이해하게 되며, 그로 인해 타인의 경험과 더욱 깊이 연결될 수 있기 때문이다. 이런 내적 성찰은 우리 모두가 같은 인간이라는 깊은 자각을 일깨우며, 주변 사람들의 감정과 요구에 더 잘 맞출 수 있도록 도움을 준다.

케루악은 이렇게 말했다. "고독은 우리를 더 인간답게 만들어 줍니다. 우리가 어떤 낙인이나 민족, 종교 같은 정체성을 넘어 한 명의 온전한 인간으로 존재할 수 있게 해주죠."

정서적 관점에서 고독은 우리를 스포트라이트 효과 spotlight effect 에서 해방하고 디폴트 네트워크를 활성화한다. 스포트라이트 효과란 다른 사람들이 나를 얼마나 주목하는지를 실제보다 과도하게 인식하는 심리적 현상을 말한다. 상상 속의 관중이 사라지면 타인의 평가를 신경 쓸 일이 적어지고, 오직 자신이 하는 일 자체에서 즐거움을 얻기 위해 행동할 가능성이 커진다. 여기서 핵심 개념은 바로 '즐거움'이다.

이 모든 것은 '확장-축적 이론broaden-and-build theory'과 연결돼 있다. 심리학 교수 바버라 프레드릭슨Barbara Fredrickson이 1998년에 제안한 이 이론에 따르면, 즐거움 같은 긍정적 감정은 그 감정을 느끼는 순간 우리가 떠올릴 수 있는 생각과 행동의 범위를 확장시켜 혁신적인 사고를 하거나 새로운 아이디어를 탐색할 가능성을 키운다.[14] 예를 들어 혼자 등산을 한 뒤 풍경화를 그리기로 했다고 해보자. 자연에서 느낀 즐거움은 자연의 아름다움을 화폭에 담고자 하는 영감을 불러일으킬 수 있으며, 이는 취미로 이어지거나 나아가 예술에 대한 열정으로 발전할 수도 있다. 또는 세상이 아직 깨어나기 전의 고요한 새벽 시간에 시를 쓰기 시작한다고 상상해보자. 그 평화로운 순간에 느낀 즐거움과 충만함은 마음속 생각과 감정을 새로운 방식으로 표현하도록 이끌 수 있으며, 자신도 몰랐던 시적 재능을 발견하게 할 수도 있다.

즐거움은 뇌 속의 '쾌락 중추hedonic hotspots'로 불리는 영역들(내측 전전두피질, 측좌핵, 후측 대상피질 등)을 자극하는데, 이 쾌락 중추 대부분이 디폴트 네트워크의 일부다. 이 사실은 스포트라이트 효과에서 벗어나 즐거움을 느낄 때 창의력과 문제 해결 능력이 향상되며 뇌 전체의 건강이 증진된다는 것을 의미한다. 즐거움은 도파민의 분비를 증가시켜 이런 효과를 일으킨다. 도파민은 뇌의 보상

시스템과 연결된 신경전달물질로, 기분을 좋게 할 뿐 아니라 아이디어를 떠올리고 서로 무관해 보이는 개념들 사이의 연관성을 포착하는 능력을 높여준다.

과학자들은 사람들에게 도파민의 전구체인 타이로신tyrosine(참깨, 대두, 치즈, 생선, 견과류 같은 음식에 풍부하다)이 든 과일 주스를 먹인 뒤 기억 테스트를 했다. 그 결과 타이로신을 섭취한 사람들은 플라시보(위약)를 마신 사람들보다 훨씬 뛰어난 성과를 냈다. 반대로, 도파민 생성 신경세포가 파괴되는 파킨슨병을 앓는 사람들은 대부분 인지 능력이 저하된다.

즐거움은 '심리적 거리psychological distance'를 유지하는 능력도 높여준다. 상황의 구체적인 범위에서 벗어나 더 넓은 관점으로 사고하는 능력이 어느 정도인지를 말한다. 당신이 직업을 바꿀지, 관계를 끝낼지, 아이를 입양할지 고민하는 상황이라고 가정해보자. 이럴 때 좋아하는 그림이나 음악을 감상하며 순수한 즐거움을 느낀다면, 문제에서 한발 물러나 새로운 통찰을 얻을 수 있을 것이다.

이렇게 '줌 아웃zoom out'해서 더 큰 그림을 바라보는 것은 인간이 가진 놀라운 신경생리학적 능력 중 하나다. 오랫동안 과학자들은 뇌가 어떻게 이런 일을 해내는지 전혀 알지 못했다. 하지만 현재 우리는 즐거움이라는 감정이 디폴트 네트워크와 집행 네트워크를 포함한, 넓은 시야를 갖게 해주는 뇌의 여러 부위 간 연결을 강화한다는 사실을 잘 알고 있다.

고독이 우리에게 이로운 이유가 즐거움에만 있는 것은 아니다. 특별히 무언가에 몰두하지 않으면서 혼자 있을 때, 우리는 대개 의도적으로는 어떤 생각도 하지 않는다. 다시 말해 이때 우리는 생각을 특정한 목적이나 결과 쪽으로 의식적으로 이끌지 않는다. 옛날에 어느 나이 지긋한 어부가 했다고 전해지는 말이 있다. "가끔은 앉아서 생각하고, 가끔은 그냥 앉아 있네."

뇌의 디폴트 네트워크는 이처럼 의식적으로 아무 생각도 하지 않으면서 혼자 있을 때 활성화된다. 그래서 기도나 명상이 디폴트 네트워크를 활성화하는 데 효과적이라고 하는 것이다. 가톨릭 신자인 내 어머니는 기도를 하지만, 초자연적인 존재로부터의 응답이나 개입을 기대하지는 않는다(적어도 나는 그렇다고 생각한다). 과학적 관점에서 보면, 어머니는 자신의 디폴트 네트워크에 접속해 내면의 조화와 평온을 가꾸는 것이다.

기도는 내측 전전두피질, 후측 대상피질, 좌측 설전부 그리고 좌측 측두두정 접합부 left temporo-parietal junction 를 포함한 디폴트 네트워크 전반을 활성화한다. 이들 영역이 작동할 때는 목표 중심의 과업을 담당하는 집행 네트워크 대부분이 비활성화된다. 바로 이런 이유로 기도나 익명 지원 모임에서 '높은 존재'와 연결된다고 느끼는 경험이 중독과 싸우는 사람들에게도 도움이 되는 것으로 여겨진다.

평화롭고 조용한 시간을 추구하는 사람들에게 고독은 스트레스를 줄이고 기분을 개선하며, 자유의식을 높이는 데 도움이 된다. 정신과 의사 앤서니 스토Anthony Storr는 "혼자 있을 수 있는 능력은 자기 발견과 자기실현 그리고 자신의 가장 깊은 욕구·감정·충동을 자각하는 것과 연결된다"라고 썼다.15

감정적 충격을 치유해주는 고독

고독은 감정 조절 능력을 키우는 데도 도움을 준다. 감정 조절 능력은 우리가 어떤 감정을 언제 어떻게 경험하고 표현할지를 조율하는 정신적 능력으로, 삶의 굴곡에 효과적으로 대처하는 데 핵심적인 정신 건강 요소다.

감정은 뇌의 복잡하고 정교한 네트워크를 통해 조절되며, 이때 디폴트 네트워크의 일부인 내측 전전두피질과 후측 대상피질 같은 영역이 핵심적 역할을 한다. 이 영역들은 자아에 대한 사고와 내면 성찰을 가능하게 하며, 우리가 다양한 상황에서의 감정과 반응을 평가하고 조절하는 데 도움을 준다. 예를 들어 고통스러운 이별 같은 감정적 충격을 겪은 후, 뇌는 치유와 회복을 위해 일정 시간의 고독을 필요로 한다. 이 고독의 시간은 무슨 일이 있었는지 곱씹어보고, 그 일이 자기 삶에서 어떤 의미를 갖는지를 다시 해석하는 시간이다.

디폴트 네트워크는 이렇게 고요한 혼자만의 순간에 활성화돼 마음속에 뒤엉킨 감정들을 하나하나 정리해나간다. 이 과정을 통해 우리는 관계를 되돌아보고, 어디에서 잘못됐는지를 이해하며, 마침내 상실을 받아들이게 된다. 우리 내면의 이 메커니즘은 과거의 일에 국한되지 않으며, 경험을 통해 배우고 앞으로의 감정적 관계를 준비하는 일종의 미래 지향적 메커니즘이다.

상실을 경험했을 때의 감정은 나도 잘 안다. 나 역시 깊은 이별의 상처를 겪은 뒤 파타고니아로 떠나 몇 달을 보냈다. 그곳에서 나는 안데스 콘도르라는 새를 보호하는 자연 보전 프로젝트에 참여했다. 안데스 콘도르는 남획과 기후변화로 개체 수가 급감하고 있는 종이다. 나는 활동가들의 팀에 속했기에 일의 특성상 콘도르의 흔적을 찾아 산과 언덕을 오가며 오랜 시간을 혼자 보내야 할 때가 많았다.

가끔은 별을 더 가까이서 보기 위해 텐트 밖에서 자기도 했다. 어느 날 새벽에는 바람에 날아간 침낭 매트를 찾기 위해 자다가 일어나 이마에 헤드랜턴을 달고 어두운 벌판을 헤매기도 했다. 하늘은 말 그대로 별빛의 담요로 덮여 있었고, 도시에서 보던 것과는 비교도 안 될 만큼 선명하고 빽빽한 별들이 쏟아지고 있었다. 우리가 머물던 캠프는 아르헨티나와 칠레 국경 지대, 끝없이 펼쳐진 메마른 관목지대 한가운데에 설치됐다. 외롭고 황량한 풍경이었지만 그런 고요함이 오히려 세상과 더 깊이 연결된다는 느낌을 주었다.

한참을 어둠 속에서 걷다 보니 멀리서 매트가 바람에 이리저리 흔들리며 떠다니는 것이 보였다. 가까이 다가가려는 순간, 거대한 네발짐승이 내 코앞을 번개처럼 가로질러 달려갔다. 지금까지도 그게 야생 여우였는지 아니면 안데스 퓨마였는지는 알지 못한다.

한번은 새벽 4시에 잠에서 깼다. 아직 해가 뜨지 않아 바깥세상은 잉크처럼 짙은 어둠에 잠겨 있었다. 나는 두툼한 침낭에서 나와 텐트 문을 조용히 열었다. 그리고 다른 활동가들의 텐트 사이를 조심스레 지나 우리가 쓰던 보급품 오두막에 도착했다. 거기서 식량과 물을 배낭에 넣고 쌍안경과 노트, 등산 스틱을 챙겼다. 그날 내가 향한 곳은 안데스 콘도르가 둥지를 틀고 있다고 알려진 절벽이었다. 그 새들은 절벽 꼭대기에 있는 동굴 속에 보금자리를 틀고 있었다. 손전등 불빛으로는 겨우 몇 미터 앞밖에 볼 수 없었지만, 그 덕분에 어둠 속에서 작은 거품 같은 고요하고 밝은 공간이 생겨났다.

절벽을 향해 걷는 동안 내 머릿속에는 생각과 감정, 기억들이 소용돌이쳤다. 도시, 즉 인간이 만든 세계에 갇혀 있었다면 결코 떠오르지 않았을 감정들이었다. 목적지에 도착했을 즈음 지평선 너머로 새벽빛이 막 퍼지기 시작했다. 햇빛은 절벽 면을 부드러운 분홍빛과 금빛으로 물들였다. 나는 편안한 흙 위에 자리를 잡고 쌍안경으로 절벽을 관찰했다. 안데스 콘도르의 배설물을 찾기 위해서였다. 배설물은 새들이 얼마나 오랫동안 절벽에 머물렀는지, 또 그들의 삶에 어떤 변화가 일어나고 있는지 보여주는 흔적이다.

나는 관찰한 내용을 노트에 적은 뒤, 편안하게 앉아서 고요함을 온전히 받아들였다. 이 정도의 깊은 고독 속에서는 마음이 수축하는 동시에 팽창하는 묘한 방식으로 움직인다. 마음이 수축한다는 것은 어떤 순간에 주위 환경이 우주의 전부처럼 느껴지면서 모든 소리와 움직임이 유난히 크게 다가온다는 뜻이다. 반면 팽창한다는 것은 마음이 더 넓은 생각과 더 깊은 성찰로 뻗어나가면서 자연에서의 내 위치가 선명히 느껴진다는 뜻이다. 이 팽창의 느낌은 우리를 겸손하게 하는 동시에 황홀하게 한다. 이렇게 때 묻지 않은 자연에 홀로 있을 때 마음은 서서히 이완된다. 눈앞의 거대한 절벽과 끝없는 하늘을 배경으로 삼으면 일상에서 날 괴롭히던 걱정거리들이 한없이 작고 사소하게 느껴진다.

그 순간, 거대한 안데스 콘도르 한 마리가 절벽 위를 날아오르는 모습을 포착했다. 그 새는 짙고 검은 날개를 길게 펼치고, 누구도 놓칠 수 없는 두툼한 흰 목깃을 단 채 하늘을 유영하고 있었다.

당시 나는 파타고니아의 광활하고 경외심을 자아내는 황야 한가운데에서 위로는 끝없이 펼쳐진 하늘과 아래로는 울퉁불퉁한 대지뿐인 고립된 공간에서 깊은 위안을 얻었다.

이런 감정적 회복에는 집행 네트워크의 일부인 전측 대상피질이 관여하는 것이 거의 확실하다. 그 근거는 전측 대상피질에 손상을 입은 환자들이 인생을 바꿔놓는 사건의 감정적 의미를 제대로 평가하지 못하는 경우가 많다는 사실에서 찾을 수 있다. 또한 사람들이 감정을 억제하라는 요청을 받을 때(예를 들어 슬픈 영화를 보며 울음을 참거나, 짜증 나는 상황에서 화를 내지 말라는 요청을 받을 때) 전측 대상피질이 매우 활발하게 작동한다는 사실도 잘 알려져 있다. 전측 대상피질은 어려운 순간마다 등장해 '잘 생각해보자', '정말로 화낼 만한 일일까?' 하고 말해주는 내면의 감정 코치 같은 존재다. 이는 우리가 감정을 느끼지 말아야 한다거나 늘 억제해야 한다는 뜻이 아니라 우리가 자신의 감정을 더 깊이 이해하고, 분노나 슬픔에 휘둘리지 않으면서 어떻게 반응할지를 스스로 선택할 수 있도록 고독이 도와준다는 뜻이다.

고독을 현명하게 활용하는 방법

오두막에서의 여섯 번째 날. 읽을 책이 다 떨어졌고 커피머신마저 고장이 났다. 몇 년 만에 처음으로 나는 정말 온전히 내 생각과만 마주하게 됐다. 머릿속은 철저히 벌거벗겨진 듯했고, 더 나쁜 건 카페인마저 끊긴 상태라는 점이었다.

그다음 며칠 동안 너무 힘들었다. 두렵거나 불안한 건 아니었지만, 머릿속이 몹시 혼란스러웠다. 그때 나는 겨울잠에서 막 깨어난 곰과 비슷한 상태였던 것 같다. 내 생각들은 까칠하고 예민했으며, 속살이 그대로 드러난 듯한 불편함이 느껴졌다. 마치 내 뇌가 낯선 고요함 속에서 허우적거리는 것 같았다.

하지만 시간이 지나면서 거칠었던 감각은 부드러워졌고 혼란스럽다는 느낌도 점차 사라졌다. 마침내 고독 속에서 즐거움을 발견한 것이었다. 처음의 불편함은 조용함에 대한 깊은 감사로 피어났고, 내 정신 건강은 예상치 못한 방식으로 회복되기 시작했다. 불안감이 줄고 마음이 차분해졌다. 주변과의 연결감도 더 깊어졌다.

그때부터 나는 이 여정이 현실로부터 도망치는 것이 아니라 그 안으로 더 깊이 들어가는 것이라는 느낌을 받았다. 물질적 성공에 대한 집착, 붐비는 출퇴근길, 끊임없이 울리는 스마트폰처럼 도시 생활을 채우고 있던 끝없는 걱정거리들이 사소하게 느껴지는 수준을 넘어 애초에 내 모든 삶의 방향이 비극적으로 어긋나 있었다는 생각이 들었다. 무엇보다도 그때부터 나는 누구에게 보여주기 위한 '연기'를 더는 하지 않아도 된다고 생각하게 됐다. 그 덕분에 무거운 짐이 벗겨진 듯한 해방감을 느꼈다.

그제야 나는 미국 작가 애널리 루퍼스Anneli Rufus의 말을 진정으로 이해했다. "사람들은 우리 같은 외톨이들이 '아, 사람들은 정말 다 재수 없어'라고 생각하는 인간 혐오자라고 여기지만, 사실은 전혀 그렇지 않아요. 우리는 타인과 함께 있기 위해 견뎌야 하는 것들을 잘 견디지 못할 뿐이에요. 결국 그것은 '연기'해야 한다는 뜻이고, 나는 그런 소통에 너무 지쳐요."[16]

신체적으로도 눈에 띄는 변화가 있었다. 도시에서 나를 괴롭히던 여드름과 가끔 생기던 피지낭종이 거의 사라진 것이다. 이는 결코 우연이 아니다. 사회적 피로와 도시 생활에서 비롯된 스트레스는 염증과 피지 생성을 촉진하는 호르몬의 분비를 유발해 피부 상태를 악화시킨다. 하지만 자연의 고요함과 혼자 있는 시간에 몸이 적응하면서 면역 체계가 강화되고 호르몬 불균형이 안정되자 피부는 스스로 회복됐다.

게다가 혼자 있었지만 친구도 생겼다. 해 질 무렵 찾아오는 여우, 밤마다 이리저리 뛰노는 생쥐, 창가에 집을 짓는 거미가 그들이다. 나는 마치 영국의 동화 작가이자 생물학자인 비어트릭스 포터Beatrix Potter가 된 기분이었다. 그녀 역시 조용한 은둔의 삶 속에서 자연과 특별한 유대를 맺었다. 그녀에겐 토끼도 있었고, 생쥐들, 박쥐들, 심지어 달팽이 가족까지 함께했다.

어쩌면 뇌에 정말로 필요한 건 그런 단순한 연결감일지 모른다.

이상적인 고독의 양에 대한 명확한 지침은 없지만, 일반적인 원칙은 (특히 혼자 있고 싶다고 느낄 때) 가능한 한 많은 시간을 혼자 보내는 것이 뇌 건강에 이롭다는 것이다.

레딩대학교의 과학자들은 최근 연구를 통해 이 원칙을 다시 한번 확인했다. 연구팀은 178명의 참가자에게 3주 동안 혼자 보낸 시간을 기록하게 했다. 이메일도, 소셜미디어도, 사람들과의 대면 접촉도 하지 않은 기간을 기록하는 것이었다. 그 결과 참가자들이 혼자 보내는 시간이 더 길었던 날에는 스트레스 수준이 더 낮게 나타났고, 자유로움과 진짜 자신으로 존재할 수 있다는 감각은 더 높게 평가됐다. 그리고 고독이 외로움으로 느껴질 때는 혼자 있는 시간이 선택으로 생각되지 않을 때뿐이었다. 연구진은 이렇게 썼다. "이번 발견은 혼자 있는 시간이 많은 사람일수록 외로울 것이라는 흔한 고정관념과는 대조된다."[17] 결국 핵심은 고독을 현명하게(더 정확히 말하자면 의도적으로) 활용하는 것이다.

내가 '의도적인 고독'이라고 부르는 이 방식을 모든 사람이 활용해야 하는 이유는 이 방식이 디폴트 네트워크를 활성화하고 이완을 촉진함으로써 뇌 건강을 증진할 수 있기 때문이다. 바쁜 와중에도 의도적인 고독을 자연스럽게 실천하는 방법을 소개하겠다.

첫째, 작게 시작하자. 하루에 단 10분이라도 혼자만의 시간을 갖는 것부터 시작하면 된다. 방해받지 않을 조용한 장소를 찾아 가만히 앉아 숨 쉬는 데만 집중해보자. 이 작은 습관만으로도 뇌는 이완 상태에 접어들며 디폴트 네트워크가 서서히 활성화된다.

둘째, 고독의 시간을 하루 일정에 포함하자. 회의나 운동을 일정에 넣듯이, 매일 혼자만의 시간을 보내는 시간을 확실하게 정하자. 아마도 이른 아침이나 늦은 밤이 가장 적절한 시간대일 것이다. 규칙적인 실천은 고독을 습관으로 만들고, 뇌가 반복적으로 이완과 내면 집중의 상태에 들어갈 수 있도록 돕는다.

셋째, 연결을 끊자. 그래야 다시 연결될 수 있다. 고독의 시간에는 디지털 기기를 끄거나 방해받지 않도록 다른 방에 두자. 외부 세계와의 이 단절은 뇌가 내면에 집중하게 하는 데 핵심적인 역할을 한다. 이 단절은 디폴트 네트워크를 활성화하고, 뇌가 더 깊이 성찰하고 창의적으로 사고할 수 있게 한다.

넷째, 혼자 하는 활동에 몰입하자. 산책, 일기 쓰기, 요가처럼 혼자 할 수 있으면서 마음을 현재에 집중하게 해주는 활동이 좋다. 이런 활동은 혼자 있는 시간의 가치를 높여줄 뿐 아니라 그 순간에 집중할 수 있게 해주며, 뇌를 한층 더 이완해준다.

다섯째, 자신을 되돌아보자. 고독의 시간 일부를 활용해 자신의 경험과 감정을 성찰해보자. 이 시간에는 마음을 가만히 들여다보거나 떠오르는 생각을 글로 옮겨보는 것도 좋다. 이런 반추 행위는 감정과 사고를 정리하게 하며 자기 이해의 깊이를 넓혀준다.

이 다섯 단계를 실천하면 의도적인 고독이 일상의 소중한 일부가 될 수 있다. 뇌는 더 깊이 쉬고, 사고는 더 또렷해지며, 자기 인식은 높아지고, 창의성과 문제 해결력도 되살아날 것이다. 이 모든 것은 디폴트 네트워크가 활성화됨으로써 가능해진다. 꼭 기억해야 할 가장 중요한 사실은 고독이 타인에게서 멀어지는 일이 아니라 오히려 자신의 욕구와 행복에 더 가까이 다가가는 일이라는 것이다.

...

열흘째 되는 날. 오두막을 떠날 시간이다. 아침 공기가 서늘하게 감긴다. 나는 차에 짐을 싣기 위해 밖으로 나선다. 바람에 흔들리는 나뭇잎 소리, 멀리서 들려오는 새소리, 근처 시냇물의 졸졸거림이 귀를 적신다.

오두막을 한 바퀴 돌아본다. 작은 부엌, 구석의 조명, 창가의 의자 앞에 잠시 멈춰 선다. 떠나는 것이 아쉽다. 열흘 동안 내 마음은 많이 달라졌다. 초반의 지루함과 약간의 불편함을 지나 지금 나는 깊은 휴식을 취했다고 느낀다. '현실'이라는 이름의 세상 속 수많은 기대가 만들어낸 중압감이 비로소 사라진 것 같다. 그리고 나는 디지털 세계와의 분리가 너무나 좋다는 것을 알게 됐다. 끊임없는 뉴스 속보도 없고, 사람들에게 어떻게 보일지에 대한 걱정도 없고, 의미 없는 '뉴럴 정크푸드'를 좀비처럼 스크롤할 일도 없으니 말이다.

이제 나는 자연에서 혼자 보내는 시간이 뇌에 놀라운 효과를 일으킨다는 것을 확신한다. 그 핵심에는 '부드러운 매혹', 즉 우리의 주의가 힘들이지 않고도 자연스럽게 붙잡히는 상태가 있다. 이때 디폴트 네트워크가 활성화되고 뇌가 진정으로 이완된다. 일부 과학 이론에 따르면, 나는 지금쯤이면 사람을 그리워해야 한다. 하지만 지금 나는 전혀 그렇지 않다. 오히려 나는 연구자들이 '사회적 해방societal release'이라고 부르는 상태에 들어섰다. 그것은 거대한 문화로부터 한발 물러서 진정한 자아와 다시 연결되는 경험이다.

이 거친 자연에 내 영혼이 깊이 잠기자 내 안에서 어떤 날것의 감정, 정직한 본모습이 느껴졌다. 한때 소중하게 여겼던 물질적 소유와 사회적 성취가 이제는 하찮게 보인다. 마음이 자유로이 방황하게 두고, 삼림욕을 하고, 자연에서 깊은 휴식을 취하면서 나는 순수한 즐거움을 느꼈다. 그리고 그로 인해 일에서 얻을 수 있는 어떤 성취감보다 훨씬 더 크고 깊은 만족감을 느낄 수 있었다.

나는 마지막으로 이 자연에 작별을 고하고 차의 시동을 건다. 갑작스러운 소음에 움찔한다. 이번 여행의 회복 효과가 몇 주밖에 가지 않을지도 모른다는 걸 잘 알고 있다. 어쩌면 더 짧을 수도 있다. 그래서 자신에게 한 가지 약속을 한다. 반드시 다시 돌아오겠다고. 약속은 깨지기 쉽지만, 이 약속만은 반드시 지킬 것이다.

당신의 뇌를 구하는 휴식의 기술 5
고독으로 뇌를 회복시키는 법

- 그냥 떠나자. 때로는 가장 단순한 조언이 가장 강력하다. 뇌 건강을 회복하고 싶을 때는 더욱 그렇다. 혼자만의 여행이나 휴식을 계획하는 일은 처음에는 외로움이나 지루함에 대한 걱정 탓에 부담스럽게 느껴질 수 있다. 하지만 일상에서 벗어나 새로운 환경에 자신을 던지는 순간, 생각보다 훨씬 더 큰 해방감을 느낄 수 있다. 이런 행동은 익숙한 틀에서 벗어나게 하고, 예상치 못한 방식으로 감각을 자극하며, 내면 성찰과 창의성을 위한 완벽한 배경을 제공한다.
- 일이나 가정에 얽매여 장거리 여행을 계획할 수 없다면, 조용한 방에서 혼자 시간을 보내보자. 잠깐이라도 고요한 공간에서 쉬는 것 역시 강력한 형태의 고독이 될 수 있다. 분주한 일상에서도 의도적으로 평화를 찾으려는 노력 자체가 정신적 행복과 뇌 건강을 증진하는 데 중요한 역할을 한다.
- 아무것도 하지 않는 것, 심지어 사회적으로 활발하게 지내지 않는 것도 결코 나쁜 일이 아니다. 뇌의 디폴트 네트워크 안에 있는 사회적 회로들에도 쉬면서 재충전할 시간이 필요하

다. 실제로 과도한 사회적 활동은 스트레스 증가나 사망률 상승 같은 해로운 결과를 낳을 수 있다는 연구 결과도 있다. 고립이나 외로움이 건강에 좋지 않은 것은 사실이지만 그럼에도 우리에게는 반드시 고독이 필요하다. 그러니 경계를 설정하고 홀로 있는 시간을 위한 공간을 마련하자.

- 사람들과 어울릴 때는 반드시 의미 있고 질 높은 교류가 되게 하자. 우리는 진정으로 함께하지 말아야 할 사람들과 시간을 보낼 때가 많다. 나쁜 친구, 겉으로만 친한 사람, 해로운 가족 구성원과의 만남은 단지 의무감 때문에 이어지곤 한다. 하지만 이런 관계는 스트레스 호르몬인 코르티솔 수치를 높여 뇌 안의 사회적 회로를 손상시키고, 우리가 누려야 할 건강한 관계마저 해치고 만다.

6장 | 잠

뇌를 치유하는 최고의 명의

"하루 삶의 종말, 고된 노동을 씻어내는 목욕,
상처 입은 마음을 어루만지는 향유,
위대한 자연이 베푸는 두 번째 진수,
인생의 향연을 완성하는 최고의 자양분."

- 『맥베스』

언덕 꼭대기에 다다른 나는 숨을 고르기 위해 잠시 멈춰 섰다. 태양은 계곡 너머로 긴 그림자를 드리우며 여기저기 흩어져 있는 유적들과 강줄기를 황금빛으로 물들였다.

  이 땅에는 영들이 깃들어 있다. 내가 지금 서 있는 이곳, 수면의 신전은 신성한 존재들의 보호를 받는 곳이다. 이곳은 잠이 단지 매일 밤 반복되는 생리적 행위가 아니라 신성한 의식으로 여겨졌던 시대의 유산이다. 이끼가 뒤덮인 고대 신전의 석벽 폐허 사이를 거닐다가 문득 먼 옛날 잠의 의식이 수행되던 이 신전에 알 수 없는 이끌림을 느꼈다.

이곳은 영국 글로스터셔에 있는 노덴스Nodens 신전 유적지다. 방과 손님용 숙소, 목욕시설이 모자이크처럼 어우러진 이 신전은 푸른 들판과 야생 초지, 울창한 생울타리 속에 조화롭게 자리하고 있다. 이곳의 신은 치유를 관장하는 켈트족의 신 노덴스로 마법의 손을 지녔다고 전해지며, 훗날 아일랜드와 웨일스의 신화 속 인물이 됐다.

고대인들에게 잠은 신의 지혜로 향하는 통로였다. 이 신전의 벽 안, 갈대와 짐승 가죽으로 만든 잠자리 위에서 사람들은 육체의 병과 존재의 물음에 대한 해답을 구했다. 환자는 자리에 눕고, 주문을 통해 황홀경에 들어간다. 그러면 치유자는 꿈속에 깃든 초자연적 통찰을 감지하고 해석하여 적절한 처방을 전하는데 대개 명상이나 단식, 긴 목욕처럼 단순한 행위였다.

세월에 풍화된 이곳 유적지의 석벽들을 바라보며 나는 수천 년 전 이곳에서 잠들고 꿈꾸고 깨어난 이들을 떠올렸다. 그들은 이곳에서 마치 신의 세계를 다녀온 듯한 느낌으로 눈을 떴을 것이다.

잠에 대한 생각과 잠을 자는 방식은 문화권마다 달랐다. 고대 이집트에서는 잠을 죽음에 가까운 상태로 여겼고, 이 시간 동안 영혼이 몸을 떠날 수 있다고 믿었다. 꿈은 신들로부터 내려온 메시지로 간주돼 반드시 해석되어야 했다. 잠에 대한 관점이 더 실용적이었던 로마인들은 잠이 신체 회복에 필수적 요소라고 생각했지만,

그들 또한 꿈에 의미가 담겨 있을 것으로 믿었다. 일부 아메리카 원주민 부족을 비롯한 다양한 원주민 부족은 잠을 조상과 소통하는 수단으로 여겼으며, 개인과 공동체의 의사 결정 과정에서 잠이 중요한 역할을 한다고 믿었다.

이런 차이가 있음에도 잠은 언제나 인간 삶의 본질적인 일부였다. 그 의미와 가치가 시대와 대륙에 따라 서로 다르게 이해되고 평가되어왔을 뿐이다. 무엇보다 잠의 신전은 잠을 찬양하는 공간, 우리가 아직 완전히 이해하지 못한 잠이라는 과정을 향한 사랑과 경외심이 담긴 공간이다.

잠을 생산성의 장애물로 생각하는 시대

오늘날 잠은 과거와는 전혀 다른 양상을 띤다. 현대인의 잠은 알람 소리로 결정되고, 화면으로 끊기며, 하루 동안 쌓인 스트레스로 중단된다. 숙면은 이제 사치가 됐고, 우리는 스스로 그 권리를 포기하곤 한다. 너무나 안타깝게도, 조상들이 경건하게 수행하던 잠이라는 의식은 21세기에 이르러 하찮은 존재로 전락해버렸다. 현대 사회에서는 밤조차 완전히 찾아오지 않는다.

가장 먼저 무너진 것은 우리의 야간 생체 리듬이다. 한때 일출과 일몰에 따라 조율되던 우리의 리듬은 이제 24시간 쉼 없이 울려 퍼지는 현대 문명의 소음에 파묻히고 말았다. 인공조명의 발명은 경제적으로는 획기적인 전환점이었다. 계절과 상관없이, 일과를 마친 저녁에 여가를 즐길 수 있게 됐기 때문이다. 하지만 인공조명은 우리를 끝없는 낮의 세계에 가둬버렸다. 생체 시계는 혼란에 빠졌고, 자연스러운 수면 패턴은 흐릿해졌다. 가로등과 네온사인, 스크린에서 흘러나오는 블루라이트(청색광)는 달빛의 자리를 사실상 빼앗아버렸다. 잠들기 전 스크린을 통해 블루라이트에 과도하게 노출되면 생체 리듬이 지연되고 수면의 질이 떨어지며 기억력과 집중력에도 문제가 생긴다. 세계적인 환경보호 단체 다크스카이 인터내셔널이 발표한 「2023년 인공조명과 야간: 과학의 현주소」라는 보고서에 따르면 인공조명은 야간 오존 오염 감소를 방해하며, 특히 미국에서 오랫동안 소외돼왔던 지역 사회에 불균형적으로 부정적인 영향을 끼친다.[1]

설상가상으로, 우리는 잠을 취약함의 증거로 인식하도록 자신을 세뇌해왔다. 마사 스튜어트Martha Stewart, 잭 도시Jack Dorsey, 마거릿 대처Margaret Thatcher 같은 기업인과 정치인들은 하루에 4~5시간밖에 자지 않는다고 자랑해왔다. 전 야후 CEO 머리사 메이어Marissa Mayer는 한 주에 130시간 일할 수 있다며, "언제 자고 언제 샤워하며 얼마나 자주 화장실에 가는지는 전략적으로 조절하면 된다"라고 말하기도 했다.[2]

우리는 잠이 우리의 생산적인 시간을 빼앗아 가는 도둑이라고 믿도록 길들었다. 아침에 피곤한 채로 눈을 뜬 후 각성제를 마시고 에너지 음료로 하루를 버팀으로써 깊고 회복력 있는 수면을 얕고 불안정한 잠과 바꾸어버린다. 스마트폰 스크린은 침실까지 따라 들어오고, 그 끝없는 빛은 꿈속까지 침범한다. 넷플릭스 회장 리드 헤이스팅스Reed Hastings는 넷플릭스의 가장 큰 경쟁 상대가 잠이라고 말한 적도 있다.[3] 소셜미디어 알림, 한밤의 이메일, 자정 무렵의 온라인 쇼핑은 우리를 가상 세계의 표면에서 쉴 새 없이 떠다니게 한다.

그렇게 우리는 숙면과 멀어졌다. 잠은 한순간에 갑자기 발생하는 단순한 과정이 아니라 점진적이고 리드미컬한 과정이다. 우리는 잠이 하루를 마무리하는 의식, 깨어 있음에서 쉼으로 이행하는 황혼의 전환 과정이라는 사실을 잊고 산다. 우리 조상들은 이 전환을 소중히 여기며 자연의 리듬에 잠을 맞췄다. 하지만 오늘날 우리는 이 근본적인 생체 리듬과 단절된 채 살아간다.

많은 사람이 밤늦게까지 깨어 있으면서 언젠가 수면을 보충하면 된다고 자신을 설득한다. 어쩌면 당신도 지금 리포트 제출 마감에 몰려 있거나, 직장에서 프로젝트를 마무리하면서 이런 생각을 하고 있을지 모른다. 하지만 여기서 문제는 잠을 '빚'처럼 여기며 나중에 갚을 수 있다고 생각하는 자체에 있다. 단 하룻밤 수면이 줄어드는 것만으로도 우리 몸은 회복하기 어려운 손상을 입기 때문이다.

잠이 없는 세상을 상상해보자. 새벽 2시, 도시 한가운데. 거리는 거의 비었고, 고층 빌딩들은 어두운 밤하늘을 배경으로 묵직하게 서 있다. 그중 한 건물에서 불빛이 깜빡인다. 서른여섯 살의 프로그래머 가브리엘Gabrielle이 흐릿한 눈으로 화면 속 코드를 바라보고 있다. 눈꺼풀이 무겁고 시야는 흐려졌지만 억지로 졸음을 밀어내고 있다. 신경계를 가진 지구상의 모든 생명체가 잠을 자지만, 미국 질병통제예방센터CDC에 따르면 성인의 3분의 1은 권장 수면 시간인 7~9시간을 지키지 못한다.[4]

수면을 제대로 취하지 못하면 피곤만 문제가 되는 것이 아니다. 몸에서 전쟁이 벌어진다. 그 전쟁에서 가장 먼저 무너지는 것이 면역 체계다. 가브리엘을 비롯한 수백만 명의 사람은 자기 몸에서 방어 능력을 스스로 박탈하고 있다. 실험실 연구에 따르면 단 하룻밤이라도 잠이 부족할 때 독감이나 간염, 코로나19 같은 감염병에 걸릴 위험이 눈에 띄게 높아진다(백신을 맞았더라도 예외는 아니다). 수면 부족이 만성화되면 저강도 염증 상태가 지속되며 우리 몸은 심장병부터 우울증, 당뇨, 치매에 이르기까지 다양한 질환에 쉽게 무너질 수 있는 조용한 재앙의 상태로 바뀐다.

가브리엘의 몸속에서 쉼 없이 뛰는 엔진, 즉 심장은 이미 손상되고 있다. 지난 10년간의 다양한 연구는 수면 부족과 심장 질환, 고혈압, 뇌졸중의 위험 증가 사이에 직접적인 연관이 있음을 일관되게 보여준다. 잠은 몸이 스스로 정비하고 회복하는 시간이다. 실제로 깊은 수면 단계에서는 혈압이 낮아지고 심장이 천천히 뛰면서 심장과 혈관이 하루 동안 쌓인 손상을 복구하는 과정이 시작된다. 그뿐만이 아니라 가브리엘은 자신도 모르게 장 건강에 연쇄적인 문제를 일으킬 기반을 만들고 있다. 장은 흔히 '제2의 뇌'로 불리며, 그 안의 미생물 생태계는 수면에 의존해 정교한 균형을 유지한다. 수면이 부족하면 인슐린 저항성과 제2형 당뇨병 위험이 커진다. 단 며칠간의 수면 부족만으로도 거의 즉각적인 체중 증가가 일어날 수 있다.

이 과정과 함께 가브리엘의 뇌 건강도 심각한 방식으로 손상된다. 수면 부족이 계속되면 기억부터 운동 능력까지 다양한 기능을 담당하는 뉴런들이 제 기능을 잃는다. 인지 유연성이 떨어지고 집중력과 문제 해결 능력 역시 타격을 입는다. 《직업 환경 의학 Occupational Environmental Medicine》에 실린 한 논문에 따르면, 하룻밤 완전히 잠을 자지 못한 상태는 혈중알코올농도 0.1퍼센트인 상태와 비슷한 효과를 몸에 미친다.[5] 이는 4~7 알코올 유닛을 마셨을 때의 농도로, 이 정도의 혈중알코올농도는 대부분 나라에서 법적으로 음주 상태로 간주되는 수치다(1 알코올 유닛은 알코올 10그램을 뜻하며, 맥주 280cc에 들어 있는 알코올의 양에 해당한다-옮긴이).

더욱 우려스러운 것은 수면 부족이 장기적인 뇌 건강에 미치는 영향이다. 뇌는 잠을 자는 동안 자신을 청소한다. 깨어 있는 동안 축적된 독성 단백질, 특히 알츠하이머병의 주요 원인으로 지목되는 끈적끈적한 단백질인 베타아밀로이드 beta-amyloid를 뇌척수액이

씻어내는 것이다. 단 하룻밤만 잠을 설쳐도 뇌 속 베타아밀로이드 수치가 증가할 수 있다.

이런 수면 부족이 반복되면 결국 알츠하이머병을 포함한 신경 퇴행성 질환의 발병 위험이 커진다. 10만 명 이상을 대상으로 한 한 연구에 따르면, 야간 교대 근무를 하는 사람들은 그렇지 않은 사람들보다 치매에 걸릴 확률이 12퍼센트 더 높았다.[6] 단 하룻밤의 수면을 희생하는 것만으로도, 가브리엘은 장기적으로 자신의 인지 건강에 중대한 위협이 될 수 있는 독성 물질을 조용히 쌓아가는 셈이다.

문제는 여기서 끝나지 않는다. 정신 건강과 수면은 긴밀하게 연결돼 있으며, 수면 부족은 가브리엘의 정서적 행복감을 천천히 갉아먹는다. 밤이 불안정해지면 낮은 기분 변화, 불안, 우울감과의 싸움으로 변한다. 이는 마치 감정의 증폭기를 켜고 살아가는 것과 같아서 작은 문제도 재앙처럼 느껴지고, 사소한 걱정이 극심한 불안으로 부풀어 오른다. 수면이 부족할 때 우리의 마음은 깨어 있는 동안에도 악몽을 만들어낸다고 할 수 있다.

이보다 더 비참한 현실은 가브리엘의 이야기가 수면을 삶에 끼워 넣는 일처럼 여기며 정작 그것이 생명을 지탱하는 본질임을 잊고 살아가는 수백만 명의 삶을 그대로 비추고 있다는 것이다.

만성적인 수면 부족은 기대수명을 여러 해 단축시킨다. 매일 6시간 미만으로 자는 사람들은 7~9시간을 자는 사람들에 비해 사망 위험이 10퍼센트 더 높다는 연구 결과도 있다.[7] 우리는 지금 '죽으면 실컷 잘 수 있어'라는 생각이 지나치게 미화되는 시대에 살고 있다. 하지만 아이러니하게도, 잠을 하찮게 여기는 이 태도야말로 죽음을 앞당긴다.

우리가 자는 동안 뇌가 하는 중요한 일들

그날 밤 늦게 런던으로 돌아온 나는 침대에서 뒤척이고 있었다. 창밖으로는 근처 술집에서 사람들이 흩어져 나오는 소리가 들려왔다. 나는 문득 내 수면 습관을 돌아보기 시작했고, 그 깨달음은 꽤 불편한 것이었다.

솔직히 말하자면, 나도 스마트폰을 끊기 전까지는 매일 밤 스마트폰 화면에 매달려 있었다. 침대에 누워 적어도 20분 이상은 무한히 이어지는 디지털 콘텐츠를 스크롤하며 보냈고, 가끔 시계를 힐끗 보고도 무시하곤 했다. 불면증 환자처럼 나는 24시간 뉴스 사이클이라는 소용돌이에 몸을 던진 채 뇌가 평화를 갈망하는 순간에도 쉼 없이 정보를 흡수했다. 그건 점점 나를 파괴해가는 파멸의 소용돌이였고, 그대로 뒀다면 결국 내 건강을 무너뜨렸을 것이다.

자동차 헤드라이트 불빛들이 창문에 비치는 모습을 보며 나는 생각했다. '다시 그때로 돌아갈 순 없어.'

나는 내 몸이 요구하는 잠을 더는 외면할 수 없다고 생각했다. 하지만 그러기 위해서는 왜 잠이 우리의 웰빙에 그렇게도 본질적인 영향을 미치는지를 먼저 이해해야 했다. 내 안에서 새로운 결심이 움텄다.

다음 날, 나는 수면에 관한 최신 신경과학 논문들을 찾아 꼼꼼히 읽기 시작했다. 그 결과 내가 발견한 사실은 너무나 놀라웠다.

대체로 볼 때, 잠은 두 가지 핵심적 기능을 수행한다. 인지 능력 강화와 신체 능력 회복이다. 인지 측면에서 잠은 학습력과 기억력을 향상시킨다. 우리가 잠을 자는 동안에도 뇌는 결코 잠들지 않는다. 오히려 뇌는 그날의 경험을 처리하고 정리하며, 장기 기억으로 통합하면서 매우 활발히 활동한다.

영국 소설가 힐러리 맨틀Hillary Mantel은 "나는 잠자는 동안 무언가 많은 일을 하고 있다는 느낌을 받는다. 문제를 하룻밤 묵혀두면 다음 날 아침에 어떤 이미지나 단어 하나가 해답이 되어 나타난다. 나는 이 과정이 매우 능동적인 과정이라고 생각한다"라고 말했다.[8] 그녀의 이 말은 타당할 뿐만 아니라 과학적 근거도 충분하다.

잠을 자는 동안 우리 뇌의 시냅스는 선별적으로 가지치기가 된다. 무작위적으로 시냅스를 제거하는 것이 아니라 중요한 기억과 관련된 연결은 살리고 덜 중요한 연결은 정리하는 섬세하고 치밀한 과정이다. 이를 통해 우리 뇌는 마치 우리 마음속 정원을 돌보는 야간 정원사처럼 필요한 곳을 가볍게 다듬으며 정말로 의미 있는 연결들이 잘 자리 잡도록 돕는다.

이와 동시에 우리 뇌에서는 학습 경험을 '재연'하는 과정도 진행된다. 이 과정은 꿈이 가장 생생하게 나타나는 렘REM수면 단계에서 특히 활발하게 일어난다. 또한 이 과정은 기억을 구성하는 신경 경로를 강화해 우리가 기억을 더 확실하고 쉽게 떠올릴 수 있게 한다. 한편 비렘non-REM수면을 취하는 동안 나타나는 짧은 뇌 활동인 '수면 방추spindle' 활동에서는 해마에 저장된 기억을 대뇌 피질로 옮긴다. 뇌가 밤마다 단기 기억을 더 안전한 장기 저장소로 백업하는 데이터 전송 작업을 수행하는 과정이라고 할 수 있다.

이처럼 수면은 인지 능력에 도움을 주는 한편 신체 회복에도 필수적인 역할을 한다. 그중 핵심이 성장호르몬의 분비다. 이 호르몬은 뇌의 뇌하수체에서 생성되며, 이름에서 알 수 있듯이 어린 시절의 성장에 중요한 역할을 한다. 하지만 그게 전부는 아니다. 성장호르몬은 주로 깊은 잠을 자는 동안 분비되며 조직의 성장과 회복을 자극한다. 이 호르몬은 상처를 치유하고 근육을 재건하며, 심지어 노화의 신체적 징후와 싸우는 데도 도움을 준다. '뷰티 슬립beauty sleep'이라는 표현이 단순한 동화 속 신화가 아닌 과학적 사실에 기반한 말인 것도 이 때문이다.

잠의 회복력은 면역 체계에도 깊은 영향을 미친다. 잠은 특히 'T세포T cells'라고 불리는 면역세포가 바이러스나 세균에 감염된 세포에 달라붙어 파괴하는 능력을 강화한다. 또한 잠은 백신 접종 후 항체 생성을 돕기 때문에 코로나19와 같은 감염병에 대한 몸의 방어 능력을 더욱 견고하게 해준다.

아마도 가장 중요한 사실은 잠이 우리의 정서적 회복력을 강화한다는 사실일 것이다. 연구자들은 렘수면과 정서적 고통을 이겨내는 능력 사이에 강한 상관관계가 있음을 발견했다. 렘수면 중 뇌는 스스로 다시 연결하고 재조정하며, 그 덕에 우리는 다음 날 아침에 이전과는 전혀 다른 정서적 시각을 가지고 깨어난다. 사람들이 위기로 인한 불안감 속에 잠자리에 들었다가 아침에는 훨씬 담담하게 그 일을 바라볼 수 있게 되는 것이 이 때문이다.

이 모든 발견은 중요한 의미를 지닌다. 하지만 놀랍게도, 현재 과학자들이 특히 주목하는 것은 매일 밤 디폴트 네트워크가 수행하는 역할이다. 우리가 오후에 잠깐 눈을 붙이거나 명상처럼 수면에 가까운 상태에 진입할 때마다 의식의 바닷속에서 디폴트 네트워크의 몇몇 핵심 하위 시스템이 마치 등대처럼 깜빡이며 깨어난다. 꿈이라는 신비로운 영역과 창의력을 관장하는 배내측 전전두피질 ventromedial prefrontal cortex과 측두-후두 접합부 temporo-occipital junction가 바로 그 하위 시스템들이다.

우리가 잠을 자는 동안 이 뇌 영역들은 우리 마음의 캔버스에 풍부하고 다채로운 꿈의 직물을 짜면서 상상력을 펼친다. 특히 배내측 전전두피질은 꿈을 꾸는 동안 활발하게 작동하는데, 이는 감정적으로 중요한 사건이나 어려운 상황을 안전한 환경에서 '리허설'하려는 뇌의 시도일 수 있다. 이런 작용을 통해 우리는 무의식중에 정서적 회복력과 문제 해결 능력을 키우고, 잠자는 동안 창의력을 다듬게 된다. 이 놀라운 과정은 불안한 꿈에도 적용된다. 누군가에게 쫓기거나 사랑하는 이를 잃거나 자연재해를 겪는 등 고통스러운 꿈을 꿀 때 뇌는 이 과정을 통해 신경 흥분, 복잡한 감정, 스트레스를 처리해낸다. 즉, 가장 불편한 꿈조차도 '야간 심리 치료'의 한 형태로 작용하며 우리가 현실에서 감정을 견디고 문제를 해결하는 능력을 강화해준다고 할 수 있다.

한편 측두-후두 접합부는 꿈을 생생하게 하는 감각적·공간적 디테일을 생성하는 데 관여하며, 그 작용은 잠에서 깬 이후에도 이어진다. 감각 정보를 엮어내는 이 능력은 고정된 사고의 틀을 벗어나 새로운 아이디어를 떠올리고 다른 이들이 보지 못하는 연결을 발견하는 능력, 즉 창의력의 핵심 동력이다.

수면 중 활성화되는 또 다른 디폴트 네트워크 영역은 복측 설전부로, 뇌 뒤쪽 상단에 있다. 이 부위는 작업 기억에서 핵심적인 역할을 한다. 작업 기억은 예컨대 배우자와 대화를 나누는 동안에도 장보기 목록 같은 짧은 정보를 잠시 머릿속에 유지하는 능력을 뜻한다. 2020년, 베이징체육대학교의 연구진은 36시간 동안 잠을 자지 않은 22명의 뇌를 스캔한 결과 이들의 작업 기억이 현저히 저하됐음을 발견했다.[9] 그 원인은 설전부 내 뉴런 연결의 변화에 있었다. 연구진은 디폴트 네트워크가 "뇌의 여러 네트워크 중에서도 특별하다"라고 말한다. 다른 연구자들 역시 수면, 작업 기억, 디폴트 네트워크의 상관관계를 분석한 연구를 수행했는데 동일한 결과가 나왔다. 수면은 건강한 설전부를 만들고, 건강한 설전부는 강력한 작업 기억과 연결된다.

수면의 질을 높이는 방법

수면의 질을 높이기 위해 디폴트 네트워크를 활성화하는 방법에는 여러 가지가 있다. 그중 하나는 잠들기 전 10~15분 정도 멍하니 허공을 바라보며 조용한 시간을 갖는 것이다. 이런 멈춤의 시간을 자신에게 허용하는 것은 디폴트 네트워크를 부드럽게 자극함으로써 입면기 hypnagogic state (깨어 있는 상태에서 수면 상태로 넘어가는 중요한 전이 단계)에 이 네트워크가 점진적으로 활성화되도록 이끌어줄 수 있다. 또 다른 방법은 입면기에 떠오르는 생각과 감정을 기록하는 것이다. 입면기의 중요성은 종종 간과되지만, 사실 이 전환의 순간은 창의력과 혁신 능력을 키우는 강력한 인큐베이터 역할을 한다. 이 모호한 상태에서 떠오른 생각과 아이디어를 붙잡아 기록하면, 그 기록은 현실 세계에서 문제 해결 능력과 창의력을 끌어내는 귀중한 자원이 된다.

아침에 잠에서 깬 후에는 침대에서 벌떡 일어나 일상에 곧바로 뛰어들고 싶다는 충동에 저항해보자. 휴대전화를 집어 들지도 말고, 어떤 활동도 하지 않은 채 10~20분 동안 조용한 시간을 더 가져보자. 멍하니 허공을 바라보며 마음이 떠도는 대로 내버려두면서 그냥 있자. 이 평온한 순간에 뇌는 기상기hypnopompic state(수면에서 완전한 각성 상태로 넘어가는 전이 단계)로 진입하며, 이 역시 디폴트 네트워크를 활성화할 또 한 번의 기회가 된다.

가능하다면, 잠자는 시간을 인위적으로 제한하지 말고 몸이 원하는 만큼 충분히 자자. 우리 뇌는 9시부터 5시까지의 근무 시간표나 일반적으로 권장되는 6~8시간 수면 기준에 얽매이지 않는다. 사실 그 정도 수면으로는 충분하지 않다. 그럼에도 테슬라 CEO 일론 머스크Elon Musk나 펩시콜라 전 회장 인드라 누이Indra Nooyi 등 수많은 유명 인사가 하루 4~6시간의 수면만으로도 버틸 수 있다고 주장해왔고, 이런 태도는 안타깝게도 이상적인 삶의 표본처럼 찬양되어왔다.

디폴트 네트워크를 진정으로 잘 돌보고 싶다면, 수면 목표를 더 여유 있게 잡아야 한다. 이상적인 수면 시간은 8시간에서 10시간 사이다. 일부 연구에서는 8시간 이상 잠을 자면 기억력에 부정적인 영향을 줄 수 있다고 하지만, 사람마다 필요한 수면의 양에는 큰 차이가 있다. 대체로 8~10시간의 수면이 주는 인지적 이점이 잠재적인 단점을 훨씬 뛰어넘는다. 바로 이 최적의 수면 시간 동안 뇌는 스스로 회복하고, 기억을 통합하며, 감정을 처리하고, 창의력을 키운다.

잠이 뇌의 기능을 향상시키는 효과는 밤에만 발생하는 것이 아

니다. 2023년 여름, 런던대학교 유전역학자인 빅토리아 가필드
Victoria Garfield 박사는 낮잠을 자는 사람들이 종일 버티며 깨어 있는
사람들보다 뇌 용적이 더 크며, 놀랍게도 이 차이가 노화 속도를
최대 6년까지 늦출 수 있다는 연구 결과를 발표했다.[10]

"사람들은 낮잠이 얼마나 중요한지를 정말 몰라요." 그녀는 이
발견이 전 세계적으로 화제를 모은 직후 내게 이렇게 말했다. "종
일 쉬지 않고 일해야만 생산성이 높아지는 건 아니에요. 4시간 집
중해서 일하고 그다음에 낮잠을 잔다면 정말 멋진 일이죠."

낮잠은 유아기에는 필수적이지만 나이가 들수록 빈도가 줄어
든다. 낮잠은 은퇴 후에야 비로소 다시 일상에 자리 잡는다. 실제로
65세 이상 인구의 27퍼센트가 낮에 잠을 잔다는 통계가 있다.[11] 하
지만 일부 사람들은 낮잠을 자도록 유전적으로 프로그램돼 있다.
연구에 따르면 낮잠을 잘 가능성을 키우거나 줄이는 97개의 DNA
조각이 있으며, 가필드 박사는 바로 이 정보를 활용해 연구 결과를
도출했다. 3만 5,000명에게서 그 97개의 DNA 조각을 분석해 '유
전적 낮잠형'과 '유전적 비낮잠형'을 구분할 수 있었고, 그 결과에
따르면 낮잠을 자는 그룹의 뇌가 평균적으로 15세제곱센티미터 더
컸다. 이는 골프공 하나 분량의 부피로, 그 안에 수백만 개의 신경
세포와 연결망이 더 존재할 수 있다는 뜻이다. 이 차이는 인지기능
과 뇌 건강에 결정적인 영향을 미칠 수 있다.

그렇다고 유전적 습관을 바꿀 수 없는 것은 아니다. 운동 시간

이나 식단을 바꾸듯, 낮잠을 일상에 도입함으로써 유사한 뇌 건강 증진 효과를 얻을 수 있다. 우리의 습관과 생활 방식은 유전적 경향을 뛰어넘을 수 있는 유연성을 상당히 많이 지니고 있다.

그렇다면 낮잠은 얼마나 자는 게 적당할까? 그리고 얼마나 자면 과할까? 가필드의 연구가 그 균형점을 제시한다. 그녀는 낮잠이 30분을 넘기지 않는 것이 가장 이상적이라고 말한다. 그 이상 자면 뇌가 멍해지며 단기적으로 사고력이 떨어질 수 있다(다만 장기적으로는 긴 낮잠도 뇌 기능을 향상시킬 수 있다). 30분 동안의 짧은 낮잠은 즉각적으로 뇌 기능을 향상시키고, 사고가 더 또렷해지게 하고, 주의력을 향상시킨다. 다만 짧은 낮잠의 효과가 장기적으로 지속되지는 않는다는 점이 문제이긴 하다. 따라서 항상 정신을 또렷하게 유지하려면, 매일 짧은 낮잠을 자는 것을 목표로 삼는 것이 좋다.

내가 가필드에게 "일하는 날에 어떻게 30분 낮잠을 끼워 넣을 수 있을까요?"라고 묻자, 그녀는 아주 단순한 해법을 내놓았다. "일과 중간쯤에 낮잠을 자는 게 가장 이상적이에요. 처음에는 점심시간 일부를 활용해보세요. 그러다 보면 낮잠이 문화적으로도 자연스러운 일상이 될 수 있어요."

개인적으로 나는 점심시간에 낮잠을 잔다는 생각이 별로 마음에 들지 않았다. 점심시간은 일에서 벗어난 '성스러운 휴식' 같은 느낌이 있기 때문이다. 그래서 차라리 낮잠을 위한 별도의 30분 휴식 시간을 새로 마련하는 것이 어떠냐고 제안했다. 그녀는 뭔가 짐작하고 있었다는 듯 미소를 지으면서 말했다. "그 아이디어 참 좋네요. 고용주들이 받아들인다면 정말 멋질 것 같아요."

"과학적 근거를 보여주면, 고용주들을 설득할 수 있을까요?" 내가 물었다.

"쉽지는 않은 일이죠." 가필드는 인정했다. "시간이 걸릴 거예요."

하지만 나는 우리에게 그렇게 기다릴 시간이 없다는 생각이 들었다. 수면 부족과 관련된 암울한 건강 통계를 떠올리며 나는 가필드에게 우리 아버지가 자신을 혹사하며 탈진했고, 어머니는 그보다 더 치열하게 일하고 있으며, 어머니의 건강이 위태위태한 것 같아 늘 불안하다고 말했다.

"저도 가장 친한 친구를 보면서 똑같은 생각을 해요." 그녀가 말했다. "지금 우리 사회는 일을 열심히 해서 정상에 오르면 그게 성공이고, 그렇게 성공해서 돈을 많이 벌어야 한다는 끔찍한 생각에 사로잡혀 있어요. 하지만 그 지점까지 가는 동안 뭘 잃었는지 생각해야 해요. 친구와 가족을 잃었을 수도 있죠. 그 과정에서 누군가를 밟고 올라섰을 수도 있고, 도대체 무슨 일이 벌어졌는지 알 수 없죠. 지금 우리의 몸은 망가지고, 뇌는 너무 빠르게 늙어버렸어요."

가필드는 낮잠이 세 가지 방식으로 뇌를 보호한다고 말한다. 첫째, 낮잠은 뇌 속 코르티솔 수치를 낮춤으로써 스트레스를 줄인다.

둘째, 손상된 뇌세포의 재생을 촉진한다. 셋째, '우리가 아직 이해하지 못한' 새로운 사고방식을 유도한다. 이 마지막 지점은 특히 흥미로운 수수께끼를 던진다. 우리는 낮잠이 기억력, 창의성, 인지기능을 향상시킨다는 사실은 알고 있지만 이 외에도 아직 충분히 규명되지 않은 뇌 기능들이 낮잠의 영향을 받을 가능성이 있다.

"박사님도 낮잠을 주무시나요?" 나는 가필드가 자신의 이론을 실제로 따르고 있는지 궁금해서 물었다.

"예전에는 낮잠을 안 잤어요." 그녀는 운동이 스트레스를 푸는 방식이었다고 말하며, 낮잠 관련 유전자가 아직 정확하게 규명되지는 않았지만 자신도 매일 낮잠을 자려고 노력한다고 했다. "오늘도 수영하러 가기 전에 낮잠을 잘까 해요. 낮잠을 수영 전에 자는 게 더 나을지, 후에 자는 게 더 나을지 시험해보려고 해요. 또 다른 실험이죠."

수면의 중요성과 이를 등한시했을 때의 심각한 결과는 로저 페더러Roger Federer 같은 최고 수준 운동선수의 생활 방식을 들여다보면 더욱 분명해진다. 테니스 코트에서 뛰어난 활약으로 잘 알려진 페더러는 수면의 이점을 적극적으로 옹호하는 사람이다. 그는 매일 밤 10시간을 자고, 낮잠으로 2시간을 더 잔다. "하루에 11시간에서 12시간은 꼭 자야 해요. 그 정도는 자야 몸에 무리가 없어요."[12]

페더러는 위대한 성취가 단순히 맹목적인 과로로 이뤄지는 것이 아님을 잘 알고 있다. 그는 휴식을 나약함의 징표로 보지 않는다. 그는 최고가 되는 데 중요한 것은 단지 얼마나 많이 일하고 연습했느냐가 아니라 그 시간을 얼마나 효과적으로 충분한 휴식과 균형 있게 조율하느냐에 달렸다는 사실을 잘 알고 있다. 그는 수면과 회복을 소홀히 하면 결국엔 수행 능력과 회복탄력성resilience이 손상될 수 있다는 것도 잘 알고 있다. 또한 그는 자신이 성공한 데는 혹독한 훈련만큼이나 휴식이 핵심적인 역할을 했음을 잘 알고 있다. 그에게 일과 휴식은 서로를 강화하는 공생 관계로, 하나가 다른 하나의 효과를 높여준다.

'하지만 난 페더러가 아니고, 테니스 선수도 아니야'라는 생각이 들 수도 있을 것이다. 그렇다면 이렇게 생각해보자. 테니스 같은 엘리트 스포츠는 단지 육체적 능력뿐 아니라 극도의 정신적 집중력을 요구한다. 집중력, 전략적 사고, 순간 판단력, 정서적 회복력은 모두 코트에서 성공을 거두는 데 필수적인 정신적 자질이다. 그리고 이 모든 것을 묶어주는 것이 바로 디폴트 네트워크다. 뇌의 이 내면 네트워크는 자기 성찰, 창의성, 문제 해결 능력을 담당하는 복잡한 뇌 영역들의 연결망이다. 테니스에서든 일상생활에서든, 충분히 휴식을 취한 디폴트 네트워크는 이런 인지 능력을 뒷받침해 우리가 최상의 성과를 낼 수 있게 해준다.

슈퍼스타 가수 머라이어 캐리Mariah Carey는 수면에 대한 이런 이해를 더욱 극단적인 수준으로 끌어올렸다. 그녀는 성대 건강을 유지하고 음정 감각을 지키기 위해 하루에 무려 15시간을 잔다고 알려져 있다. 실제로 그녀는 "내가 원하는 식으로 노래하려면 15시간은 자야 해요"라고 말했다.[13]

이 역시 무작정 오래 연습하는 것보다 과감한 휴식과 회복이 얼마나 중요한지를 잘 보여주는 사례다. 케리는 스튜디오에서 힘들게 연습하며 오랜 시간 노력하는 전통적인 방식을 따르는 것보다 휴식이 성공에 이르는 더 효과적인 방법이라는 사실을 깨달은 사람이다. 그녀의 엄청난 수면 시간은 단순한 휴식 시간이 아니라 창작 과정에서 없어서는 안 될 핵심 요소이며, 그녀의 무대가 독보적인 이유이기도 하다.

말하기와 마찬가지로, 노래도 후두와 성대만큼이나 뇌의 작용을 필요로 한다. 하지만 말하기가 단어 형성과 문장 구조를 담당하는 좌뇌를 사용하는 반면, 노래는 리듬과 선율을 조절하는 우뇌를 사용한다. 그래서 언어장애가 있는 사람들도 종종 아무 문제 없이 노래를 부를 수 있는 것이다. 이 두 활동은 서로 다른 신경 경로를 통해 이뤄진다. 바로 여기에 복잡성이 존재한다. 노래를 하는 건 겉으로는 단순해 보이지만 실제로는 매우 복합적인 활동이다.

노래하기에서 중요한 역할을 하는 구조는 전두엽 근처에 있는 운동 피질motor cortex이다. 그리고 뇌의 다른 부위들과 마찬가지로, 운동 피질 역시 수면 중에 휴면 상태에 들어가지 않는다. 오히려 매우 활발하게 활동한다. 왜일까? 이유는 여러 가지가 있겠지만, 그중 하나는 수면 중에 운동 피질이 디폴트 네트워크와 상호작용하며 운동 기술과 근육 기억을 강화하기 때문이다. 이것이 바로 머라이어 케리의 장시간 수면이 실제로 얼마나 이롭고 효과적인지를 설명해주는 부분이다. 그녀가 15시간 동안 잠을 잘 때, 그녀의 뇌(특히 운동 피질)는 그녀가 깨어 있는 동안 사용한 정교한 노래 기술을 처리하고 강화한다. 다시 말해 그녀는 잠자는 동안에도 연습을 하는 셈이다.

완벽한 수면의 비결

수면에 대해 더 깊이 연구하면서 나는 계속해서 이런 질문을 던지게 됐다. 완벽한 수면이란 과연 존재할까? 존재한다면 그건 어떤 모습일까? 이 물음에 답을 찾기 위해 도서관과 학술 데이터베이스를 샅샅이 뒤지며 수많은 책과 연구 논문에 파묻혀 며칠이고 자료를 파고들었다. 그렇게 나의 탐구는 대륙을 가로지르고 시간을 거슬러 올라가 나와는 전혀 다른 문화권의 수면 비밀을 하나씩 밝혀냈다.

일본의 '이네무리居眠り' 문화에서는 휴식을 실용적으로 받아들이며, 낮잠은 용납되는 수준을 넘어 헌신으로까지 여겨진다. 노르웨이에는 겨울철 햇빛 없는 어둠을 이겨내기 위해 아늑함을 조성하는 '코셀리 koselig' 문화가 있다. 페루에서는 케추아 원주민들이 자

연을 기리는 시간을 갖고, 그 속에서 쉼과 내면 성찰을 누리는 전통이 전해진다. 스페인의 '시에스타siesta', 이탈리아의 '리포소riposo', 중동 지역의 '카일룰라qailula', 중국의 '우시오午休'에 이르기까지 나는 대부분 문화권에서 완벽한 수면에 대한 개념이 존재한다는 것을 알게 됐다.

지금까지 알아낸 비결은 다음과 같다.

- 일정한 시간에 수면을 취한다

  매일 같은 시간에 잠들고 같은 시간에 일어나는 것이 중요하다. 주말에도 시간을 바꾸지 말아야 한다. 우리의 생체 시계, 즉 일주기 리듬에는 일관성이 있어야 한다. 이 리듬은 해가 뜨고 지는 자연의 주기와 긴밀하게 연결돼 있어 밤이 되면 잠들도록 이끌고, 새벽이 되면 서서히 깨어나게 한다. 이 리듬과 조화를 이루는 것은 곧 자연과 조화를 이루는 일이며, 꾸준한 수면 일정을 유지하는 것이 그 출발점이다. 규칙적인 수면 패턴을 가진 사람들은 그렇지 않은 사람들에 비해 수면의 질이 훨씬 높고, 낮 동안 더 상쾌하게 느낀다. 심지어 수면 시간의 총량과 관계없이, 일관된 패턴은 스트레스를 줄이고 기분을 개선하는 데 도움이 된다.

- 휴식을 위한 환경을 조성한다

  침실은 조용하고 어둡고 서늘해야 한다. 암막 커튼이나 귀마개를 활용해 방해 요소를 차단하자. 귀마개를 착용한 사람들은 밤에 깨어나는 횟수가 줄어들고, 다음 날 아침 더 깊은 휴식을 경험했다고 말했다. 이들은 인지 과제를 수행할 때도 더 나은 결과를 보였다.

빛, 더 정확히 말하면 '빛의 부재'도 중요하다. 어둠은 우리 몸에 이제 휴식할 시간이라는 신호를 보내며, 멜라토닌melatonin의 분비를 유도한다. 외부의 인공조명을 차단하는 암막 커튼은 이런 리듬을 유지하는 데 도움을 준다. 심지어 디지털 기기의 희미한 불빛 같은 아주 미세한 빛조차도 수면 중 멜라토닌 분비를 억제해 수면을 방해할 수 있다.

침실의 온도 또한 결정적인 역할을 한다. 섭씨 15~19도의 서늘한 온도는 체온이 자연스럽게 낮아지도록 도와주며 더 깊이 잠들게 한다.

- 잠들기 전에 책을 읽는다

책장을 넘기는 단순한 행위는 끊임없이 이어지는 디지털 스크롤링과 달리 마음을 느리고 사색적인 리듬으로 이끈다. 한 연구에 따르면, 잠자기 전 단 6분간의 독서만으로도 스트레스 수준이 최대 68퍼센트까지 감소했으며 심박수가 떨어지고 근육의 긴장이 완화됐다.[14] 이 실험에 참가한 사람들은 이 정도의 독서로 수면의 질이 크게 향상됐고, 잠드는 데 걸리는 시간도 줄어들었다고 보고했다. 반면 잠들기 전 30분 동안 스마트폰을 사용한 사람들은 수면의 질이 크게 나빠졌으며, 수면의 질을 복구하는 데 최대 4주가 걸렸다는 연구 결과도 있다.[15]

- **따뜻한 물에 몸을 담그고 목욕을 한다**

    목욕은 평범한 방법으로 보이지만, 놀라울 만큼 강력한 수면 유도 효과를 지니고 있다. 따뜻한 물에 몸을 담그면 체온이 상승하고, 욕조에서 나와 체온이 빠르게 떨어지면 졸음이 밀려온다. 2019년 미국 텍사스대학교 오스틴 캠퍼스의 한 연구에 따르면, 잠자리에 들기 1~2시간 전에 따뜻한 목욕을 한 사람들은 그렇지 않은 사람들보다 평균 10분 빨리 잠들었고, 더 깊고 회복적인 수면을 경험했다.[16]

- **규칙적으로 운동을 한다**

    운동은 수면의 질을 높이는 데 결정적인 역할을 한다. 달리기나 자전거 타기 같은 유산소 운동은 따뜻한 물로 목욕을 한 것과 같이 체온을 상승시켜 이후의 체온 하강 과정에서 졸음을 유도한다. 운동은 스트레스 호르몬인 코르티솔의 분비를 줄이고, 수면을 촉진하는 멜라토닌의 생성을 증가시킨다. 이는 신체를 수면 상태로 유도하는 강력하고 자연스러운 생화학적 조합이다. 실제로 규칙적인 신체 활동을 하는 사람들은 불면증을 겪는 일이 더 적고 전반적인 수면의 질도 더 높다고 보고했다.

    수면을 위한 운동은 타이밍이 가장 중요하다. 잠들기 직전에 운동을 하면 오히려 각성도가 높아져 잠들기 어려워질 수 있다. 일반적인 기준으로는 잠자리에 들기 최소 3시간 전에는 운동을 마치는 것이 좋다.

- 스트레스를 관리한다

    스트레스를 받으면 우리 몸은 코르티솔을 더 많이 분비하게 되며, 이로 인해 각성과 긴장이 지속된다. 이 조언은 실천하기 어렵게 느껴질 수도 있지만, 명상이나 요가 같은 기법은 실제로 코르티솔 수치를 낮추고 마음을 편안하게 해 수면의 질을 높이는 데 도움을 준다. 마음챙김 명상 mindfulness meditation 을 실천하는 사람들은 수면의 질이 크게 향상되고, 밤중에 깨는 일이 줄어들며, 아침에 더 상쾌하게 일어난다고 보고했다.[17] 이들은 또한 멜라토닌 수치가 더 높은 경향을 보이는데, 이는 명상과 수면 개선 사이에 직접적인 생화학적 연관성이 있음을 시사한다.

    요가는 수면 전 활동으로 특히 이상적이다. 요가를 하면 부드러운 동작과 의식적인 호흡 조절이 결합되면서 몸의 긴장이 풀리고 마음이 평화로워진다. 한 연구에 따르면, 규칙적인 요가 수련은 특히 불면증을 겪는 사람들의 수면의 질을 크게 향상시키는 것으로 나타났다. 12주간 진행된 이 연구에서 요가 프로그램에 참여한 이들은 수면의 질이 높아졌고 수면 시간이 길어졌으며, 잠드는 데 걸리는 시간도 줄어들었다고 보고했다. 또한 낮 동안 더 활력이 넘치고 집중력이 높아졌다고도 밝혔다.

- 먹고 마시는 것에 주의를 기울인다

    아침의 커피 한 잔부터 저녁의 와인 한 잔까지, 우리가 먹고 마시는 것들은 수면에 큰 영향을 미친다. 나를 포함해 많은 사람이 커피에 의존하며, 종일 커피를 마시는 사람들도 많다. 하지만 카페인은 잠들기 6시간 전에 섭취하더라도 수면에 큰 영향을 미친다는 사실이 이제는 정설로 받아들여진다. 카페인의 반감기는 4~10시간이다. 혈중 카페인 농도가 절반으로 줄어드는 데 그만큼의 시간이 걸린다는 뜻이다. 따라서 오후 2시 이후에는 커피나 카페인이 든 음료를 피하는 것이 좋다.

알코올의 영향은 이보다 조금 복잡하다. 잠드는 데 도움을 받기 위한 술 한 잔은 잠에 드는 데 걸리는 시간을 줄일 수는 있지만, 실제로는 수면에 해를 끼친다. 알코올은 꿈과 기억에 필수적인 회복 단계인 렘수면을 감소시키고 수면 주기를 교란한다. 특히 밤의 후반부에 깨어나는 횟수를 증가시킨다. 더 나쁜 것은 알코올이 신체 회복과 전반적인 수면의 질에 핵심적인 깊은 수면의 양까지 줄인다는 점이다.

더 넓은 의미에서의 식단을 보자면, 포화지방 섭취가 많고 섬유질 섭취가 적은 사람은 수면이 더 얕고 단절되며 회복 효과도 떨어진다. 이는 과일, 채소, 저지방 단백질, 통곡물 위주의 균형 잡힌 식단이 더 나은 수면을 위한 핵심임을 시사한다. 무엇을 먹는지도 중요하지만 언제 먹는지도 중요하다. 저녁에 가장 많은 양의 식사를 하는 사람은 잠드는 데 시간이 더 걸리는 등 수면 패턴이 흐트러진다. 따라서 프랑스인처럼 아침은 가볍게, 점심은 든든하게, 저녁은 다시 가볍게 먹는 것이 현명한 방법이다.

물론 이상적인 수면을 위해 보편적으로 적용할 수 있는 단일한 해법은 존재하지 않는다. 인간은 놀라울 만큼 이질적인 특성을 지닌 종이며, 누군가에게 효과적인 수면 전략이 다른 누군가에게는 전혀 다르게 작용할 수 있다. 하지만 이런 다양성 속에서도 시대와 문화를 초월해 일관되게 나타나는 보편적인 원칙들이 존재한다는 점은 주목할 만하다. 앞서 제시한 원칙들을 지속적으로 실천하면, '완벽한 수면'이라는 이상적인 상태에 점진적으로 다가갈 수 있다. 그 효과는 단순히 개선하는 수준을 넘어 건강과 삶의 질을 근본적으로 향상시킬 것이다.

...

현재 나의 아버지는 수면에 거의 완전히 잠식당한 삶을 살고 있다. 탈진 및 우울증과의 싸움 끝에 그는 하루 14시간에서 16시간씩 잠을 자게 됐다. 이는 주요우울장애에서 흔히 나타나는 증상이다. 우울증은 뇌 속 화학물질, 특히 기분, 활력, 동기 부여와 관계된 세로토닌과 도파민의 균형을 무너뜨려 에너지를 고갈시킨다. 우울증은 또한 수면을 조절하는 뇌 부위인 시상하부 hypothalamus에도 영향을 미쳐 규칙적인 수면 패턴을 유지하기 어렵게 한다. 그 결과 수면장애가 우울증을 더욱 악화시키고 피로를 심화시키는 악순환에 빠지게 된다.

10대 시절부터 나는 우리 집 고양이들처럼 하루 대부분을 잠으로 보내는 아버지를 보며 자랐다. 이렇게 말하면 이상하게 들릴 수도 있지만, 그것이 나의 현실이었다. 아버지의 그 증상이 처음 시작됐을 무렵, 우리는 그 증상이 아버지의 일상을 얼마나 깊이 바꿔놓을지 알지 못한 채 아버지를 비난하곤 했다. 어머니는 끊임없이 일을 하면서 우리 가족을 부양하는데, 아버지는 끝없는 잠에 빠져 있었다. 우리는 너무 답답했고, 아버지가 너무한다고 생각했다.

나는 오랫동안 아버지에게 분노했다. 자리에서 일어나 어머니와 짐을 나눠 지기를 바랐다. 아버지가 조금만 더 힘을 내면 피로를 떨쳐내고 우리 가족에게 큰 힘이 될 수 있을 것으로 생각했다. 나중에는 아버지의 상태를 더 깊이 이해하게 됐고 그의 직업이 어떻게 그런 상태를 유발했는지도 알게 됐지만, 여전히 그 분노를 완전히 내려놓지는 못했다. 하지만 시간이 흐르면서 나는 그것이 결국 나의 오해였다는 걸 깨닫게 됐다. 지금 나는 어머니가 끊임없이 일을 하는 것은 그녀 자신의 문제이자 그녀만의 병리 현상이라고 생각한다. 그러면서 나는 지나치게 일에 몰두해 살아가는 어머니의 삶을 기준으로 아버지에게 휴식이 필요한지 아닌지를 판단해서는 안 된다고 자신에게 말하곤 한다.

나이가 들면서 나도 점점 잠이 많아졌다. 때때로 그것이 우울증의 초기 신호는 아닐까 봐 걱정된다. 어쩌면 아버지의 상태가 유전적으로 일부 이어질 수도 있기 때문이다. 실제로 우울증의 약

40퍼센트는 유전적 요인이라는 연구 결과도 있다. 그럼에도 나는 그런 우려 때문에 수면을 소중하게 여기지 않거나 덜 자겠다고 마음먹지는 않을 것이다. 러시아계 미국인 작가 블라디미르 나보코프Vladimir Nabokov는 이렇게 말했다. "잠은 장미다, 페르시아인들이 그렇게 말하듯."

오늘날 우리는 수면의 신성함과 중요성을 망각한 채 살아간다. 가브리엘처럼, 우리는 지쳐버린 삶의 벼랑 끝에 서서 그 아래의 깊은 낭떠러지를 응시하고 있다. 아침이면 탈진한 몸으로 눈을 뜨고, 머릿속은 안개처럼 흐릿하고 혼란스러우며, 하루를 버티기 위해 커피에 의존하고, 뒤척이는 밤을 잠재우기 위해 술을 마시고, 잠들기 직전까지 스마트폰을 들여다본다. 결국 우리는 수면을 소홀히 한 대가로 삶의 일부를 조금씩 잃어가는 셈이다.

그래도 희망은 있다. 수면과 우리의 관계를 새롭게 정의하고, 그 관계를 우선시하고 최적화함으로써 이 벼랑에서 한 걸음 물러설 수 있다. 끊임없이 바쁘게 살아가는 현대인에게 수면은 선택 가능한 사치가 아니라 반드시 확보해야 하는 생존의 도구다. 속도가 최고의 가치로 여겨지는 현대 사회에서 우리에게 진정 필요한 것은 일시적인 멈춤, 진정한 회복을 위한 수면 공간으로의 후퇴다.

당신의 뇌를 구하는 휴식의 기술 6

뇌를 잘 재우는 법

- 매일 밤 잠자리에 들기 전, 10~20분 동안 아무 생각 없이 멍하니 허공을 바라보자. 이 시간은 깨어 있음과 잠 사이의 입면기로, 이때 디폴트 네트워크가 활성화된다. 입면기 동안 이렇게 시간을 보낸 뒤에는 머릿속에 떠오른 생각들을 일기에 적어보자. 이 시간에는 통찰력과 문제 해결 능력이 최고조에 이른다.
- 아침에 눈을 뜨면 곧바로 일어나 하루를 시작하지 말고, 10~20분 정도 멍하니 허공을 바라보자. 이 시간은 수면에서 완전한 각성으로 넘어가는 기상기로, 디폴트 네트워크를 다시 한번 활성화할 수 있는 황금 같은 기회다.
- 매일 30분 정도 낮잠을 자자. 짧은 낮잠은 뇌의 크기를 키우고 스트레스를 줄이며, 손상된 뇌세포의 재생을 촉진한다.
- 몸이 원하는 만큼 충분히 자자. 뇌는 근무 시간이나 억압적인 상사 따위는 신경 쓰지 않는다. 뇌는 자기가 필요로 하는 만큼의 수면을 요구한다. 그 신호에 귀 기울여야 한다. 일반적으로 권장되는 하루 6~8시간의 수면은 대부분 사람에

게 충분하지 않다. 디폴트 네트워크가 제대로 작동하려면 8~10시간의 수면이 이상적이다.

# 3부

놀이

아침 8시 43분, 눈꺼풀이 떨리면서 천천히 눈이 떠진다. 나는 다시 15분 동안 선잠을 잔 뒤, 일어나 앉아 창밖의 나무들을 멍하니 바라보며 5분을 보낸다. 나무들이 "헤이, 좋은 아침이야. 우리가 여기 있는 거 알지?"라고 말하는 것 같다.

지기와 롤라가 침대 위로 폴짝 올라온다. 지기는 평소처럼 얼굴을 비비며 애정을 듬뿍 표현하고, 둘은 이내 이불 속으로 파고들어 큰 소리로 골골거리며 아침 껴안기를 이어간다.

9시 15분쯤, 나는 남아 있는 졸음을 털어내고 욕실로 가서 욕조에 물을 받는다. 목욕은 마음이 자유롭게 흘러가게 하고 수면에도 유익할 뿐 아니라 샤워보다 전반적으로 뇌에 더 큰 도움을 준다. 교감신경의 활동을 줄여 투쟁-도피 반응을 완화하고 이완을 유도함으로써 아침에 느껴지는 불안감을 줄이고 마음을 한층 더 평화롭게 하기 때문이다. 나는 따뜻한 물에 20분 정도 몸을 담근 채 긴장을 풀며 마음을 비운다. 나는 의식하지 못하지만, 이때 내 뇌 속에서는 디폴트 네트워크가 활발하게 작동해 창의력과 문제 해결 능력을 높인다.

'휴식에 무관심했던' 과거의 나는 아침 6시 30분에서 7시 사이에 일어나 아무 생각 없이 5분 정도 샤워를 한 뒤, 늦어도 아침 8시에는 이미 일에 집중했다. 그것이 뇌에 얼마나 해로운지도 모른 채 말이다. 요즘 나는 느긋한 걸음으로 동네 카페에 들르는 것으로 하루를 시작한다. 느린 시작이다.

걸으면서 나는 나무들을 주의 깊게 바라본다. 나뭇잎의 푸른빛에 마음을 맡긴 채 깊이 숨을 들이쉬며 생각을 흘려보낸다. 카페에 도착하면 평소처럼 커피를 주문한 뒤, 바깥에 놓인 작은 나무 벤치에 앉는다. 그곳에 잠시 더 머무르며 나무들과 오가는 사람들을 바라본다. 자전거를 타는 이들, 개를 산책시키는 이들 그리고 아쉽게도 간혹 지나가는 자동차 행렬까지.

커피를 마시고 집으로 돌아온 뒤에는 작은 가방을 메고 자전거에 올라타 가볍고 느긋하게 동네를 한 바퀴 돈다. 이때는 너무 많은 생각을 하지 않으려고 노력한다. 자전거를 타는 것 역시 디폴트 네트워크를 자극한다. 나는 그저 생각이 흘러가게 내버려두고, 떠오르는 창의적 아이디어를 자연스럽게 받아들인다.

그런 다음 집으로 돌아와 일을 시작한다.

오늘은 이 책을 위해 700단어 분량을 써야 한다. 여러 편의 연구 논문과 내가 진행한 신경과학자 및 관련 전문가들과의 인터뷰 중 하나를 참고할 예정이다. 이 작업에는 4~5시간가량의 집중적인 노력이 필요하며, 주로 뇌의 집행 네트워크가 활발히 작동하게 될 것이다. 하지만 작업 중에도 나는 틈틈이 내 디폴트 네트워크의 작동을 활발하게 유지시키기 위해 몇 가지 방법을 사용한다.

우선, 1시간에 한 번씩 10분 정도 휴식을 취한다. 휴식은 디폴트 네트워크를 종일 활발히 가동시키는 데 필수적이기 때문이다. 또 다른 방법은 자연을 조금이라도 볼 수 있는 공간에서 일하는 것이다. 그게 힘들다면 커다란 식물 몇 개만 있어도 충분하다. 앞서 살펴봤듯, 이런 자연 요소는 우리가 들이마시는 공기 속에 특정 물질을 방출해 디폴트 네트워크를 활성화한다. 여기에 도움이 되는 요소들이 몇 가지 더 있다. 자연광, 어수선하지 않은 책상, 창의력을 북돋는 배경 음악, 긍정적인 마음가짐 그리고 혼자 일할 수 있는 자유다. 이 정도면 완벽하다.

점심을 먹고 1시간쯤 지나면 빅토리아 가필드 박사의 조언을 따라 30분 낮잠을 잔다. 낮잠은 디폴트 네트워크를 자극할 뿐 아니라 뇌 성장에도 도움이 된다. 낮잠 후에는 그날의 작업을 마무리하고, 근처 공원을 혼자 오래 걷는다. 이 시간 동안 내 마음은 무의식적으로 정보와 아이디어를 정리해 나간다.

오늘 나는 5시간 정도만 일했는데도 목표했던 바는 모두 이뤘다. 예전처럼 하루 10시간을 몰아붙이며 일했을 때만큼이나 실질적인 성과를 낸 셈이다. 그리고 그게 가장 중요하다.

'휴식에 무관심했던' 과거의 나였다면 5시간을 일한 뒤 불안에 휩싸여 억지로 4시간을 더 일했을 것이다. 과거의 나는 우주가 나를 지켜보면서 "다 보고 있다. 다시 일을 시작해!"라고 말한다는 느낌을 받곤 했다.

내가 지금의 상태에 도달했다는 게 너무 좋다. 하지만 어딘가 허전하다. 뭔가 빠진 듯한 불완전함, 아직도 내가 무언가를 억누르고 있다는 느낌이 남아 있다.

다음 날 나는 다시 한번 연구 논문들을 샅샅이 뒤졌다. 그리고 우리가 흔히 간과하는 '휴식의 한 요소'를 발견했다. 바로 놀이다.

즉흥적이고, 즐겁고, 아무 걱정도 없이 하는 놀이. 어릴 적에는 당연히 하던 일이지만 어른이 되면 멈추라고 배웠던 그것. 어른이 되면 슬그머니 금기시되는 행동, 이를테면 나무를 기어오르는 일 같은 놀이 또는 브리스틀 출신이라면 가파른 언덕 아래로 굴러가는 치즈를 이유도 없이 뒤쫓는 것 같은 놀이.

이후의 장들에서는 놀이가 뇌, 특히 디폴트 네트워크에 어떤 영향을 미치는지를 신경과학적 측면에서 살펴볼 것이다. 내 목표는 단순하다. 지친 마음을 되살리고, 정신 건강을 회복시키며, 우리 뇌가 진화해온 삶의 방식을 되찾기 위한 움직임을 일으키는 것이다.

7장 | '놀이'의 뇌과학

놀이는 어떻게 뇌를 깨우고 강화하는가

"여가는 철학의 어머니다."

— 토머스 홉스 Thomas Hobbes

1934년 어느 날, 런던의 한 조용한 서재에서 철학자 버트런드 러셀Bertrand Russell은 일과 휴식에 대한 통찰로 오래도록 회자될 에세이 한 편을 써 내려갔다. '게으름에 대한 찬양'이라는 제목이었다. 학자들에 따르면 러셀이 말한 '게으름'은 오늘날 우리가 '여가'나 '놀이'로 이해하는 개념에 더 가깝다. 그는 이렇게 썼다. "노동의 도덕은 노예의 도덕이며, 현대 세계에는 노예제가 더는 필요하지 않다."[1]

러셀은 사람들이 하루에 단 4시간만 일해도 모두가 먹고살 수 있으며, 사회 전체가 더 행복하고 역동적이고 창의적으로 변할 것이라고 주장했다. 또한 그는 이런 사회에서는 사람들이 더 교양 있고 계몽된 존재로 살아갈 수 있기 때문에 야만으로 퇴행할 가능성도 작아질 것이라며, "여가를 현명하게 활용하는 능력은 문명과 교육의 산물임을 인정하지 않을 수 없다"라고 썼다.[2]

러셀의 이 관점은 당시 지배적이던 노동 윤리에 정면으로 어긋나는 것이었다. 당시 사회는 노동을 그 자체로 하나의 미덕이자 목적처럼 찬양했다. 20세기 초의 영국에서도 놀이라는 개념이 아예 없었던 것은 아니지만 경제 성장이 그보다 우선시됐고, 지금도 여전히 그렇다. 러셀은 이를 안타깝게 여겼다. 그는 이렇게 썼다.

"예전에 사람들은 가벼운 마음으로 놀이를 하는 능력이 있었다. 하지만 효율성을 숭배하면서 그 능력을 상당 부분 잃어버렸다. 현대인은 모든 일을 무언가 다른 목적을 위해서만 해야 한다고 생각하고, 그 자체의 즐거움이나 의미를 위해 하는 일은 무가치하다고 여긴다."[3]

그는 놀이를 하는 것이 아무것도 하지 않는 것이라고 생각하지 않았다. 러셀에게 놀이는 마음을 해방해 탐색하고 창조하고 꿈꾸게 하는 일이었다.

러셀의 이 획기적인 통찰은 놀이의 신경과학을 탐구하는 과학자 집단의 탄생에 불을 지폈다. 이들은 뇌의 디폴트 네트워크에서 비롯되는 수많은 숨겨진 이점과 인지적 향상 효과를 하나씩 밝혀냈다. 나 역시 놀이를 더 깊이 이해하고 싶어졌고 놀이의 다양한 형태를 몸소 경험하고 싶어졌다. 그래서 놀이가 내 뇌에 가져다줄 긍정적 효과를 찾아 나섰다.

"크리퍼다!" 같이 플레이하던 팀원들이 비명을 지른다.

피투성이의 끔찍한 괴물이 으르렁거리며 나를 향해 돌진한다. 공포로 눈앞이 흐릿해지고, 이내 입을 떡 벌린 괴물의 얼굴이 코앞까지 다가온다.

팀원 중 한 명이 재빨리 석궁을 장전하고는 노련한 솜씨로 조준해 좀비의 머리에 화살을 명중시킨다. 괴물은 내 얼굴 바로 앞에서 쓰러진다.

하지만 그 소리가 다른 좀비들을 깨운다. 뉴욕 지하철의 어둠 속, 버려진 열차들 틈에서 수천 마리의 좀비가 신음하며 일어난다. 터널 안에서 그 소리는 마치 음산한 진혼곡처럼 울린다.

"뛰어!" 내 아바타가 외친다.

우리 네 명은 좀비에게 유린당한 도시의 폐허 속에서 보급품을 찾던 생존자들이다. 우리는 가장 가까운 출구를 향해 죽을힘을 다해 달린다. 깜빡이는 조명이 우리 그림자를 불길하게 늘어뜨린다. 우리는 버려진 매표소 사이를 빠져나가고 쓰레기 더미를 뛰어넘는다. 좀비들의 신음이 점점 가깝게 들린다.

거리로 이어지는 계단의 끝에서 햇살 한 줄기가 우리에게 손짓을 한다. 몇 미터만 더 가면 안전지대다. 그런데 갑자기, 귀를 찢는 듯한 비명이 공기를 가른다. 화들짝 돌아선 우리는 일행 중 한 명이 꿈틀대며 달려드는 굶주린 좀비 떼에 휘감긴 모습을 목격한다. 우리는 미친 듯이 석궁을 쏜다. 화살이 허공을 가르며 날아가 좀비들을 쓰러뜨린다.

하지만 이미 늦었다. 좀비 떼가 무자비하게 우리를 공격한다. 우리가 필사적으로 저항하는 사이, 좀비 떼는 거대한 송곳니와 발톱을 번득이며 눈보라처럼 몰려들어 우리를 덮쳐버린다. 우리의 절박한 비명은 지하철 깊숙한 어둠 속으로 메아리치며 사라진다.

"저녁 먹자." 아내가 말한다. 나는 게임 콘솔을 끄고 식탁으로 가 앉아 커리를 한 숟갈 떠 입에 넣는다.

정말 맛있다.

비디오게임이 지닌 순기능의 재발견

기묘하게 들릴 수도 있지만 이런 행동('좀비 아포칼립스' 비디오게임을 하는 행동)은 뇌, 특히 디폴트 네트워크에 강력한 영향을 미친다. 이런 게임은 기억력, 특히 공간 기억력을 향상시킨다. 공간 기억과 관련된 뇌 영역에는 후측 대상피질, 설전부, 해마가 포함된다. 만약 당신이 '마인크래프트'의 세계를 탐험하거나 '젤다의 전설'에서 길을 찾아다닌 적이 있다면, 바로 이 영역들을 활성화해 인지 능력을 키운 셈이다.

실제로 2,200명 이상의 어린이를 대상으로 한 연구에서는 비디오게임을 하는 아이들이 하지 않는 아이들보다 기억력 테스트에서 더 좋은 점수를 받았다.[4] 공간 기억력은 가상 세계를 돌아다 닐 때만 중요한 것이 아니다. 실제 세계에서도, 특히 공간 추론 능력이 필수적인 스템STEM(과학Science, 기술Technology, 공학Engineering, 수학Mathematics의 두문자어-옮긴이) 분야에서 핵심적인 능력이다.

비디오게임은 디폴트 네트워크의 여러 영역(특히 내측 전전두피질과 각회)을 활성화해 의사 결정 능력과 문제 해결력을 향상시킨다. '테트리스'나 '캔디크러시 사가' 같은 전략 기반 게임이 대표적이지만, '콜 오브 듀티'나 내가 방금 했던 '월드워Z' 같은 액션 게임도 인지 능력을 날카롭게 한다.《커런트 바이올로지Current Biology》에 실린 한 연구에 따르면, 액션 게임을 즐기는 사람들은 정확도를 유지하면서 의사 결정을 하는 속도가 최대 25퍼센트 더 빠른 것으로 나타났다.[5] 이런 순발력은 실제 삶에서도 중요하다. 응급 구조 요원, 소방관, 경찰, 항공관제사처럼 찰나의 판단이 중대한 결과를 초래할 수 있는 직업에서 특히 그렇다.

또한 비디오게임은 디폴트 네트워크의 또 다른 하위 체계인 측두두정 접합부를 활성화해 사회적 연결감을 높이는 데도 도움이 된다. 흔히 '외로운 게이머'라는 고정관념이 있지만, 최근 연구는 게임이 사회적 상호작용과 공감 능력을 향상시킨다는 사실을 밝혀냈다. '씨 오브 시브즈'나 'GTA 온라인'처럼 친구들과 대화를 나누거나 공동의 미션을 완수하는 게임은 협업 능력과 공동체 의식도 키워준다. 언론의 비판과 부모들의 걱정 속에서 늘 악당 취급을

받아온 폭력적 비디오게임조차 실제로는 공감 능력이나 공격성에 영향을 미치지 않는 것으로 드러났다.[6]

　더 고무적인 점은 친사회적이고 대인관계 중심의 게임 활동을 다룬 연구에서 이런 활동이 사회적 만족감 및 또래 간 지지의 증가와 관련이 있다는 사실이 밝혀졌다는 것이다. 특히 '오버워치'나 '라이프 이즈 스트레인지'처럼 협동과 서사를 중심으로 한 게임을 즐기는 플레이어들은 더 나은 심리적 안녕감과 더 깊은 사회적 유대감을 보고했다. 게임을 하며 느끼는 따뜻한 연결감은 착각이 아니다.[7] 그것은 실제로 존재하는 감정이다.

　그리고 무엇보다도 비디오게임에는 확실한 이완 효과가 있다. 실제로 비디오게임은 스트레스를 줄이고 기분을 개선하며, 직장에서 겪은 스트레스 상황 이후 회복을 돕는 수단으로도 자주 활용된다. 개인적으로 나는 하루가 끝날 무렵 30분 정도 비디오게임을 하는 시간이 놀라울 만큼 편안하게 느껴진다. 그 시간은 일상의 불안에서 잠시 숨을 돌릴 수 있게 해주고, 일이나 고지서나 뉴스 같은 것들을 걱정하지 않아도 되는 평온한 휴식을 선사한다.

　또한 잘 설계된 게임은 노력과 기술, 보상 사이의 명확한 연결고리를 만들어주며 현실 세계의 모호함과 복잡함에서 잠시 벗어날 수 있게 해준다. 게다가 게임은 하루의 일과 저녁 시간을 뚜렷하게 구분해준다. 저녁 시간에 책을 읽는 건 때때로 피로감을 줄 수 있지만, 게임은 아무런 부담 없이 몰입할 수 있어서 머리를 완전히 식힐 수 있다. 나는 구식 게이머라 주로 '마리오 카트'나 '슈퍼 마리오 브라더스', 가끔은 좀비 슈팅 게임을 즐긴다. 단순함과 익숙함이야말로 나에게는 완벽한 도피처다.

이렇게 비디오게임을 즐기면서 나는 놀라울 만큼 유쾌해졌다. 내가 매일 조금씩 게임을 하기 시작한 뒤로 기분이 한결 좋아졌다는 사실은 아내가 먼저 알아차렸다. 비디오게임은 내가 20대 초반 이후로 손을 놓고 있던 취미다. 많은 사람이 그렇듯, 나 역시 비디오게임이 정신 건강에 부정적인 영향을 줄까 봐 걱정했다. 게다가 비디오게임이 뇌를 손상시키거나 폭력을 유발한다는 통념이 나를 비디오게임에서 더욱 멀어지게 했다. 하지만 이런 생각들은 이제 완전히 잘못된 것이라는 사실이 확실하게 밝혀졌다. 실제로 비디오게임은 성취감을 느끼게 하고 일상의 압박에서 벗어날 수 있는 안전한 탈출구를 제공함으로써 정신 건강과 정서적 안녕에 긍정적인 영향을 미친다.

물론 비디오게임을 즐길 때도 균형을 유지하는 것이 매우 중요하다. 미국소아과학회의 연구를 비롯한 수많은 연구는 연령과 관계없이 하루 1~2시간 정도 비디오게임을 하는 것이 가장 바람직하다고 권장한다. 이보다 더 오래 비디오게임을 하면 운동 부족, 수면의 질 저하, 도파민 과잉 분비 같은 부작용이 발생할 수 있다. 그러다 결국 WHO가 2019년에 공식 질병으로 분류한 '게임장애gaming disorder'로 이어질 수도 있다.

여기서 내가 무엇보다도 알고 싶은 것은 비디오게임이 어떻게 이런 영향을 미치는지다. 한때 머리를 멍하게 하고 반사회적이며 '패배자들의 취미'로 여겨졌던 활동이 어떻게 뇌 건강과 스트레스 해소, 심지어 사회성 향상에까지 도움이 될 수 있는 걸까?

비디오게임은 뇌의 가소성, 즉 뇌가 자신을 조정하고 재구성하는 놀라운 능력에 영향을 줌으로써 뇌를 변화시킨다. 버려진 지하철역에서 좀비를 쏘거나 마리오의 파운드 점프로 굼바 무리를 박살 내는 동안, 나는 단순히 시간을 보내는 것이 아니라 디폴트 네트워크 안의 신경 경로를 실제로 재형성하고 있는 것이다. 이 현상은 특히 주의력, 공간 탐색 능력, 문제 해결 능력을 관장하는 뇌 영역에서 두드러지게 나타난다. 비디오게임은 이 영역들에 유의미한 변화를 일으켜 인지 능력을 향상시키고, 심지어 노화가 뇌에 끼치는 영향을 어느 정도 상쇄하는 효과까지 낼 수 있다.

정확한 작동 원리는 아직 완전히 밝혀지지 않았지만, 연구자들은 비디오게임의 환상적이고 복잡한 경험이 디폴트 네트워크에 간접적으로 영향을 준다고 보고 있다. 실제로 많은 게이머가 비디오게임을 한 직후에 갑작스럽게 통찰이나 문제 해결의 순간을 경험한다고 보고했는데, 이는 디폴트 네트워크가 이 게임 경험을 현실처럼 처리하고 통합하고 있음을 시사한다.

게임은 또한 뇌의 회백질(신경세포체가 밀집된 핵심 구조) 부피를 늘리고 시냅스 간 연결성을 강화한다. 베를린에 있는 막스 플랑크 인간발달연구소의 시모네 퀸Simone Kühn이 진행한 연구에 따르면, '슈퍼 마리오 64'를 하루 30분씩 두 달간 플레이한 결과 공간 탐색, 기억 형성, 전략적 계획, 손의 미세운동을 담당하는 뇌 영역에서 회백질이 증가한 것으로 나타났다.[8] 또한 중국 전자과학기술대학교 연구팀의 조사에 따르면, 2년간 하루 최소 2시간 이상 게임을 해온 게이머들은 주의 집중과 청각·시각 정보 처리에 관련된 여러 뇌 영역 간 연결성이 향상된 것으로 확인됐다.[9]

이런 회백질 증가와 연결성 강화는 단기적 변화에 그치지 않는다. 인지 예비력cognitive reserve, 즉 뇌가 질병에 맞서 회복하고 적응하는 능력도 키운다. 이런 관점에서 보면, 비디오게임이 유도하는 뇌의 변화는 알츠하이머병이나 뇌졸중 같은 질환에 대한 일종의 방어막 역할을 할 수 있다. 물론 이 보호 효과를 완전히 이해하기 위해서는 더 많은 연구가 수행되어야 한다. 하지만 지금 이 순간만큼은 뇌에 이로운 효과를 떠올리며(그리고 그 외의 모든 것을 위해) '마리오 카트' 한 판으로 내 인지 예비력을 강화하러 가보려 한다.

우리가 즐길 수 있는 여덟 가지 놀이 유형

뇌 건강을 증진하는 놀이가 비디오게임만은 아니다. 그리고 그 사실을 누구보다 잘 아는 사람이 바로 스튜어트 브라운Stewart Brown

박사다. 그는 캘리포니아대학교 샌디에이고 캠퍼스의 임상심리학자로, 평생을 '놀이의 심리학'을 연구하며 살아왔다. 눈덩이를 움켜쥔 원숭이의 인상적인 사진이 실린 《내셔널 지오그래픽》 커버스토리 「놀고 있는 동물들 Animals at Play」(1994)을 쓴 사람이 바로 그다. 수년간의 연구 끝에 그는 어린 시절뿐 아니라 나이가 들어서도, 놀이의 빈도와 강도가 정신 건강에 결정적인 영향을 미친다는 사실을 알게 됐다. 이후 그는 2000년대 초, 놀이의 과학을 탐구하는 비영리 단체 국립놀이연구소 National Institute for Play를 설립했다.

연구를 진행하며 브라운은 예술가, 트럭 운전사, 과학자 등 다양한 직업의 종사자 5,000명 이상을 만나 그들의 삶에서 놀이가 어떤 가치를 지니는지 이야기를 나눴다. 그리고 그 결과에 기초해 사람들이 즐거움을 느끼는 방식에 따라 여덟 가지 '놀이 성격 play personalities'이라는 개념을 제시했다.[10]

이 분류 체계에 따르면 '수집하는 사람 collector'은 책, 식물, 골동품 또는 희귀 포켓몬 카드까지 무엇이든 수집하는 데서 즐거움을 느낀다. '경쟁하는 사람 competitor'은 스포츠와 승부에 열정을 느끼며, 풋살 경기나 농구팀에서의 협동에 몰입한다. '창조하는 사람 creator'은 영상 촬영, 그림 그리기, 작곡, 정원 가꾸기 같은 활동에 긴 시간을 들이며 깊은 만족을 느낀다. '기획하는 사람 director'은 타고난 리더십을 지닌 이들로, 사람들을 조직하고 이끌어 세상을 변화시키고자 한다. '탐험하는 사람 explorer'은 새로운 숲이나 즉흥적인 산행처럼 낯선 경험을 찾아 나서는 멈출 수 없는 호기심에 이끌린다. '농담하는 사람joker'은 친구들과 유쾌한 농담을 주고받으며 유머로 삶의 어두운 순간을 밝혀준다. '운동하는 사람kinesthete'은 춤추고, 수영하고, 몸을 움직이는 데서 기쁨을 느낀다. 다음 장에서 다룰 능동적 휴식active rest의 혜택을 누리는 유형이다. 마지막으로 '이야기하는 사람storyteller'은 타고난 이야기꾼으로, 글쓰기·연기·강의 같은 방법으로 청중을 다른 세계로 데려가는 데서 깊은 즐거움을 느낀다.

물론 우리는 모두 이 여덟 가지 놀이 성격의 조각들로 이뤄진 모자이크 같은 존재다. 각각의 성향은 우리의 성격을 더 복잡하고 풍부하게 한다. 하지만 브라운이 이 성향들을 유형화한 덕분에 우리는 놀이의 다양한 차원을 이해하고, 그것이 삶을 어떻게 확장시키는지 더 명확히 들여다볼 수 있게 됐다.

예를 들어 '수집하는 사람' 성향에 대해 생각해보자. 나에게 이 성향은 책을 모으는 형태로 나타난다. 내 책장은 『위대한 개츠비』부터 『나를 찾아줘』, 『침묵의 봄』, 『신경 끄기의 기술』까지 상상할 수 있는 대부분 장르의 소설과 논픽션으로 가득하다. 책은 한 권 한 권이 사유와 관점의 보물창고이며, 내 마음이 자유롭게 뛰노는 놀이터다. 나는 이 책들로부터 일종의 보호를 받고 있다는 묘한 느낌이 든다. 세상에 어떤 끔찍한 일이 벌어지고 있든 간에 이 책들

만큼은 나를 현실에 단단히 붙잡아줄 거라는 믿음이 있다. 또한 이 모든 책은 인간 경험과 지식의 광대함을 상기시켜주며, 항상 더 배울 것과 이해할 것이 있다는 사실을 되새기게 한다.

이런 놀이는 결코 가볍거나 하찮은 것이 아니다. 실제로 수집은 물건을 모으는 즐거움을 넘어 뇌를 다양한 방식으로 자극한다. 수집 활동은 사물을 분류하고 배열하는 사고 과정을 요구하는데, 이 과정에서 해마와 전전두피질이 활성화된다. 기억력 문제나 인지장애가 있는 환자들에게 의사들이 '분류 과제'를 치료에 활용하는 것이 이 때문이다.

또한 수집은 패턴을 인식하는 능력도 향상시킨다. 공통점이나 빈틈을 식별하는 과정은 디폴트 네트워크의 핵심 영역인 후측 대상피질과 각회를 자극한다. 심리학자 미셸 루트번스타인 Michel Root-Bernstein과 로버트 루트번스타인 Robert Root-Bernstein은 이렇게 말했다. "수집하는 사람은 수집 패턴에 맞지 않는 물건을 발견했을 때의 놀라움을 잘 안다. 혹시 가짜일까? 예외일까? 다른 수집군에 속하는 것일까? 이런 '깨진 패턴'이야말로 우리의 고정관념과 기대를 흔들며 가장 많은 것을 가르쳐준다."[11]

수집 활동은 내측 전전두피질을 자극해 창의력을 향상시키고, 후측 대상피질을 자극해 몸과 마음을 이완하고, 전측 측두엽 anterior temporal lobe을 자극해 지식에 대한 욕구를 강화하며, 복측 선조체 ventral striatum를 자극해 행복감을 높인다. 우표든 동전이든 LP든, 수

집 활동을 하는 동안 우리 뇌에서는 디폴트 네트워크가 작동하면서 인지 능력을 높여주고 뇌가 휴식과 놀이를 통해 최대한 많은 도움을 받을 수 있게 해준다.

한편 내 아내는 전형적인 '농담하는 사람' 성향을 자주 보여준다. 내가 뭔가로 속상하거나 걱정에 잠겨 있을 때면 그녀는 늘 재치 있는 방식으로 분위기를 호전시킨다. 며칠 전 내가 영국의 정치 상황에 절망하고 있을 때도 그녀는 그 상황을 《프라이빗 아이 Private Eye》 잡지에 실릴 법한 풍자 기사 수준으로 희화화해 나를 웃게 했다.

아내의 이런 놀이 성향은 그녀의 뇌뿐 아니라 나의 뇌에도 아주 유익하다. 특히 디폴트 네트워크에 큰 도움이 된다. 유머는 내측 전전두피질을 자극해 의사 결정·미래 계획·문제 해결 능력을 높이고, 후측 대상피질을 활성화해 자서전적 기억이나 마음 방황 능력도 향상시킨다. 아내의 '농담하는 사람' 성향은 단순히 사람들을 즐겁게 해주는 데 머물지 않는다. 디폴트 네트워크를 활발하게 자극하는 똑똑한 뇌의 비밀 무기다.

어른의 세계에서 꼭 필요한 것, 놀이

11월의 어느 비 오는 아침, 런던 북부. 30분째 나는 물레 위에서 회전하는 진흙 덩어리에 손을 넣어 그릇 모양을 만드는 방법을 배우고 있다. 차갑고 축축한 진흙을 손가락으로 누르자, 그저 그릇을 만든다는 것 이상의 감각이 뇌에 전해진다. 이건 하나의 놀이이자 해방감과 성취감을 동시에 주는 촉각적 몰입 예술이다. 가장 먼저 느껴지는 건 스트레스의 뚜렷한 감소다. 진흙이 회전하는 동안 일상의 걱정이 멀어지고 머릿속이 마치 명상을 할 때처럼 고요해진다.

이 감각은 과학적으로도 입증됐다. 드렉셀대학교에서 수행한 한 연구에 따르면, 도예를 45분 동안 하면 스트레스 호르몬인 코르티솔 수치가 현저히 감소하는데 이 효과는 일시적이지 않다. 참가자들은 이후 며칠 동안 그 영향을 지속적으로 느꼈으며, 도예는 정신 건강에 매우 강력한 도구로 작용했다.[12]

도예가 디지털 세계에 대한 해독제라고 말하는 사람들도 있다. 그 말이 맞을지도 모른다. 진흙으로 뒤덮인 손으로는 휴대전화나 컴퓨터를 만질 수 없기 때문이다. 도예라는 까다롭고 힘든 작업은 억지로라도 다른 사람들과의 접속을 끊게 하고, 지금 이 순간에 온전히 몰입하게 한다.

물론 도예를 할 때도 완벽하게 집중이 되지는 않았다. 어릴 적 찰흙 장난감을 가지고 놀던 기억이 문득 떠올랐다. 문득 내가 어리석고 비생산적이라는 느낌이 들었다. 나이가 들수록 자아가 자라면서 유년기의 엉뚱함은 점점 엄숙한 진지함에 자리를 내준다. 나는 그 생각에 맞서 오늘은 마음껏 즐기는 것이 우선이라고 자신을 일깨운다.

도예 작업이 계속되면서 나는 몰입 상태로 진입한다. 불안한 베타파가 잦아들고 차분한 알파파와 세타파가 뇌를 채운다. 이 상태는 단지 깊은 만족감을 주는 것에 그치지 않고 뇌에도 도움이 된다. 도예는 움직이면서 수행하는 마음챙김 같은 것이다. 도예를 하는 동안 마음은 집중하는 동시에 자유롭게 움직이기도 하기 때문이다.

도대체 흙을 주무르는 일이 왜 이렇게 즐거운 일이 됐을까? 이처럼 단순하고 소박한 활동이 어떻게 우리 뇌를 이토록 크게 변화시킬 수 있는 걸까?

도예가 어떤 효과를 내는지 제대로 이해하려면 손과 진흙 사이의 표면적인 상호작용을 넘어 뇌 안에서 벌어지는 더 복잡한 과정을 들여다봐야 한다. 진흙의 촉각 자극, 형태를 빚기 위한 집중력 그리고 창의적 결정이 요구되는 순간들은 모두 디폴트 네트워크를 자극한다. 산소가 우리 몸의 복잡한 기도 네트워크를 따라 흐르듯, 이 명상의 행위는 디폴트 네트워크라는 뇌의 정교한 신경 회로를 따라 전기화학 신호를 보낸다. 그 결과 우리의 정신 건강과 인지기능이 향상된다.

나는 편안하게 앉아 내가 만든 간단한 그릇을 바라본다. 완벽하진 않지만, 내가 만든 것이다. 솔직히 말해 입을 맞추고 싶을 만큼 사랑스럽다. 이 일은 내가 한 번도 경험하지 못한 방식으로 삶의 속도를 늦추게 했다. 세상의 모든 것이 점점 더 빨라지는 가운데 도에는 여전히 2,000년 전과 똑같은 시간이 걸리는 몇 안 되는 활동 중 하나로 남아 있다.

지금까지 나는 휴식과 즉흥성 그리고 '신경 끄기'의 미덕에 대해 이야기해왔다. 그런 내가 이제 와서 놀이 시간을 '계획'하자고 말한다면 좀 이상하게 들릴지도 모르겠다. 하지만 냉정히 말해 어른의 세계에서 계획하지 않은 놀이는 다른 더 시급해 보이는 일들에 밀려 금세 뒷전이 된다.

그래서 나는 매일 일정한 시간을 정해 최소한 하나의 놀이 유형에 집중하기로 했다. 한 연구에서는 놀이 활동을 네 가지 범주로 나눴다.[13] 타인과 함께하는 놀이other-directed, 즉흥적이고 장난스러운 놀이light-hearted, 지적인 놀이intellectual(예컨대 십자말풀이나 스도쿠) 그리고 기이하고 독특한 것들을 즐기는 놀이whimsical다. 오늘은 즉흥적인 놀이를 선택해볼 생각이다.

나는 헬멧을 쓰고 자전거에 올라 리젠트파크 주변을 무작정 달린다. 혼자 자전거를 타면 묘한 짜릿함이 느껴진다. 시원하게 뚫린 도로를 마음껏 달리면서 얼굴을 스치는 바람에 자유로움을 느낀다. 그러다 교통량이 많은 도로와 좁은 골목, 번잡한 교차로와 한적한 골목길을 지나 공원의 외곽 도로에 닿는다. 한쪽에는 타운하우스와 테라스형 주택들이, 다른 한쪽에는 광활한 녹지가 펼쳐진 아름다운 거리다.

얼마쯤 달리다가 나는 나무들이 늘어선 초록색 공간을 발견한다. 햇볕이 풍부해서인지 나무의 생김새가 특이하다. 나는 자전거에서 내려 무언가 오랜만에, 아니 어쩌면 수십 년 만에 하는 행동을 한다. 나무에 올라간다.

나무에 오르니 어린 시절의 짜릿한 흥분이 되살아난다. 도대체 왜 이걸 멈췄던 걸까. 수년간 지하철 손잡이와 터치스크린만 붙잡고 살았던 내 손에 살아 있는 나무의 감촉이 닿는 순간 나는 두려움 없이 나무에 오르던 시절, 나무 위에 집을 짓고 싶었던 생각, 술래잡기를 하던 오후, 공책 귀퉁이에 낙서를 하며 보내던 시간을 끝없이 떠올린다. 명상할 때와 거의 같은 느낌이 든다. 사소한 걱정들이 저 멀리 사라진다. 나는 튼튼한 가지에 올라 나무 몸통에 몸을 기대고, 세상에 홀로 떠 있는 듯한 투명한 기분을 만끽한다. 잎이 무성한 가지에 가려진 채, 마치 다른 사람들에게 보이지 않는 존재가 된 듯한 느낌과 함께 평온함에 잠긴다.

놀이는 삶의 질을 높인다

어른으로서의 자아를 내려놓는 일은 쉽지 않다. 우리 모두의 내면에는 '감독관'이 존재한다. 물질주의와 일중독 문화가 심화된 지난 수십 년 동안 감독관은 점점 더 엄격해졌다. 이 내면의 감독관은 자기조절과 충동 억제를 담당하는 집행 네트워크의 배외측 전전두피질이다. 이 감독관은 건강한 상태에서는 우리가 실패하지 않도록 보호하고, 위험하거나 무책임하다고 판단되는 행동을 피하게 한다. 하지만 이제 이 감독관이 너무나 엄격해져서 우리는 그저 재미 삼아 나무에 오르거나, 공공장소에서 큰 소리로 노래하거나, 즉흥극을 시도하거나, 도예 수업을 들으러 일찍 퇴근하는 일조차 자신에게 허락하지 않는다. 우리는 자본주의에 눌려 위축되어버렸다.

하지만 이 내면의 감독관을 초기화하는 방법이 있다. 예를 들어 '놀이 자아를 위한 노출 치료exposure therapy' 같은 것이다. 다양한 놀이에 의도적으로 참여하고 놀이를 일상에 자연스럽게 녹여낼 때, 우리는 '허용되는 것'에 대한 인식을 재구성할 수 있다. 놀이가 일상의 일부로 자리 잡으면 내면 감독관의 목소리는 점차 사그라들고 넘기 어려웠던 장벽, 즉 즐거움과 즉흥성을 가로막는 장벽이 서서히 무너진다.

물론 이런 생각이 들 수도 있을 것이다.

'나는 비디오게임이나 수집, 도예, 나무타기 같은 취미에 쓸 시간이 없어. 다 좋은 말이지만, 현실적이지 않잖아.'

하지만 만약 지금 우리가 사는 세상이 일주일 노동 구조 자체를 바꾸려는 갈림길에 서 있다면? 이런 여가 활동이 삶의 일부로서 루틴이 된다면? 지나치게 이상적인 얘기로 들릴 수도 있지만, 아이슬란드의 최근 실험은 이 전망이 생각보다 훨씬 현실적임을 보여준다.

2015년부터 2019년까지 아이슬란드는 세계 최대 규모의 단축 근무제 실험을 했다. 노동자 약 2,500명(전체 노동인구의 약 1퍼센트)이 참여했는데, 이 실험의 결과는 전 세계적으로 거의 공통적인 근무 시간 구조의 변화 가능성을 열어줬다.[14] 실험은 레이캬비크 시청과 정부가 공동으로 주관했고 보육시설부터 병원, 행정기관, 사회복지 서비스에 이르기까지 다양한 직종이 포함됐다. 기존의 40시간 노동이 35~36시간으로 줄었음에도 대부분 직장에서 생산성이 그대로 유지되거나 오히려 향상됐다.

무엇보다 주목할 만한 변화는 생산성보다 삶의 질 향상이었다. 실험 참여자들은 스트레스와 번아웃이 상당히 많이 줄었고 건강이 좋아졌으며 일과 삶의 균형 또한 뚜렷이 개선됐을 뿐 아니라, 여유 시간이 생기자 더 많이 쉬고 더 자주 놀면서 다양한 취미에 몰두할 수 있었다고 말했다.

실험이 성공하자 아이슬란드 전역의 노동 패턴이 변화했다. 노동조합의 협상을 통해 이제 아이슬란드 전체 노동자의 86퍼센트가 동일한 임금으로 더 짧은 노동 시간을 누리게 됐다.

아이슬란드의 사례에 자극받아 다른 국가와 기업들도 비슷한 시도를 하고 있다. 스페인은 코로나19에 대응하기 위해 주 4일 근무제 파일럿 프로그램을 도입했다. 뉴질랜드의 유니레버는 급여를 그대로 유지한 채 근무 시간을 20퍼센트 단축하는 실험을 진행 중이다. 노동 시간 단축은 탄소 발자국을 줄이는 데도 도움이 된다.

출퇴근 횟수가 줄어들면 차량 운행과 대중교통 이용도 감소할 것이기 때문이다.

많은 연구자가 이제 주 4일 근무제를 '현명한 전략'으로 보고 있다. 전기나 수도 요금, 사무용품 등 사무실 운영에 드는 비용이 줄어들기 때문이다. 실제로 영국 헨리경영대학원의 연구진은 주 4일 근무제를 도입한 기업의 66퍼센트가 운영비를 절감했다고 보고했다.

그 전망은 실로 매혹적이다. 일과 여가가 더 조화롭게 공존하고, 번아웃이 덜하며, 사람들이 진정으로 중요한 일을 추구할 수 있는 시간과 에너지를 지닌 세상. 아이슬란드의 경험이 보여주듯, 그 꿈이 더는 비현실적인 이상만은 아닐지도 모른다.

・・・

버트런드 러셀이 오늘날까지 살아 있다면, 지금의 세태를 보며 꽤 언짢아했을 것 같다. 그는 노동은 줄이고 놀이를 늘려야 사회가 지속될 수 있다고 봤고, 그 생각은 옳았다. 그런데도 우리는 어느 때보다 바쁨을 숭배하면서 러셀의 생각에서 점점 더 멀어지고 있다.

이런 현실은 우리에게 중요한 사실을 일깨워준다. 즉흥적인 즐거움을 느끼는 존재인 우리 인간이 그 즐거움을 잊어버릴 위험에

처해 있다는 사실이다. 끝없이 이어지는 회의와 일 속에서도 우리는 반드시 놀이 시간을 확보해야 한다. 느닷없이 찾아오는 창의성과 웃음의 순간이야말로 우리의 영혼이 살찌게 한다. 그 순간에 우리는 진정으로 살아 있음을 느끼며, 일상의 소란 속에서 길을 잃었던 자아의 일부분과 다시 연결된다. 이런 즐거움을 되찾는 일은 러셀의 생각을 소중히 여기는 일인 동시에 우리 삶을 근본적으로 더 나은 방향으로 이끄는 일이기도 하다.

당신의 뇌를 구하는 휴식의 기술 7

뇌를 잘 놀게 하는 법

- 일상에서 놀이를 할 수 있는 작은 틈을 찾아보자. 저녁을 준비하며 좋아하는 노래에 맞춰 춤을 추거나 자전거를 타고 집에 가며 소리 내어 노래를 부르는 것처럼, 사소한 놀이도 기분을 환기하고 뇌 건강에 크게 도움을 준다. 이런 즉흥적인 순간들을 활용하면 일상이라는 직물 속에 유쾌함의 색실을 섬세하게 엮어 넣을 수 있다.
- 주 4일 근무제를 지지하자. 아이슬란드의 성공 사례를 참고해 직장이나 지역 사회에서 주 4일 근무제의 실현 가능성과 이점을 탐색해보자. 지금이야말로 전 세계의 노동자들이 연대해 여가, 웰빙 그리고 개인적 성장을 위한 시간을 되찾아야 할 때다.
- 휴식과 놀이의 시간을 신성하게 여기자. 단기적인 생산성에 몰두한 나머지 어른과 어린이 모두 여가와 놀이의 가치를 완전히 간과하고 있다. 바쁜 일상에서 힘들게 확보하는 휴식과 놀이의 시간은 신성하고도 뇌의 휴식에 필수적인 시간이다. 그 시간을 수면 시간처럼 삶의 근간으로 생각하면서 소중하

게 여기자.

- 자신이 무엇을 하면서 놀았는지 소셜미디어에 공유하지 말자. 진정한 놀이는 타인의 인정을 받기 위한 것이 아니라 자신을 위한 자양분이다. 이런 관점은 놀이 경험의 순수성과 개인적인 의미를 지켜주며, 놀이가 계속 진정한 즐거움과 휴식의 원천으로 남을 수 있게 해준다.

8장 능동적 휴식

운동이 뇌에 좋은 이유

"나는 운동이 신체 건강은 물론
마음의 평온을 지키는 비결이라고 늘 믿어왔다."

― 넬슨 만델라 Nelson Mandela

날씨만 괜찮다면 나는 일주일에 두 번 이상 운동화를 신고 런던 북부 하이버리 필드의 맑고 차가운 공기 속을 달린다.

나는 달리기를 사랑한다. 하키나 축구 같은 단체 운동과 달리, 달리기는 체형이나 실력과 상관없이 누구나 할 수 있다. 게다가 달리기는 헬멧이나 복잡한 장비도 필요 없고 나이가 들어서도 계속할 수 있다. 달리기는 내게 기쁨과 해방감을 안겨주며, 때로는 머리가 맑아지는 순간과 짜릿한 전율을 선사한다. 가끔 무리해서 온몸이 땀에 흠뻑 젖은 채 터덜터덜 돌아올 때도, 그 행복감은 며칠씩이나 이어진다. 내게 달리기는 결코 힘들고 지루한 운동이 아니라 휴식이다.

내게 달리기는 스포츠 연구자들이 말하는 '능동적 휴식'이다.

능동적 휴식이라는 말이 모순적으로 느껴질 수도 있을 것이다. 일상의 분주함에 지쳐버린 현대인들에게 휴식이라는 말은 아무것도 하지 않는 상태로 여겨지기 때문이다. 하지만 해변에 누워 조용히 보내는 잠깐의 시간, 창밖을 바라보며 생각에 잠기는 순간, 평화로운 밤의 수면 같은 전통적인 휴식의 이미지는 회복을 위한 진정한 휴식이 지닌 의미의 일부에 불과하다. 휴식은 단지 느릿하게 움직이거나 가만히 있거나 누워 있는 상태만을 의미하지 않는다. 집중이 요구되는 활동, 특히 일과 관련된 과업에서 의식적으로 벗어나 몸과 마음을 회복시키는 능동적인 일까지 포함한다. 따라서 고강도든 저강도든 모든 운동은 능동적 휴식이 될 수 있다. 수영이든, 요가든, 테니스든 자신에게 맞는 운동이면 어떤 것이라도 괜찮다. 여기서 기억해야 할 중요한 점은 능동적 휴식이 단지 뇌를 쉬게 해주는 데 그치지 않고 디폴트 네트워크의 기능까지 향상시킨다는 사실이다.

이런 현상은 달리기에서만 나타나는 게 아니다. 내 친구 중 한 명은 케임브리지대학교에서 종양분자생물학을 연구하는데, 매일 출퇴근길에 30분씩 자전거를 탄다. 그는 자전거를 타는 동안 가장 명확한 통찰을 얻거나 복잡한 과학 문제를 풀어낸다고 말했다. 만약 그 시간을 갖지 못하면 어떻게 되느냐고 물었더니 그는 주저 없이 답했다. "일을 제대로 할 수 없게 되지."

흡연만큼 건강을 위협하는 운동 부족

달리기, 자전거 타기, 트램펄린 뛰기, 훌라후프 돌리기 등 어떤 유산소 운동이든 하루 30분씩 주 5회를 목표로 꾸준히 한다면 뇌와 디폴트 네트워크를 활성화할 수 있다. 물론 말처럼 쉽지는 않다. 청소년의 80퍼센트 이상, 성인의 27퍼센트가 운동 부족 상태다.[1] 이는 상당히 끔찍한 통계다. 하지만 우리는 자신이 운동 부족 상태에 있다는 사실을 좀처럼 인정하려고 하지 않는다. 그러는 순간 자신이 얼마나 혹사당하고 있는지, 현대 사회가 우리의 시간을 얼마나 가차 없이 빼앗아 가고 있는지 직시해야 하기 때문이다. 하지만 이제 우리는 수년, 어쩌면 수십 년에 걸쳐 우리의 인지적 잠재력이 단기적 성과와 끝없는 바쁨이라는 명목 아래 희생돼왔다는 불편한 진실을 똑바로 마주해야 한다.

우리는 일과 운동 사이에서 균형을 유지하면서 건강과 생산성이 평화롭게 공존하는 아슬아슬한 평형점을 찾아야 한다는 말을 자주 듣는다. 하지만 대부분 사람은 이 균형을 제대로 맞추지 못한다. 나도 그랬다. 실험실에서 10시간 넘게 연구하고 글을 쓰고 나면, 머릿속이 새하얘져 운동할 생각조차 나지 않았다. 나는 몇 달씩 일에만 미친 듯이 몰두하다가 다시 몇 달은 격렬한 운동에 전념하는 식으로 극단을 오갔다. 마감이 임박했다는 긴장감과 생활비를 마련해야 한다는 압박 속에서 일에 매달리다가도, 운동을 하지 않으면 뇌 건강이 심각하게 위태로워질 수 있다는 냉정한 자각에 이

끌려 방향을 틀곤 했다. 한마디로, 제로섬 게임을 한 것이다. 지금도 많은 사람이 제로섬 게임을 이어가고 있다.

2016년 《가디언》은 영국에서 아동의 10퍼센트 이상이 지난 1년간 자연환경에 한 번도 발을 들이지 않았다고 보고했다.² 예전에는 이렇지 않았다. 1980년대에 태어난 우리 세대의 어린 시절은 지금보다 훨씬 더 활동적이었다. 어린 시절 우리는 본능적인 장난기와 호기심에 이끌려 달리고 놀고 탐험하며 몸을 끊임없이 움직였다. 신경생물학적으로 볼 때, 이런 장난기와 호기심은 성인이 되어서 더욱 풍부해지는 것이 자연스러운 흐름이다. 성인이 됐을 때 이런 장난기와 호기심이 줄어들 이유는 없으며, 책상에 매달려 무기력하게 지내거나 줌 회의에 지쳐가는 삶을 살아야 할 이유는 더더욱 없다.

시간이 흘러 지금은 완전히 다른 세상이 됐다. 지금 우리는 앉아 있는 것이 흡연 수준의 건강 위협이 되는 시대에 살고 있다. 이와 관련해 2020년에 WHO는 사람들이 단지 더 많이 움직이기만 해도 매년 최대 500만 명의 사망을 막을 수 있다는 충격적인 발표를 했다.³

운동 부족이 정신 건강에 미치는 영향도 이에 못지않게 심각하다. 여러 연구에 따르면, 신체 활동 부족은 불안과 우울을 유발한다. 그 시작은 염증 반응의 증가다. 이로 인해 신경전달물질 시스템이 교란되고 세로토닌과 도파민처럼 기분을 좋게 하는 호르몬에 대한 뇌의 반응이 둔해져 결국 뇌의 신경가소성, 즉 변화하고 성장하는 능력 자체가 손상된다. 이는 신경 연결의 감소와 회복탄력성 저하로 이어져 스트레스를 극복하거나 침체된 기분에서 벗어나기 힘들게 한다.

하지만 한 줄기 희망은 있다. 단 5분만 운동해도 항불안·항우울 효과가 나타나기 때문이다. 몸을 움직이는 그 단순한 행위만으로도 삶이 가져오는 난관들을 좀 더 긍정적으로 느낄 수 있게 되는 것이다. 그럼에도 이 사실을 제대로 인식하는 사람은 많지 않다. 지금 전 세계적으로 저체중 인구보다 비만 인구가 더 많으며, 그 주요 원인은 일중독과 비활동적인 생활이다.

능동적 휴식의 의미를 재발견하고 일과 운동을 이분법적으로 나누는 잘못된 통념을 깨기 위해서는 먼저 운동이 뇌와 디폴트 네트워크에 영향을 미치는 방식을 면밀히 살펴봐야 한다. 이 현상에 대한 중요한 단서는 운동선수들이 보여주는 탁월한 정신 능력에서 점점 더 많이 발견되고 있다.

현대 스포츠 역사에서 손꼽히는 장면 중 하나는 2002년, 세리나 윌리엄스Serena Williams가 처음으로 윔블던 테니스 대회에서 우승한 순간이다. 그녀의 상대는 친언니인 비너스 윌리엄스Venus Williams로, 윔블던 단식 결승에서 친자매가 맞붙은 것은 무려 117년 만의 일이었다.

이 경기에서 승리하기 위해 세리나는 의식적인 의사 결정 능력뿐 아니라 결정적인 테니스 빅 매치에서 핵심적인 역할을 하는 무의식적인 반사적 사고 능력까지 총동원해야 했다. 그녀는 서브를 어디로 넣을지, 서브에 어느 정도 힘을 실을지, 상대의 위치를 어떻게 이용할지 생각하면서 한편으로는 친언니와의 경쟁에 따른 감정적 갈등에도 대처해야 했다. 바로 이런 복잡한 정신적·정서적 역량이 챔피언을 평범한 사람과 구별 짓는 요소다.

놀랍게도, 세리나를 비롯한 엘리트 운동선수들이 경기장에서 보여주는 놀라운 성과는 디폴트 네트워크의 작용과 밀접한 관련이 있다. 겉으로는 재빠른 사고력과 순간 판단력이 비범한 소수의 전유물처럼 보이지만, 사실 우리 모두에게는 이와 같은 정신 능력을 끌어낼 수 있는 잠재력이 있다. 비록 우리가 프로 운동선수는 아닐지라도 능동적 휴식이 주는 인지적 이점을 삶에서 충분히 활용할 수 있다.

내 말을 믿기 어렵다면, 로마 사피엔자대학교의 신경과학자 클라우디오 델 페르치오Claudio Del Percio 교수가 수행한 실험을 살펴보자. 이 실험에서 그는 가라테 챔피언들과 일반인들이 눈을 가리고 안정을 취하게 한 다음 뇌파를 측정했다. 그러자 놀랍게도, 가라테 선수들의 알파파가 더 강하게 나타났다. 운동량은 더 많지만, 가라테 챔피언들의 뇌는 오히려 더 편안한 상태에 있다. 그들의 신체 활동이 실제로 능동적 휴식이기 때문이다. 최근 그의 연구팀은 운동선수와 일반인의 뇌파를 측정하면서 운동 중 뇌의 반응을 분석했다. 권총 사격을 하는 선수들과 외발로 균형을 잡는 펜싱 선수들을 관찰한 결과 두 그룹 모두 일반인보다 뇌가 더 편안한 상태였다.[4]

도대체 무슨 일이 벌어지고 있었던 걸까? 핵심은 운동선수들이 수년에 걸친 신체 훈련과 정신적 단련을 통해 디폴트 네트워크를 반복적으로 활성화해 근육처럼 단련해왔다는 것이다. 디폴트 네트워크에서 연결이 강화되면 뇌는 더 효율적이고 정밀하게 복잡한 신체 활동을 수행할 수 있다. 마치 복잡한 작업을 처리하기 위해 백그라운드 프로그램이 작동하는 컴퓨터처럼 말이다. 운동선수들의 뇌는 휴식 상태처럼 보이는 그 순간에도 지속적으로 운동 기술을 세밀하게 조율하고, 근육 기억을 강화하며, 물리적 상황을 예측하는 능력을 다듬고 있는 것이다.

하지만 이런 혜택은 엘리트 운동선수들만 누릴 수 있는 것이 아니다. 우리처럼 평범한 사람들도 충분히 누릴 수 있다. 전문적인 운동이 아니라 새로운 신체 활동을 시작하는 것만으로도 뇌의 디폴트 네트워크에 의미 있는 변화가 생긴다. 그리고 이런 변화는 수년간 지속될 수 있다. 예를 들어 저글링을 단 일주일만 배워도 디폴트 네트워크에 회백질이 추가로 생성되며, 이런 개선 효과는 수개월 동안 지속된다.[5]

운동은 마음까지 회복시킨다

운동은 생각과 학습의 속도도 높인다. 학술지 《사이언티픽 리포트》에 실린 한 흥미로운 연구에 따르면, 운동선수들은 대부분의 대학생보다 학습 능력과 시각 지각 능력이 더 뛰어난 것으로 나타났다.[6] 연구진은 프로 및 아마추어 선수, 대학생 등 총 308명을 모집해 '3D MOT 3D multi-object tracking'라는 독특한 실험을 진행했다. 간단히 말하면 3차원 공간에 떠 있는 여러 개의 색깔 공을 이용한 테스트다. 그중 4개의 공이 잠시 다른 색으로 바뀌었다가 다시 원래 색으로 돌아가면, 참가자는 다른 공들 사이에서 이 4개의 공을 8초 동안 추적하며 기억해야 한다. 공들의 움직임이 멈춘 뒤, 참가자들은 자신이 추적하던 4개를 정확히 골라내야 했다.

이 과제는 참가자의 수준에 따라 난이도가 조절되는 방식이었다. 실수를 하면 공의 움직임이 느려졌고, 정확하게 추적할수록 공의 속도가 빨라져 시각 추적 능력과 기억 회상 능력을 한층 더 극한까지 시험했다. 연구를 이끈 캐나다 심리학자 조슬린 포버트 Jocelyn Faubert 교수는 이렇게 말했다. "이 과제가 특정 종목과는 무관한데도 우리는 프로 선수들이 아마추어보다, 아마추어는 대학생보다 훨씬 뛰어난 시각 정보 처리 능력을 보였다는 사실을 확인했습니다."

포버트의 이 연구는 시사하는 바가 매우 크다. 실용적인 측면에서 볼 때, 이 연구는 규칙적인 운동이 일상에서 복잡한 정보를 빠르고 정확하게 처리하는 능력을 향상시킨다는 사실을 드러낸다. 예를 들어 규칙적으로 운동하는 사람은 붐비는 거리를 더 수월하게 헤쳐나가고, 운전 중 돌발 상황에 더 민첩하게 반응하며, 복잡한 학술적 내용을 더 잘 이해할 수 있다.

운동이 사고력을 얼마나 향상시키는지는 나도 몸소 체험했다. 열다섯 살 때 미국으로 떠난 여름휴가에서 나는 던킨도너츠, 무제한 조식 뷔페, 각종 튀김 요리로 끼니를 때웠다. 고대하던 미국식 패스트푸드를 처음 접한 나는 순식간에 식욕의 브레이크를 잃어버렸다. 이런 끔찍한 식습관은 영국으로 돌아온 후에도 한동안 계속됐고, 몸뿐 아니라 정신 건강까지 망가졌다. 늘 피곤했고, 집중하는 데 애를 먹었으며, 자존감 저하와 놀림, 따돌림이 겹치면서 감정이 점점 불안정해졌다. 나는 부정적인 자기 인식과 무기력함의 악순환에 갇힌 기분이었다.

그러다가 스물한 살 무렵, 전환점이 찾아왔다. 늘 무기력하고 우울한 상태에 지쳐 있던 나는 일주일에 여러 번 헬스장에 갔고, 건강에 좋은 음식을 먹기 시작했다. 쉽지는 않았다. 때로는 고통스럽기까지 했다. 하지만 그렇게 넉 달이 지나자 확실한 변화를 느낄 수 있었다. 그때 나는 살면서 가장 좋은 몸 상태를 유지하고 있었고 자신감도 되찾았다. 하지만 가장 극적인 변화는 머리가 맑아졌다는 것이다. 공부나 업무, 생산적인 활동이 더는 막막하게 느껴지지 않았다. 마치 머릿속의 먼지 쌓인 다락방에 마침내 신선한 공기가 돌고 정리까지 마쳐진 듯했다. 생각과 아이디어가 훨씬 더 자유로우면서도 효율적으로 흐르기 시작했다.

이건 주관적인 느낌이 아니었다. 과학적으로 보자면, 내가 겪은 것은 뇌의 극적인 변화였다. 뇌가 자신을 재구성하며 새로운 시냅스와 연결을 형성하고 있었던 것이다. 체력이 향상되면서 뇌에서는 신경 해독 과정이 시작됐고, 이는 신경 경로를 막아 디폴트 네트워크 기능을 방해하는 대사성 노폐물들을 제거하는 데 도움이 됐다. 말 그대로 정신의 대청소였다.

이 변화는 심리적으로도 강렬했다. 감정 건강이 예상치 못한 방식으로 재편된 것이다. 운동을 시작하기 전까지 나의 하루는 부정적인 생각으로 가득했다. 불안과 우울은 상시적인 동반자였고, 모든 도전은 감당할 수 없는 벽처럼 느껴졌다. 내가 삶을 통제하고 있다는 감각이 사라졌고, 자존감이 바닥을 쳤다. 하지만 꾸준히 운동을 이어가면서 변화가 찾아왔다. 그 변화는 갑작스럽지 않았다. 오히려 부정적인 것들의 안개가 서서히 걷히는 느낌에 가까웠다. 이전에 나를 짓누르던 불안은 가벼운 재킷 정도로만 느껴졌다. 우울감의 압박도 느슨해졌고, 진정한 기쁨과 평온의 순간들이 생겨났다. 실제로 이런 효과는 오래전부터 과학 연구로 뒷받침됐다.

운동을 하면서 나는 회복탄력성도 새롭게 가지게 됐다. 이전에는 버겁게 느껴졌던 일들(석사 학위 과정 마무리나 박사 과정 진학 같은 일들)이 성장의 기회를 제공한다고 느껴졌다. 나의 이 사례에서도 규칙적인 신체 활동이 스트레스와 역경에 대처하는 능력을 높인다는 사실을 확인할 수 있다. 매일 운동을 꾸준히 해야 한다는 굳은 결심은 내 삶의 다른 영역에도 영향을 미쳤고, 나는 이전에는 느껴본 적 없는 자신감과 해방감을 느끼게 됐다. 나는 내 삶의 수동적인 방관자가 아니라 미래를 주도하는 능동적인 연출자가 됐다.

아마도 가장 중요한 변화는 운동을 통해 다시금 삶의 목적과 존재의 가치를 느끼게 됐다는 점일 것이다. 매번의 달리기, 헬스, 건강한 식사는 곧 나 자신이 소중하다는 증거였고 더 나은 나를 향한 한 걸음이었다. 운동은 자존감을 높이고 인지기능을 향상시키는 것으로 알려져 있으며, 이는 긍정적인 자기 인식과 더 뚜렷한 삶의 목적의식으로 이어진다. 모든 운동선수 그리고 체중 문제로 고군분투하는 사람들이 알고 있듯이, 신체 건강을 향한 여정은 몸을 바꾸는 일이라기보다 마음을 치유하는 여정에 가깝다. 또한 이 여정은 절망을 희망으로, 나약함을 강인함으로, 혼란을 평화로 바꾸는 강력한 정신적·감정적 재활 수단이기도 하다.

운동이 뇌에 가져오는 놀라운 효과

이제 이 모든 변화가 뇌의 크기와 어떤 관련이 있는지 생각해보자. 최근 수년간 우리는 수만 명의 뇌를 스캔했고, 운동을 규칙적으로 하는 사람들과 그렇지 않은 사람들을 비교했다. 결과는 언제나 같았다. 운동하는 사람들의 뇌는 전반적으로 더 클 뿐만 아니라 기억과 학습에 핵심적인 디폴트 네트워크 영역(회백질, 백질, 해마 등)이 특히 더 컸다. 놀라운 사실은 일주일에 단 25분, 하루에 4분도 채 안 되는 운동으로도 뇌가 커진다는 것이다. 2024년에 미국에서 발표된 대규모 연구가 이를 입증한다.[7] 더 좋은 소식은 효과를 내는 운동이 반드시 달리기처럼 격렬할 필요는 없다는 점이다. 대화를 나누며 가볍게 할 수 있는 정도의 운동으로도 충분하다.

그리고 이 효과는 모든 연령과 성별에 적용된다. 노화와 함께 가장 중요해지는 것이 바로 뇌의 크기를 유지하는 일이다. 치매, 뇌졸중, 그 밖의 다양한 신경계 질환은 모두 건강한 뇌 조직을 갉아먹는다. 장수 전문가이자 의사인 피터 애티아Peter Attia 박사는 "어떤 운동이든 운동은 고통을 해소하고 전반적인 사망 위험을 줄이는 데 가장 강력한 수단입니다"라고 말했다.[8]

여기서 핵심은 '어떤 운동이든'이라는 말이다. 노년에도 근력 운동을 지속적으로 하면 뇌가 보호된다는 사실은 이미 잘 알려져 있다. 또한 최근 호주 연구진이 수행된 한 연구에 따르면, 근력 향상은 경도인지장애mild cognitive impairment, MCI를 앓는 55~86세의 뇌 기능을 개선한다.[9] 경도인지장애는 흔히 알츠하이머병의 전 단계로 간주된다. 이 연구를 이끈 요기 마브로스Yorgi Mavros 박사는 "몸이 강해질수록 뇌가 얻는 이점도 더 큽니다"라고 말했다.[10]

실제 사례를 봐도 그렇다. 미국 연방대법관이었던 루스 베이더 긴즈버그Ruth Bader Ginsburg는 1980대 중반까지 근력 운동을 계속했고, 부동산 중개인으로 은퇴한 노라 랭던Nora Langdon은 79세에 파워리프팅 세계 챔피언이 됐다. 그녀는 이렇게 말했다. "건강한 몸과 강한 정신만 유지할 수 있다면, 그것으로 충분해요."[11]

여기서 핵심적인 질문은 이것이다. 운동은 어떻게 우리 뇌를 변화시키고 디폴트 네트워크를 활성화하는가? 수십만 명의 데이터를 분석한 끝에 우리는 그 해답을 찾은 것 같다. 운동은 BDNF의 분비를 증가시키는데, 이 물질은 정원에 뿌리는 비료처럼 뇌에 영양을 공급하는 역할을 한다. 뉴런의 성장과 생존을 촉진하고, 디폴트 네트워크를 포함한 신경계 전반에 걸쳐 새로운 연결을 만들어내고 기존의 연결을 강화한다. 말 그대로 뇌를 더욱 튼튼하게 하는 것이다.

나는 이 현상을 쥐 실험을 통해 처음 목격했다. 나와 연구실 동료는 실험용 쥐를 러닝머신에 올려 규칙적으로 운동을 시켰다. 그런 다음 그 쥐들에게 미로 찾기 테스트(쥐의 인지 능력을 측정하는 고전적 실험)를 했다. 그 결과는 놀라웠다. 운동을 한 쥐들은 운동하지 않은 쥐들보다 일관되게 더 뛰어난 성과를 보였을 뿐 아니라 그들의 뇌는 BDNF로 가득 차 있었다. 현미경으로 BDNF의 작용을 들여다보면, 그 물질은 마치 신경의 정원을 가지치기하고 영양을 공급하는 듯한 모습을 보인다. 그 덕분에 신경망이 무성하게 자라고 확장된다.

인간의 경우 운동은 학습과 기억에 관여하는 디폴트 네트워크의 핵심 부위인 해마에서 BDNF 수치를 증가시킨다. 놀랍게도 단 6분간의 격렬한 운동만으로도 BDNF 수치가 상승할 수 있다.[12] 헬스장에서 1시간 동안 운동하는 것에 부담을 느끼는 사람이라도, 고작 6분만 운동을 해도 인지 능력이 향상될 수 있으며 운동이 뇌에 미치는 전반적인 효과가 엄청나다는 사실을 알게 되면 생각이 달라질 것이다.

BDNF 수치를 높이는 작용 외에도 운동은 또 하나의 중요한 신경화학 작용을 유도한다. 바로 엔도칸나비노이드endocannabinoid의 생성이다. 예컨대 달리기는 뇌 안에서 진정 작용을 하는 다양한 신경화학물질을 방출한다. 격렬한 운동처럼 심박수를 높이는 단순한 행위는 뇌의 화학적 구성을 변화시켜 세로토닌, GABA, 엔도칸나비노이드 같은 항불안 신경전달물질의 분비를 촉진한다. 이 중 엔도칸나비노이드는 대마초에 포함된 THC(테트라하이드로칸나비놀) 성분과 비슷한 작용을 한다. 자연이 우리에게 이렇게 속삭이는 듯하다. "깊게 숨을 들이쉬세요. 잘할 수 있어요."

나를 비롯한 많은 러너가 가장 소중히 여기는 '러너스 하이runner's high'에서 가장 핵심적인 역할을 하는 물질이 바로 엔도칸나비노이드다. 한때는 이 강렬한 황홀감이 엔도르핀endorphin 때문이라고 여겨졌지만, 이제는 다른 방식으로 이해되고 있다. 엔도르핀 반응이 차단된 상태에서도 러너스 하이는 지속되기 때문이다. 엔도르핀은 혈액-뇌 장벽Blood-brain-barrier(뇌와 혈관 사이에 존재하는 장벽으로, 뇌에 외부 물질이 들어오는 것을 막는 역할을 한다)을 통과할 수 없기 때문에 공원을 달리는 동안 내가 느끼는 그 황홀한 감각을 일으키는 진정한 주인공은 엔도칸나비노이드다. 이 물질은 나의 정신을 다른 차원, 확실하게 설명할 수 없는 어떤 곳으로 이끈다. 울트라 마라토너 J. M. 톰슨J. M. Thompson은 자신의 회고록 『달리기는 꿈이다Running Is a Kind of Dreaming』에서 이렇게 썼다. "충분히 멀리 달리면, 정신은 황홀감을 지나 깨어 있는데도 꿈을 꾸는 듯한 상태로 진입한다."[13]

그렇다면 왜 달리기가 엔도칸나비노이드 수치를 높이는 걸까? 이 현상은 진화적 적응의 산물일 가능성이 있다. 엔도칸나비노이드는 장거리를 달리는 동안 진통제처럼 작용해 통증을 완화하고 그 경험을 덜 고통스럽고 더 견딜 만하게 한다. 또는 황홀감 자체가 달리기의 궁극적인 목적이었을 수도 있다. 달리기를 하면서 황홀감을 느끼는 것은 우리 조상들이 먹을 것을 찾아 끊임없이 움직이게 한 일종의 신경화학적 보상 시스템이었을 수도 있다는 얘기다.[14]

어느 쪽이든 점점 분명해지고 있는 사실은 (다양한 형태의 고강도 운동에서 나타나는) 러너스 하이가 디폴트 네트워크를 활성화하는 뇌의 방식이라는 것이다. 내가 달릴 때 엔도칸나비노이드의 급증은 단지 일시적으로 기분을 끌어올리는 데 그치지 않는다. 달리기 이후에도 정신을 계속 맑게 해주고 인지 처리 능력까지 높여준다. 달리기는 해마의 크기를 증가시키며 이에 따라 기억력, 주의 집중력, 의사 결정 능력이 향상된다. 이는 일종의 신경 재생 과정으로, 머릿속의 먼지 낀 거미줄을 말끔히 쓸어내고 나를 더 창의적이고 통찰력 있게 해준다.

능동적 휴식이 주는 보상은 우리 뇌의 DNA에 각인된다. 운동은 뇌세포 속 특정 유전자의 발현 방식을 변화시켜 세포가 스트레스와 손상에 더 강해지게 한다. 그 유전자 중 하나인 CREB1 유전자는 세포 생존, 학습, 기억을 돕는다. 그 밖의 중요한 유전자로는 염증을 줄이는 IL-10, 세포 유지와 복구를 지원하는 HSP70, 세포 내 노폐물 제거를 돕는 ATG5가 있다. 이 유전자들의 발현이 강화되면 뇌세포가 노화와 질병에 더 잘 저항할 수 있게 된다.

이런 변화는 새로운 신경세포의 탄생, 즉 신경생성 neurogenesis 이라는 과정을 촉발한다. 과거에는 신경생성이 뇌 발달기 동안에만 일어나는 것으로 여겨졌지만, 이제는 성인기 이후에도 지속된다는 사실이 밝혀졌다. 또한 흥미롭게도, 운동과 능동적 휴식은 복잡한 퍼즐 풀기, 새로운 언어 학습, 깊이 있는 학문 연구처럼 인지적으로 도전적인 과제를 수행하는 것보다 신경생성 과정을 훨씬 더 강력하게 촉진하는 것으로 밝혀졌다. 이런 활동들도 뇌를 자극하고 인지 능력의 특정 측면을 향상시키는 것은 분명하지만, 신체 활동이나 능동적 휴식만큼 신경생성 효과가 크진 않다.

분자 수준에서 이뤄지는 이 모든 정교한 작용은 뇌 구조의 극적인 재편으로 이어진다. 운동은 뇌의 피질을 다시 배선하는데, 특히 디폴트 네트워크에서 핵심 역할을 하는 영역인 전전두피질과 후측 대상피질에서 그 변화가 두드러진다. 전전두피질은 의사 결정·주의 집중·문제 해결 등의 기능을 담당하는 영역으로, 운동을 통해 이 부위는 디폴트 네트워크뿐 아니라 집행 네트워크 같은 그 밖의 뇌 네트워크와의 연결성도 높아지고 더 효율적으로 작동하게 된다.

놀랍게도, 운동은 시냅스와 수상돌기 가시dendritic spines의 수도 증가시키는 것으로 나타났다. 수상돌기 가시는 다른 뉴런으로부터 신호를 받아들이는 미세한 돌기로, 나뭇가지 위에서 햇빛을 받는 잎사귀처럼 기능한다. 이 중에서도 머리는 크고 목은 가는 형태의 '버섯 가시mushroom spines'에서 변화가 두드러지는데, 이 가시는 수상돌기에서 몸통과 분리돼 있어 기능적으로 더 강한 시냅스를 형성한다. 그래서 '기억 가시' 또는 '학습 가시'로 불리며, 장기 기억의 저장소 역할을 하는 것으로 생각된다. 아주 실질적인 측면에서 운동은 우리 뇌의 신경 경로에 쓰인 자서전을 더욱 풍부하게 해준다.

최고의 능동적 휴식 실천법, 섹스

능동적 휴식을 실천하는 특히 즐거운 방법이 있다. 바로 섹스다.

오늘날 섹스는 다양한 논쟁거리와 의미가 얽힌 복합적인 주제로 받아들여진다. 우리는 섹스의 역할, 섹스에 대한 미디어의 묘사, 섹스의 사회적 영향에 대해 끊임없이 이야기한다. 그 대화는 대개 쾌락, 도덕성을 중심으로 이뤄지며 때로는 논란을 불러일으키기도 한다. 하지만 섹스가 육체적 만족을 넘어서는 수많은 긍정적 효과, 특히 뇌 건강에 미치는 놀라운 효과를 가져온다는 사실은 이런 논의에서 거의 다뤄지지 않는다.

오랫동안 과학자들은 섹스가 뇌에 미치는 영향을 어떻게 연구해야 할지 몰랐다. 이처럼 본질적으로 사적인 영역이며 대개 문화적으로도 민감한 주제를 탐구하는 것은 쉬운 일이 아니었기 때문이다. 따라서 섹스에 대한 과거의 연구는 매우 독특하고 창의적인 형태를 띨 수밖에 없었다.

예를 들어 20세기 초, 성 과학자 앨프리드 킨제이Alfred Kinsey는 수천 명을 인터뷰해 그들의 성 경험과 성적 취향 등을 세밀하게 기록함으로써 오랫동안 금기시되고 베일에 싸여 있던 이 주제에 대해 방대한 데이터를 구축했다. 그의 연구는 두 편의 기념비적인 보고서로 열매를 맺어 출간됐는데, 바로 『인간 남성의 성 행동Sexual Behavior in the Human Male』(1948)과 『인간 여성의 성 행동Sexual Behavior in the Human Female』(1953)이다. 흔히 '킨제이 보고서'라고 불리는 이 저작들은 사람들의 성적 행동에 대한 전례 없는 통찰을 제공했다.[15] 오랫동안 당연시되어온 성에 대한 여러 통념에 도전장을 내밀었고, 성적 행위와 성적 지향이 실제로는 매우 다양하며 이전까지 드물거나 비정상으로 여겨졌던 행동들이 사실은 널리 퍼져 있음을 밝혀냈다.

하지만 침실에 진정한 과학을 도입한 이들은 워싱턴대학교 세인트루이스 캠퍼스의 성 연구자 윌리엄 매스터스William Masters와 버지니아 존슨Virginia Johnson이었다. 1960년대에 이들은 단순히 사람들의 성생활에 대해 질문하는 수준을 넘어 실제로 실험실에서 사람들이 성관계를 하거나 자위하는 모습을 관찰하면서 의료기기를 이용해 신체 변화까지 측정했다. 게다가 소수의 사례에 그치지도 않았다. 이들은 10년에 걸쳐 1만 회가 넘는 오르가슴 경험을 관찰해 오늘날에는 당연하게 여겨지는 많은 사실을 밝혀냈다.

예를 들어 여성은 짧은 시간 안에 여러 번 오르가슴을 느낄 수 있는 반면 남성은 일시적으로 불응기를 거친다는 점, 일부 여성은 성관계를 빨리 끝내기 위해서 또는 상대의 자존감을 높이거나 진짜 오르가슴을 유도하기 위해 가짜 오르가슴을 연기한다는 사실 등이 그것이다.

매스터스와 존슨의 선구적인 연구는 인간의 성에 얽힌 신비를 걷어냈을뿐더러, 성 치료라는 현대적 학문 분야의 토대를 마련하며 성 건강에 대한 사회의 인식과 논의 방식을 근본적으로 바꾸어 놓았다.

이런 연구를 토대로 현대 신경과학은 성관계 중 뇌에서 벌어지는 훨씬 더 놀라운 비밀들을 하나씩 밝혀내고 있다. 매스터스와 존슨의 예리한 관찰을 다양한 뇌 스캔 기법으로 대체함으로써 연구자들은 이제 사람들이 성관계를 하거나 장난을 치는 동안 뇌 안에서 어떤 일이 일어나는지를 직접 들여다볼 수 있게 됐다. 과학을 위한 일이라면, 정말 못 할 게 없다.

남성의 경우 섹스는 신체 감각과 감정에 관련된 뇌 영역들(예를 들어 섬엽insula, 체감각 피질somatosensory cortex, 소뇌cerebellum 등)을 자극하는 경향이 있다. 반면 여성의 경우 섹스는 더 심층적인 인지 반응을 유발한다. 즉, 앞서 언급한 영역들뿐 아니라 문제 해결, 의사 결정, 복합 감정, 자기 성찰을 담당하는 디폴트 네트워크의 일부(전전두엽, 대상피질 등)까지 활성화한다. 남성과 여성의 뇌가 본질적으로 다르다는 의미는 아니다. 실제로 '남성과 여성의 뇌가 다르다'라는 생각은 이미 철저히 반박됐다. 이 연구는 성관계가 남성과 여성에서 서로 다른 신경 경로를 활성화할 수 있으며, 그에 따라 경험도 달라질 수 있다는 점을 시사한다. 예컨대 여성은 (말 그대로) 더 현명하게 섹스에 반응할 수 있다는 점도 포함해서다.

물론 남성에게도 좋은 소식이 있다. 빈번한 성관계는 인지기능 향상과 관련이 있는 것으로 보인다. 예를 들어 수컷 쥐가 2주 동안 매일 성관계를 가지면, 같은 기간 단 한 번만 성관계를 가진 쥐보다 더 많은 뇌세포가 생성된다. 물론 어디까지나 성욕 왕성한 쥐들의 이야기일 뿐 사람도 매일 섹스를 해야 한다는 뜻은 아니다. 크게 볼 때 우리도 쥐와 같은 범주에 있다는 뜻일 뿐이다.

몇 주에 한 번이든 일주일에 여러 번이든, 규칙적인 성관계는 기억력과 사고 능력을 향상시킨다. 이는 특히 50세 이상의 사람들에게 두드러지지만, 18세 이상의 젊은 성인에게도 적용된다(이런 연구는 인과관계보다는 상관관계를 보여주는 것이지만, 여전히 의미 있는 결과다). 참고로 자위를 통한 오르가슴 역시 남녀 모두에게 인지적 혜택을 제공한다. 자위도 스트레스와 불안을 완화하고 기분을 끌어올리는 다양한 신경전달물질의 분비를 유도한다.

정말 흥미로운 점은 성관계 중 '감정적 친밀감'이 가장 큰 영향을 미친다는 사실이다. 여기에는 충분한 이유가 있다. 성관계를 하는 그 순간 상대와 정서적으로 연결됐다는 느낌은 우리에게 꼭 필요한 진정제처럼 작용해 불안과 우울을 멀리 밀어낸다. 또한 서로를 껴안고 친밀함을 나누는 행위는 공감 능력과 사회적 지능을 담당하는 뇌 영역을 자극하여 깊이 사고하고 기억하는 능력을 향상시킨다. 누구나 때때로 짜릿하고 새로움을 주는 성적 경험을 즐기지만, 결국 우리의 지성을 풍요롭게 하는 것은 그 경험 속에서 형성되는 정서적 유대다.

⋯

　나는 다시 운동화를 신고 햄스테드 히스를 가로지르는 긴 달리기에 나선다. 아침 공기에서 약간의 서늘함이 느껴지고, 부드러운 햇살 아래 촉촉히 젖은 땅이 반짝인다. 주변은 고요하다. 멀리 연못에서 수영하는 몇몇 용감한 이들의 첨벙대는 소리가 희미하게 들릴 뿐이다.

　나무 사이를 누비며 달릴 때마다 내 디폴트 네트워크가 깨어나는 듯한 느낌이 든다. 달릴 때마다 디폴트 네트워크의 일부가 활성화되면서 평소에는 떠오르지 않았을 생각과 아이디어들이 자연스레 떠오른다. 쓰러진 통나무들을 훌쩍 뛰어넘으면서 전속력으로 달리는 순간, 나는 문득 깨닫는다. 아무리 경이롭고 복잡하며 미스터리한 존재일지라도, 결국 뇌 역시 여타 기관들과 다르지 않은 하나의 기관이라는 사실을 말이다. 폐 속의 폐포 네트워크가 기체를 교환하고 신장의 모세혈관 네트워크가 혈액 속 노폐물을 걸러내듯, 뇌의 디폴트 네트워크는 사고와 상상력과 창의적 통찰을 만들어낸다. 결국 규칙적인 운동은 수명을 늘릴 뿐만 아니라 인간관계를 강화하고, 일의 능률을 높이며, 행복감을 더욱 깊게 해주는 놀라운 통찰을 제공한다고 할 수 있다.

　우리 모두가 능동적 휴식을 일상에 포함하고 WHO가 권장하는 주당 중간 강도의 운동 150분(또는 고강도 운동 75분)을 실천한다면, 세계적으로 연간 의료비를 4,460억 달러(2019년 기준)나 줄일 수 있다.[16] 이제부터는 운동할 때 이 사실을 떠올려보라. 어쩌면 당신의 디폴트 네트워크가 그 절감액을 어디에 쓸지를 놓고 기발한 아이디어를 떠올릴지도 모른다.

당신의 뇌를 구하는 휴식의 기술 8

가장 효율적으로 쉬는 법

- 가능하다면 고강도 운동(특히 유산소 운동)을 규칙적으로 하자. 디폴트 네트워크 내 연결이 강화될 것이다.
- 하루 30분 주 5회 운동을 목표로 해보자. 이 정도 수준을 맞추기가 힘들 수도 있다. 그럴 때는 그보다 훨씬 적은 양의 자극으로도 긍정적인 효과를 얻을 수 있다는 사실을 기억하자. 주당 단 25분, 하루 4분의 운동만으로도 뇌가 커지고 건강이 좋아질 수 있다. 심지어 산책이나 요가 같은 가벼운 신체 활동도 뇌의 크기를 증가시킨다.
- 가능하다면 성관계가 뇌에 미치는 긍정적인 효과를 잘 활용하자. 몇 주에 한 번이든 일주일에 여러 번이든, 이런 형태의 능동적 휴식을 삶에 포함하는 것은 모든 연령대의 성인에게 도움이 된다. 뇌의 디폴트 네트워크를 자극하고 기억력, 사고력, 의사 결정 능력, 정서 처리 기능을 향상시킨다.
- 궁극적으로 기억해야 할 가장 중요한 점은 능동적 휴식이 파괴적인 신경 질환의 위험을 낮춘다는 사실이다. 금연이 암 발생 위험을 줄이듯 능동적 휴식을 받아들이는 것은 알츠하

이머병, 뇌졸중, PTSD, 우울증 등의 위험을 낮춘다. 능동적 휴식이야말로 우리가 하루라도 빨리 시작해야 하는 일이다.

9장 | 아무것도 하지 않기

네덜란드 사람들의 닉센 따라 하기

"그냥 평범하게 행동하라.
그 정도면 이미 충분히 미친 것이다."

- 네덜란드 속담

이 책 전체를 통해 나는 '아무것도 하지 않기'가 우리 뇌의 강력한 회로망 중 하나인 디폴트 네트워크를 어떻게 활성화하는지 설명했다. 이제 우리는 과거에는 그 존재조차 밝혀지지 않았던 이 복잡하고 놀라운 네트워크가 우리 삶을 긍정적으로 변화시킬 수 있다는 사실을 잘 알고 있다. 또한 최근의 신경과학 연구 덕분에 이 네트워크의 능력을 활용하는 법도 알게 됐다. 하지만 이 책에서 아직 다루지 않은 주제가 하나 있다. 바로 '아무것도 하지 않기'를 숨 쉬는 것만큼 자연스럽고 필수적인 것으로 만드는 포괄적인 철학이다. 이 철학이 실제로 살아 숨 쉬는 모습을 보기 위해 나는 세계에서 가장 진보적인 도시 중 하나로 시선을 돌렸다.

궁극의 휴식, 닉센

매일 수천 명의 관광객과 현지인이 요르단 지구의 골목길을 거닌다. 자전거 벨소리가 맑게 울리고 운하 보트에서 들려오는 웃음소리가 멀리까지 울려 퍼지는 이곳의 거리들은 모퉁이 카페에서 대화를 나누는 사람들과 자신의 작품을 선보이는 예술가들로 북적인다. 골목마다 현대 네덜란드 회화와 빈티지 예술, 고전 문학 작품과 지역 전설로 지은 시, 섬세한 란제리와 정교한 목제품이 함께 전시된 부티크들이 눈에 띈다. 이 부티크들 사이로는 아늑한 식당들과 17세기 풍의 소형 주택과 정원으로 둘러싸인 안뜰이 조화를 이루며 자리하고 있다.

나는 '닉센'이라는 인기 있는 휴식 기법을 탐색하기 위해 이 기묘하고도 매력적인 암스테르담의 동네를 찾아왔다. 닉센은 말 그대로 아무것도 하지 않는 것 또는 목적 없는 활동을 의미한다. 운하가 내려다보이는 벤치에 앉아 있는 것도 닉센이고, 커피숍에서 사람들을 구경하는 것도 닉센이다. 집 안을 빈둥거리거나 직장에서 멍하니 시간을 보내는 것 역시 닉센이다. 네덜란드에서는 닉센이 일상생활의 일부로 자리 잡아 업무 스트레스, 번아웃, 우울증을 완화하는 데 활용되고 있다.

닉센이라는 말은 일과 삶의 균형을 중시하는 네덜란드인 특유의 성향과 명사를 동사로 바꾸는 그들의 독특한 언어 습관에서 자연스럽게 생겨났다. '무無'을 뜻하는 명사 '닉스niks'에서 '아무것도 하지 않다'라는 뜻의 동사 닉센이 만들어진 것이다. 이 말은 'zitten te niksen(앉아서 아무것도 하지 않는다)', 'staan te niksen(서서 아무것도 하지 않는다)', 'lopen te niksen(걸으면서 아무것도 하지 않는다)' 그리고 내가 가장 좋아하는 표현인 'liggen te niksen(누워서 아무것도 하지 않는다)'처럼 다양하게 활용할 수 있다.

혹시 오해할까 봐 미리 말해두지만, 넷플릭스에서 좋아하는 드라마를 종일 몰아서 보는 것은 건강한 닉센이 아니다. 오랜 시간 신체를 움직이지 않는 것도 문제지만, 몰아보기는 도파민을 과도하게 분비시켜 뇌의 자연스러운 화학 균형을 무너뜨리기에 장기적으로 스트레스, 불안, 우울감이 더 심해질 수 있다. 사실 나도 〈왕좌의 게임〉을 정주행한 적이 있다. 정말 재밌었다. 하지만 요즘 왜 더 불안하고 우울한지 자문해야 했다. 과로만 문제가 되는 것이 아니다. 우리 뇌가 감당할 수 없는 화면 속 세상에 종일 붙잡혀 있는 것도 큰 문제다.

여기서 중요한 사실은 TV를 볼 때 주로 활성화되는 것은 주의력과 감각 처리를 담당하는 뇌 네트워크이지 디폴트 네트워크가 아니라는 것이다. 자연이나 녹지 공간에서 경험하는 부드러운 매혹과 달리, 몰아보기는 뇌의 집행 네트워크를 자극해 집중과 주의를 요구하는 강한 매혹을 제공한다. TV 드라마는 복잡한 줄거리, 감정적인 장면, 도덕적 딜레마로 가득 차 있다. 이런 요소들은 집행 네트워크의 여러 영역을 동시에 작동시켜야 처리할 수 있다. 중독 연구를 위해 일부 과학자는 쥐에게 코카인과 헤로인을 투여하곤 하는데, 이런 실험에서 대부분의 쥐는 음식보다 약물을 선택한다. 우리가 넷플릭스를 대하는 태도도 이와 다르지 않다.

그러니 어쩌면 잠깐의 여유가 생겼을 때 가장 먼저 마주하게 되는 과제는 TV를 켜거나 틱톡을 여는 충동을 뿌리치는 것일지도 모른다. 하지만 그다음에는 어떻게 해야 할까? 나는 진정한 닉센의 예술을 탐구하기 위해 그야말로 무작정 뛰어들어 틈만 나면 닉센을 실천하기로 했다. 하지만 이 독특한 네덜란드식 휴식 기법의 뿌리와 미묘한 의미를 이해하기 위해 먼저 그 분야의 전문가들을 만나야 했다. 나는 어떻게 그렇게 직설적이고 실용적인 사람들이 바쁨의 유혹을 떨쳐내고, 우리가 지금껏 제한적으로만 이해해온 휴식의 개념을 넘어서는 철학을 발견했는지 알고 싶었다.

"안녕하세요!" 그녀가 밝고 따뜻한 목소리로 외친다.

"올가?"

"네, 제가 올가예요." 그녀가 말한다. "제 책에 관심 가져주셔서 정말 감사합니다."

올가 메킹Olga Mecking은 단언컨대 지구상에서 가장 뛰어난 닉서nikser(닉센을 하는 사람)일 것이다. 그녀는 『생각 끄기 연습』의 저자다. 파란 눈에 밝은 갈색 머리의 그녀는 대부분 사람이 지금도 여전히 찾아 헤매고 있는 삶의 비밀을 이미 찾아낸 것처럼 보였다. 너무나 평온해 보였다.

"닉센은 어떻게 하고 계세요?" 나는 본론부터 꺼냈다.

그녀가 웃는다. "어렸을 때는 정말 닉센을 잘했어요. 나무를 몇 시간이고 바라보곤 했죠. 꽃 하나에 마음이 끌리면 그 꽃만 몇 시간이고 바라봤어요. 공상도 자주 했어요. 사실 지금도 생각에 빠지는 걸 정말 좋아해요."

메킹은 폴란드 바르샤바에서 자라 독일로 이주했고, 마지막으로 네덜란드에 정착했다고 한다. 그녀의 부모는 각각 유전학자와 물리학자로, 매우 성실한 사람들이었으며 WHO와 EU를 지원하는 일도 자주 맡았다. 하지만 그러면서도 그들은 휴식의 중요성을 결코 잊지 않았다. 메킹은 어머니가 강의와 번역 일을 병행하면서도 여전히 '아무것도 하지 않는 시간'을 일부러 마련했다는 이야기를 들려주었다.

"그 모습을 보고 저도 자연스럽게 닉센을 하게 됐어요. 부모님은 성공적인 삶을 사는 사람도 아무것도 하지 않는 시간을 가질 수 있다는 걸 보여줬죠. 닉센은 아이를 키울 때 특히 중요해요. 많은 부모가 아이들에게 '뭐 하고 있어? 그냥 앉아 있지 말고 뭔가 해!' 같은 말을 자주 하잖아요. 그러면 아이들은 늘 바쁘게 움직여야 하고 뭔가를 해야만 한다고 생각하게 돼요. 저는 아이들이 부모가 아무것도 하지 않는 모습을 보는 게 좋다고 생각해요. 그래야 닉센이 자연스럽게 느껴지니까요."

메킹은 작가이자 저널리스트이자 번역가다. 그녀의 하루는 빡빡하고, 세 아이도 돌봐야 한다. 마감일 사이를 오가며 아이들의 숙제와 식사, 잠자리 책 읽어주기 등 밤 일과까지 감당하려면 숨 돌릴 틈조차 없다. 그런데도 그녀는 닉센을 마치 목욕하듯 자연스럽게 한다고 말한다.

"그렇게 가족을 위해 바쁘게 일하면서 어떻게 닉센할 시간을 내세요?" 내가 물었다. "아이를 키우는 사람들은 대개 자기 시간을 가질 틈이 없잖아요."

"마음가짐에 달린 거라고 생각해요. 닉센은 하루에 꼭 30분을 해야 한다는 식으로 하는 게 아니거든요. 그보다는 '사이의 순간들'을 이용하는 거예요. 예를 들면 '그래, 이제 소파에 앉아서 책 좀 읽고 차도 한잔 마셔야지' 하고 생각하는 거죠. 그러고 나서 하던 일을 이어가거나 다른 일을 하면 돼요."

나는 닉센이 생산성에 뭔가 영향을 줬다고 느끼냐고 물었다.

그녀가 미소 지으며 고개를 끄덕였다. "측정해본 건 아니에요. 그냥 몸으로 느껴지는 거예요. 예를 들면 기사를 쓸 때, 어느 순간부터 엉뚱한 말들을 쓰게 되더라고요. 내가 쓴 게 무슨 말인지도 모르겠고, 단어도 안 떠올라요. 그러면 전 알게 되죠. 마감이 코앞일지라도 잠시 멈춰 아무것도 하지 말아야 하는 순간이라는 것을 말이에요."

나는 그녀에게 디폴트 네트워크에 대해 이야기했다. 우리가 아무엇도 하지 않을 때도 뇌가 얼마나 활발히 작동하는지, 러셀 헐버트 교수와 함께했던 마음 방황 실험 경험을 들려줬다. 그 밖에 수많은 연구가 휴식이 창의성과 지능, 신체 건강에 이롭다는 걸 증명해왔다는 이야기도 했다. 그녀는 마치 전기를 처음 접한 네안데르탈인 같은 눈빛으로 나를 쳐다봤다. 아마 네덜란드 사람이라면 누구나 나를 그렇게 보지 않을까 싶다.

"선생님 말씀이 맞아요." 그녀가 단호하게 말했다. "사람들은 몸이 쉬어야 한다는 건 잘 이해하고 당연하게 받아들여요. 하지만 뇌도 마찬가지라는 건 받아들이질 못해요. 이제는 그 인식을 바꿔야 해요."

왜 우리는 장시간 노동을 당연시할까?

메킹과의 대화는 그 후로도 오래도록 내 마음에 남았다. 우리는 과거에는 아무도 문제를 제기하지 않았지만 지금 보면 분명한 사회적 맹점이었던 것들을 잊고 지낼 때가 많다. 주 7일 근무, 하루 16시간 노동, 아동 노동, 아무런 안전장치도 없는 작업장, 안전벨트가 없는 자동차, 석면이 포함된 건축 자재, 병원 내 흡연 같은 것들이 대표적인 예다. 묵과할 수 없는 심각한 문제였음에도 해결되기까지 수십 년이 걸렸고, 문제 해결을 위한 변화가 시도될 때마다 끔찍하고 격렬한 저항이 일어났다.

닉센에 대한 인식도 이와 비슷한 길을 걷고 있다. 내가 '아무것도 하지 않는 것'에 관한 책을 쓰고 있다고 말했을 때, 사람들이 보인 반응은 놀라움과 회의였다. 사람들은 닉센이 중력을 거스르려는 시도처럼 터무니없는 일, 너무 급진적이고 비현실적인 일이라고 생각하는 것 같다. 어떤 이들은 닉센이 단지 사치에 불과하다며 웃어넘기고, 어떤 이들은 마지못해 고개만 끄덕였다. 하지만 내가 의도적인 휴식의 과학적 이점을 설명하면, 저항감이 호기심으로 바뀌었고 때로는 안도감으로 이어지기도 했다. 또 하나의 사회적 맹점이 서서히 드러나고 있다.

에라스뮈스대학교의 사회학 교수 뤼트 베인호번Ruut Veenhoven은 이렇게 말했다. "내게 닉센은 차를 마시며 창밖을 바라보는 거죠. 마음을 비우는 겁니다. 그럴 때 기막힌 아이디어가 떠오르곤 해요."

베인호번은 '세계 행복 데이터베이스World Database of Happiness'를 구축했으며, 행복을 주제로 수백 편의 연구 논문을 발표하고 스무 권이 넘는 책을 직접 쓰거나 공동 집필한 전설적인 학자다. '행복의 교황'이라는 별명을 가진 그는 사회적·문화적 요인이 행복에 어떤 영향을 미치는지 규명한 획기적인 연구를 주도했고, 이 연구는 전 세계 공공 담론에 커다란 영향을 미쳤다. 그의 연구는 실제로 정책에 반영됐고, EU와 UN은 상황이 암울해질 때마다 그에게 조언을 구한다. 그는 누구보다 열정적으로 일하지만, 건강한 사회를 위해 휴식과 닉센이 얼마나 중요한지 잘 알고 있는 사람이다.

"집에 있을 때 주로 닉센을 해요." 그가 말을 이었다. "TV를 끄고 창밖의 초원과 소들을 바라보기도 하고, 고양이를 쓰다듬기도 합니다."

"그런 순간에 일과 관련된 통찰을 얻거나, 뭔가 아이디어가 문득 떠오르나요?" 내가 물었다.

그러자 그는 미소를 지으면서 말했다. "네, 그래요. 화장실에서도 그럴 때가 있어요. 닉센은 정말 흥미로운 과정입니다. 어떤 문제에 대해 거의 생각하지 않을 때조차도 뇌는 여전히 그 문제를 붙들고 있는 거죠."

내가 닉센이 휴식에 더 가까운 개념인지, 아니면 자유에 가까운 것인지 묻자 그는 주저 없이 자유라고 했다. "우리는 시간에 대한 통제력을 가져야 합니다. 활동량이 많을수록 더 많은 통제력이 필요하죠."

그러면서 그는 대부분 사람에게 정말 중요한 것은 자신이 감당할 수 있는 노동의 양을 파악하는 일이며, 네덜란드 사람들은 자신에게 적절한 노동량을 확실하게 알고 있다고 말했다. 실제로 네덜란드에서는 50퍼센트 이상의 근로자들이 파트타임으로 일하며, 이는 다른 선진국에 비해 훨씬 높은 비율이다.

나는 다양한 산업 분야의 노동자들과 나눴던 대화의 내용을 그에게 들려주었고, 개인마다 일에 대해 인내하는 한계가 다르기 때문에 우리는 각자 감당할 수 있는 노동의 수준을 이해하는 데 초점을 맞춰야 한다고 생각한다고 말했다. 그리고 우리의 목표가 가능한 한 많은 사람의 삶의 질과 행복을 높이는 것이라면 노동 시간은 고용주가 아니라 노동자에게 맞춰야 한다고도 말했다.

그는 잠시 생각에 잠기더니 천천히 고개를 끄덕이며 말했다. "그건 분명히 고민해볼 만한 일이에요."

여기서 근본적인 질문 하나가 떠오른다. 사람들은 자유로운 시간을 어느 정도 가질 때 가장 행복해질까? 정확한 수치를 파악하기는 쉽지 않다. 관련 연구가 부족하고, 결과도 제각각이기 때문이다. 2021년에 발표된 케임브리지대학교의 한 연구가 놀라운 사실을 밝혀냈다. 이 연구의 결론은 사람들이 일주일에 하루나 이틀 정도만 파트타임으로 일할 때 가장 행복해한다는 것이었다. 일주일에 3~4일 정도 일할 때 가장 행복해할 것이라는 연구자들의 사전 예측을 빗나가는 결과였다. 하지만 과거를 떠올려보면 이 결과는 오히려 자연스럽게 느껴진다.

"왜 우리는 주 40시간 근무가 정상이라고 생각하는 걸까요?"[1] 연구를 이끈 브렌던 버첼Brendan Burchell 교수는 언론과의 인터뷰에서 이렇게 말했다. "산업혁명 초기에는 사람들이 주당 100시간씩 일했지만, 영국에서는 이미 수십 년 전에 그런 노동 형태가 사라졌습니다."

또 다른 연구에서는 하루에 자유로운 시간이 5시간을 넘어야 사람들은 비로소 비생산적이라는 느낌을 받기 시작한다는 결과가 나왔다.[2] 이는 꽤 긴 시간이다.

결국 이 모든 연구는 우리가 일을 아무리 좋아해도 쉴 때 더 큰 행복을 느낀다는 사실, 사회는 쉬는 시간을 너무 적게 잡는 경향이 있지만 우리는 그보다 훨씬 더 많이 쉬어야 행복해질 수 있다는 사실을 알려준다.

요즘 나는 쉬는 것에 대해 오랫동안 죄책감을 느껴왔던 나 자신에 대해, 내 아버지를 비롯해 열심히 일하지 않는 사람들을 속으로 비난했던 수많은 순간에 대해 생각할 때가 많다. 나는 아무것도 하지 않는다는 것이 무언가 소중한 것을 놓아버리는 일종의 항복이라고 생각해왔다. 하지만 암스테르담 중심가의 분주한 칼퍼르스트라트에서 조용히 벤치에 앉아 있는 지금 이 순간, 나는 확실하게 느낀다. 이것은 항복이 아니라 되찾는 것이다.

아무것도 하지 않는 것은 시간 낭비가 아니다

요르단 지구의 늦은 오후, 나는 생애 처음으로 진정한 닉센을 시도하고자 한다. 아무것도 하지 않는 이 네덜란드식 기술을 직접 실행에 옮기며, 지금 이 순간을 온전히 살아보려 한다. 메킹의 안내에 따라 가장 쉬운 두 가지 방법부터 체험해볼 예정이다.

첫 번째 방법은 사람들을 관찰하는 것이다. 사람들을 관찰하는 행위는 언뜻 단순해 보이지만 사실은 매우 복잡한 신경학적 과정이다. 인간의 뇌는 사회적 단서를 읽고 해석하도록 설계돼 있다. 몸짓, 자세, 표정 등을 읽는 능력은 협력과 유대를 가능하게 한 진화적 특성이다. 우리가 타인을 관찰할 때, 뇌는 감정 처리와 행동 예측에 관여하는 여러 영역을 활성화한다. 사람을 관찰하는 행위는 우리가 타고난 사회적 지능과 공감 능력을 자연스럽게 활성화하는데, 이 두 가지는 인류가 공동체 안에서 살아남는 데 역사적으로 매우 중요한 기술이었다. 반면 TV 드라마는 너무 정형화되고 예측 가능해서 그 정도 수준의 인지 작용을 유도하지 못한다.

   나는 낡은 나무 벤치에 앉아 있다. 내 눈은 사람들 사이를 빠르게 오간다. 세련된 정장을 입은 여성이 가슴에 책을 꼭 안고 있는 모습, 해바라기 꽃다발을 든 남자, 깔깔 웃는 10대들의 무리, 발치에서 종종걸음치는 작은 강아지를 바라보며 천천히 걷는 노인이 보인다.

   사람들의 몸짓, 걸음걸이, 시선을 관찰하다 보면 어떤 사람은 속이 훤히 들여다보이는 수족관처럼 보이고 어떤 사람은 풀기 어려운 수수께끼처럼 보인다. 이 광경을 바라보며 나는 사람을 관찰하는 일이 일종의 명상과도 같다는 사실을 깨달았다. 마음을 점령하던 생각과 걱정을 내려놓는 순간, 우리는 눈앞에서 펼쳐지는 세상에 온전히 몰입하게 된다. 그러면서 겸허해지는 동시에 내가 세상에 뿌리를 내리고 있다고 생각하게 된다. 나는 적어도 일주일에 한 번은 사람을 관찰하는 시간을 가져야겠다고 다짐했다.

두 번째 방법은 카페에 앉아 있는 것이다. 나는 20분 정도 사람들을 관찰한 뒤 벤치에서 일어나 시내 외곽에 있는 한 카페로 향했다(관광객이 적은 곳이라고 들었다). 카페 안 분위기는 독특하고 자유롭다. 천장에는 공 모양의 조명이 장난스럽게 매달려 있고, 분홍빛 네온사인은 부드러우면서도 세련된 빛을 발산한다. 벽마다 현대미술 작품이 걸려 있다. 이곳에서 몇 시간이고 머물 수 있을 것 같다는 생각이 든다.

나는 카페를 매우 좋아한다. 수많은 시간을 카페에서 보냈다. 암스테르담이나 파리 같은 도시에서는 사람들이 카페에서 오후 내내 시간을 보내는 일이 흔하다. 이 도시들의 카페는 마치 또 다른 형태의 거실처럼 보인다. 나에게 카페는 느긋함과 사색이 절묘하게 균형을 이루는 공간이다. 낮게 깔린 대화 소리, 잔이 부딪치는 은은한 소리 그리고 배경으로 흐르는 부드러운 음악에는 마음을 느긋하게 풀어주는 무언가가 있다.

또한 내게 카페는 진지함과 여유가 공존하는 곳이다. 카페에서 나는 삶의 한가운데에 있으면서도, 도서관의 숨 막히는 정적에서 벗어난 채 프로젝트에 깊이 몰입하거나 소설에 흠뻑 빠져들 수 있다. 그 안에는 모든 자유로움이 있다. 그저 존재할 수 있는 자유, 생각을 흘려보내며 주변의 삶을 고요히 받아들일 수 있는 자유 말이다. 카페는 내가 원하는 건 무엇이든 될 수 있다. 작업 공간이 될 수도, 독서 공간이 될 수도, 세상의 흐름을 바라보는 장소가 될 수도 있다.

닉센을 하기 위해 카페에 아주 오래 머무를 필요는 없다(하루에 25분 정도면 충분하다). 닉센을 할 때는 그저 닉센 외에 어떤 것도 하지 않기 때문이다. 책을 읽든 친구와 수다를 떨든 그냥 앉아서 생각에 잠기든, 무엇을 해도 괜찮다. 무엇을 하든 마음을 다하기만 하면 된다. 나는 카페에서 일할 때가 많다. 이상하게도 카페에서는 일이 덜 힘들게 느껴진다. 일에 대한 날카로운 긴장감이 사라지는 것이다. 아마도 부드럽고 안정적인 배경 소리 덕분일 것이다. 실제로 카페 같은 장소에서 접하는 중간 수준의 소음은 창의성과 생산성을 높이는 데 도움이 된다고 한다.[3] 이 현상은 디폴트 네트워크의 작용과 관계가 있는 것이 확실하다. 게다가 카페는 다른 사람들과 함께 있지만 굳이 대화를 나누지 않아도 되는 사회적 공간이다. 따라서 외로움을 덜 느끼면서 나만의 공간감을 유지할 수 있다. 여러모로 카페는 아무것도 하지 않기에 가장 완벽한 장소다.

이런 삶의 방식은 결코 시간 낭비가 아니다. 마음 방황이나 삼림욕이 혁신 능력과 문제 해결 능력 강화로 이어지듯, 닉센 역시 예상치 못한 순간에 우리에게 영감을 주고 마음을 맑게 해준다. 이 책 전반에 걸쳐 나는 우리의 우선순위가 완전히 뒤집혀 있다는 사실을 강조했다. 우리는 일(이메일 쓰기, 회의, 서류 정리)에는 과도하게 가치를 부여하지만, 사유의 순간이 가진 가치는 과소평가한다. 스스로 만들어낸 약속의 미로에 갇혀 그 경계 너머에 있는 아름다움과 통찰을 놓치고 있는 것이다.

사흘간의 닉센 여행을 마친 나는 유로스타를 타고 런던으로 돌아간다. 기차가 시골 풍경을 가르며 달리는 동안, 나는 디폴트 네트워크와 가장 효과적인 휴식 방법에 관한 최신 연구 결과들을 읽는다. 이 연구가 제시하는 다양한 방법 가운데 한 가지에 계속 눈길이 간다. 예전에 시도해본 적은 있지만 깊이 생각해본 적은 없는 방법이다. 나는 논문을 내려놓고 노트를 집어 든 뒤, 그동안 잊고 지냈던 열정을 되살리자는 메모를 휘갈겨 쓴다.

'그들은 우리 곁에 머물기를 선택한 거야.' 리치먼드 공원을 걷던 중 문득 그런 생각이 든다. '그들은 자유롭고, 결국에는 날아올라 저 멀리 떠나갈 거야.'

버드워칭birdwatching(탐조)을 내가 처음 알게 된 것은 코로나19 팬데믹이 한창이던 때였다. 당시 다른 사람들처럼 집 안에 갇혀 일하던 나는 야외 활동을 통해 나 자신에게 위안을 주고 싶었다. 야외에서 새소리를 듣고 그 소리들을 구분하게 되면서 나는 이상하리만큼 평온함을 느꼈다.

망원경을 들고 초점을 맞춘다. 연회색 왜가리가 연못 가장자리에 가만히 서 있다. 키가 크고 늘씬한 몸을 꼼짝도 하지 않은 채 물고기를 기다리는 중이다. 망원경을 조금 움직이자 장미앵무가 눈에 들어온다. 선명한 녹색 깃털과 새빨간 부리가 나무줄기와 뚜렷하게 대비된다. 새들의 삶을 몰래 들여다보는 친밀한 순간이다. 각각의 관찰은 마치 우리 일상 의식 너머에 존재하는 비밀 세계를 하나씩 밝혀내는 듯한 경험이다.

버드워칭은 정신 건강에 매우 긍정적인 영향을 준다. 한 연구에 따르면, 새를 관찰하거나 새소리를 들었을 때 얻는 정신적 행복감은 최대 8시간까지 지속된다.[4] 또 다른 연구는 도시에 사는 새의 종류가 많을수록 사람들의 우울, 불안, 스트레스가 덜하다는 사실을 보여주었다.[5] 주변에 최소 14종의 새가 서식하고 있다는 것만으로도 매달 124유로를 더 버는 것만큼의 만족감을 느낄 수 있다는 연구 결과도 있다.[6] 이보다 더 비용 효율적인 행복 증진 방법이 또 있을까.

버드워칭이 뇌에 좋은 이유는 여러 가지다. 우선 새들은 우리를 바깥으로 이끌어 녹색 공간에 있거나 삼림욕을 할 때 활성화되는 디폴트 네트워크의 뇌 영역을 자극한다. 새들은 아름다운 깃털과 노랫소리로 우리의 시선을 사로잡으며 상상력, 기억, 감정 처리를 담당하는 디폴트 네트워크의 뇌 영역을 활성화한다. 또한 버드워칭은 인내심을 요구하기 때문에 그 순간에 집중하게 하면서 일종의 마음챙김을 가능하게 해준다. 그리고 무엇보다 중요한 점은 우리를 겸손하게 한다는 것이다. 버드워칭이 관점 전환과 자기 성찰을 담당하는 디폴트 네트워크의 영역을 자극하기 때문이다. 새들이 하늘을 자유롭게 가로지르는 모습을 바라보면, 인간 삶의 복잡함에서 벗어난 자연의 균형과 상호연결성을 떠올리게 된다.

탁 트인 자연에 조용히 앉아 새들이 사는 신비로운 세상에 잠겨 있다 보면, 버드워칭이 요즘 젊은 세대에게 왜 인기인지 확실하게 알 수 있다. 버드워칭에는 미니멀리즘의 철학, 반물질주의 철학이 담겨 있다. 버드워칭은 삶의 분주함에 맞서는 조용한 반란이자 세상을 가장 순수한 형태로 경험하는 방식이다. 이곳은 일상의 소란에서 비켜난 비밀 쉼터다. 상사의 썰렁한 농담도, 돈에 대한 끝없는 걱정도 잦아든 이곳에서 디폴트 네트워크는 본래의 리듬을 되찾고 내면을 평화롭게 한다.

망원경을 위로 올려 하늘을 본다. 갑자기 전율이 몰려온다. 적갈색 몸통에 깊이 갈라진 꼬리를 지닌 붉은 솔개가 머리 위를 유유히 날아간다. 회백색 날개가 하늘에 완만한 V자를 그린다.

'생산성 죄책감'이라는 현대병

닉센은 생각보다 쉽지 않다. 메킹을 만나기 전날, 공원에서 아무 목적 없이 빈둥거리며 처음 시도해봤을 때 나는 겨우 20분을 버텼다. 그쯤 되자 죄책감이 밀려들었다. 다른 사람들이 바쁘게 지내는 동안 나만 한가하다는 사실이 마음을 짓눌렀다. 죄책감은 대단히 강력한 감정이며, 있어야 할 자리가 아닌 곳에서 불쑥 고개를 들곤 한다. 우리는 경계를 세운 것에 죄책감을 느끼고, 트라우마를 견디며 살아남은 사실에도 죄책감을 느낀다. 심지어 품어서는 안 된다고 믿는 욕망을 품었다는 이유만으로도 마음이 무거워진다. 윤리적이거나 도덕적인 선을 넘은 것도 아닌데 말이다. 우리는 어릴 때부터 '해야 할 일'과 '하지 말아야 할 일'로 구성되는 미로 속을 항해하는 법을 배우며 자란다. 그 미로 안에서 죄책감은 일종의 나침반처럼 우리를 사회가 용인하는 방향으로 몰아간다.

내가 느낀 이 죄책감의 정체는 '생산성 죄책감'이다. 이는 우리가 자신의 가치와 존재 의미를 업무 성과에 잘못 연결 지을 때 생긴다. 많은 문화권에서 항상 바빠야 한다는 생각은 정적인 상태를 게으름과 동일시하게 했다. 이 틀을 깨기는 결코 쉽지 않다. 안타깝게도 우리는 휴식이나 여가를 '충분히 일한 뒤에야 누릴 수 있는 보상'이라고 여길 때 더 큰 만족을 느낀다. 닉센에 대한 거부감도 그만큼 깊이 뿌리박혀 있다. 따라서 많은 사람은 무언가 대가를 치러야만 자신에게 비로소 쉴 자격이 생긴다고 느낀다.

"저도 가끔 죄책감을 느껴요." 내가 닉센을 시도하다 실패했던 이야기를 들려주자 메킹이 말했다. "집안일을 더 해야 할 것 같고, 아이들과도 더 많은 시간을 보내야 한다는 생각이 들거든요. 이런 생각이 드는 건 매우 인간적인 반응이에요. 우리는 어디에든 소속되고 싶어 하니까요. 남들이 바쁘게 움직이는 모습을 보면, 나만 배제된 것 같고 무리에서 밀려난 것 같은 기분이 들죠."

죄책감의 신경과학은 놀라울 정도로 흥미롭다. 다른 복합적인 감정들과 마찬가지로 죄책감 역시 편도체, 전측 섬엽anterior insula, 전두엽과 측두엽을 포함한 여러 뇌 영역의 네트워크와 관련된다. 우리가 죄책감을 느낄 때 이들 영역의 활동이 증가하고, 그 안의 뉴런들이 서로 신호를 주고받으며 '무엇을 했는지 또는 하지 않았는지'에 대해 소통하기 시작한다. 죄책감이 아주 강해지면 전전두엽과 전측 대상피질처럼 의사 결정에 관여하는 다른 뇌 부위들도 이 신경 대화에 합류해 사과하거나, 잘못을 바로잡거나, 다시는 같은 행동을 하지 않겠다고 다짐하는 방식으로 대처하게 한다.

건강한 사회라면 이런 메커니즘은 전혀 문제가 되지 않는다. 죄책감은 사회적 결속, 도덕적 사고, 연민, 공감, 이타성을 가능하게 하는 감정이기 때문이다. 하지만 지금까지 살펴봤듯이, 우리는 건강한 사회에 살고 있지 않다. 현재 우리는 과도한 업무와 비현실적인 기대가 만연한 사회에 살고 있다. 이 때문에 사람들은 죄책감을 느끼지 않아도 되는 상황에서 죄책감에 시달릴 때가 많다. 심리학자들은 이를 '과도하게 일반화된 죄책감overgeneralized guilt'이라고 부르는데 충분히 노력하지 않는다는 느낌, 충분히 기여하지 못하고 있다는 느낌 또는 너무 많이 쉬거나 게으르다는 느낌으로 흔히 나타난다. 이런 느낌을 없애기 위해 우리는 자신을 더욱 몰아붙이고, 더 많은 책임을 떠안거나 아예 휴식을 피하기도 한다. 그렇게 하면서 우리는 자신과 타인에게 자신의 가치와 쓸모를 증명하려 한다. 하지만 이는 우리를 정신적 탈진과 번아웃으로 이끌고, 결국 우울과 더 깊은 죄책감에 빠지게 하며, 파괴적인 악순환을 반복하게 한다.

여기서 기억해야 할 중요한 사실은 생산성 죄책감(사실상 모든 죄책감)은 타고나는 것이 아니라 사회적으로 구축된 감정이라는 점이다. 이는 죄책감이 우리에게 도움이 될 때만 우리가 죄책감을 받아들여도 된다는 뜻이다. 고대 철학자들은 '망각의 기술'이 성장과 진보를 위한 필수적인 기술이라고 주장했다. 그들은 모든 기억, 학습된 행동, 사회적 관념을 끝까지 붙잡고 있는 일이 통찰을 주기보다는 오히려 자신을 구속할 수 있다는 사실을 알고 있었다.

그러니 이제 우리도 죄책감을 내려놓자. 과감하게 외면해도 괜찮다. 시간이 지나면 죄책감은 실제로 희미해진다. 우리 뇌는 'use it or lose it(사용하지 않으면 사라진다)'라는 원리에 따라 작동하기 때문이다. 특정 생각이나 감정과 연결된 신경 회로가 충분히 활성화되지 않으면 그 연결은 점차 약해지고, 그 자리에 더 긍정적인 신경 회로를 만들 수 있는 에너지가 생긴다. 이 원리는 1949년에 캐나다의 탁월한 학자 도널드 헵Donald Hebb이 발견했다.

생산성 전문가이자 작가인 크리스 베일리Chris Bailey는 "죄책감은 많은 걸 알려주는 감정입니다. 죄책감은 우리가 자신의 가치나 타인의 기대와 어긋난 삶을 살고 있다는 신호입니다"라고 말했다. 그는 주 20시간 근무, 장기 은둔 생활, 스마트폰 사용을 하루 1시간으로 제한하기 등 다양한 실험을 자신에게 해온 사람이다. "어쩌면 우리 사회의 가치관과 기대 자체가 잘못된 것일 수도 있어요. 우리 모두에겐 휴식이 필요하니까요. 아이러니하게도, 제대로 쉬지 않으면 오히려 생산성이 훨씬 더 떨어지죠."

베일리는 죄책감이 단순히 무언가를 너무 많이 했거나 너무 적게 했다는 느낌을 넘어 다양한 방식으로 나타날 수 있으며, 그 본질은 근본적으로 긴장이라고 설명했다. 과거와의 긴장은 죄책감이 되어 놓친 기회를 반추하게 한다. 현재와의 긴장은 의심이 되어 내가 충분히 노력하고 있는지 자문하게 한다. 미래와의 긴장은 걱정이 되어 내가 혹시 기대에 못 미칠까 불안하게 한다. "죄책감은 단지 하나의 이야기에 불과해요. 결국 '우리는 절대 쉬면 안 되고, 언제나 나아가야만 한다'라는 식의 이야기죠. 하지만 죄책감이라는 실마리를 하나하나 풀어보면 실체가 없다는 걸 알게 되죠. 죄책감은 아무것도 아닌 것들로 엉켜 있는 매듭일 뿐이에요."

나는 베일리에게 휴식에 대해 느끼는 죄책감을 털어놓았다. 학교에 다닐 때 나는 이란식 성 때문에 심하게 괴롭힘을 당했고, 그러다 보니 학업에 흥미를 잃었다. 대학에 들어가서야 뒤늦게 공부에 매진하기 시작했는데, 마치 잃어버린 시간을 보상하려는 듯 쉬지 않고 파고들었다. 그때부터 쉼 없이 일하는 습관을 유지했고, 그것은 마치 상처 입은 과거를 갚아나가는 행위 같았다. 하지만 그로 인해 나는 늘 지쳐 있었고, 불안했고, 휴식에 대해 끊임없는 죄책감을 느꼈다. 일에 대한 나의 태도는 시계추처럼 극단을 오갔다. 중·고등학교 시절에는 무기력했고, 대학과 대학원 시절에는 극도로 몰두했으며, 지금 이처럼 휴식에 집중하고 있는 시점에 이르러서도 그 균형점을 아직 완전히 찾지 못했다.

베일리는 이런 감정이 단지 과거의 기대치 때문만은 아니라고 말했다. 오히려 생산성에 대한 잘못된 이해에서 비롯된 것이라고 했다. 그는 오늘날 우리가 집중해야 할 것은 '몇 시간을 일했는가'가 아니라 '하루 동안 무엇을 성취했는가'라고 강조했다. "종일 바쁘게 움직이면서도 의미 있는 일을 전혀 이루지 못하는 사람이 있는가 하면, 종일 뭔가를 해내면서도 겉으로는 전혀 바빠 보이지 않는 사람도 있어요."

그는 진정한 생산성과 그 동반자인 닉센의 핵심은 하루에 세 가지 '의도'를 정하는 것이라고 했다. 다만 세 가지 일을 정하되, 그것들을 제대로 해내는 것이다. 물론 모든 사람이 세 가지 일로 한정할 수 있는 건 아니다. 직업적 요구나 개인적 책임 때문에 더 많은 일을 떠안아야 하는 사람도 많다. 하지만 핵심 철학은 같다. 몇 가지 중요한 일에 집중하고, 나머지는 과감히 내려놓는 것이다. 이 방식은 우리가 스스로의 생산성을 재구성하고, 정신 건강을 조절하며, 닉센이 제공하는 소중한 평온의 순간을 되찾을 수 있도록 돕는다.

내가 "휴식을 위한 운동, 아무것도 하지 않기 위한 운동, 디폴트 네트워크를 활성화해 과로의 폭정에서 마음을 해방하기 위한 캠페인을 시작하고 싶어요"라고 말하자 그가 주저 없이 대답했다. "반드시 시작해야 해요."

잘 쉴수록 잘 일하게 된다

닉센이 단지 즐겁기만 한 활동은 아니다. 때로는 꽤 지루하게 느껴지기도 한다. 우리는 지루함을 불편하고 쓸모없는 상태로 여기며 애써 피하려 하지만, 사실 지루함은 여전히 가장 오해받고 부당하게 폄하되는 정신 상태 중 하나다.

19세기 후반 연구자들이 처음 지루함에 대해 연구하기 시작했을 때, 그것은 바람직하지는 않지만 정상적인 상태로 여겨졌다. 어떤 학자들은 지루함이 '지금 당장 무언가를 해야 한다'라는 뇌의 신호라고 해석했고 또 어떤 이들은 좌절의 형태, 심지어 우울증의 전조로 봤다. 이 모든 해석에는 지루함을 일종의 '결핍'으로 봤다는 공통점이 있다. 지루함이란 톨스토이가 『안나 카레니나』에서 묘사한 것처럼 '욕망을 갈망하는 상태'를 떠올리게 했다.[7] 하지만 과학자들은 지루함의 본질을 완전히 잘못 이해하고 있었다.

지루함은 때로는 정신적 촉매제가 될 수 있다. 예를 들어 사람들에게 전화번호부에서 숫자를 베껴 쓰는 지루한 과제를 15분간 시킨 뒤 창의적 사고를 요구하는 작업을 맡기면, 오히려 더 창의적인 결과를 보여준다.[8] 정신과 의사 애나 렘키Anna Lembke 교수는 이렇게 말했다. "지루함은 단지 따분한 상태가 아니에요. 발견과 발명의 기회를 제공하기도 하죠. 지루함은 새로운 생각이 떠오를 수 있는 여백을 만들어줍니다. 그 여백이 없다면 우리는 주변 자극에 끝없이 반응만 할 뿐 자기 삶을 온전히 살아갈 수 없게 됩니다."[9]

지루함을 느낄 때 우리 뇌에서는 타인에 대한 사고와 도덕적 판단을 관장하는 측두두정 접합부가 활성화된다. 2018년, 킹스 칼리지 런던과 아일랜드 리머릭대학교의 연구자들은 바로 이 메커니즘이 우리를 더 이타적으로 만든다는 연구 결과를 발표했다.[10]

먼저 연구자들은 학생들에게 색깔 공을 뽑을 확률을 추측하는 단순한 과제를 제시해 지루함을 느끼게 했다. 대조군 학생들은 이 과제를 수행하지 않았다. 이후 모든 학생에게 잠비아의 교육을 지원하는 한 자선 프로그램에 대해 설명한 뒤, 이 활동에 얼마나 기부할 의향이 있는지 물었다. 결과는 놀라웠다. 지루함을 느낀 학생들이 그렇지 않은 학생들보다 더 기꺼이 돈을 기부하려 했던 것이다. 게다가 학생들은 지루함을 많이 느낄수록 삶이 무의미하다는 느낌을 더 많이 받았으며, 이 느낌은 기부 의사 증가와 연결됐다. 특히 자신의 도움이 의미 있다고 여겨질 때 그 경향이 두드러졌다. 다시 말해 이 연구는 사람들이 지루함을 느낄 때 무언가 의미 있는 일을 찾게 되며, 특히 효과적인 방식으로 타인을 돕는 일이 그 욕구를 충족시킬 수 있음을 시사한다.

그렇다면 우리는 언제 닉센을 해야 할까? 그 답은 당연히 각자의 상황에 따라 달라질 것이다. 직업, 가족, 맡은 일 그리고 전체적인 에너지 수준에 따라 다르다. 하지만 하나의 유용한 기준은 하루 전반에 닉센을 흩뿌리듯 배치하는 것이다. 가능하다면 한 번에 10~20분씩 시간을 내보자. 단 5분이라도 컴퓨터 앞을 떠나는 것도 좋은 방법이다. 그렇게 하다 보면 닉센이 하나의 습관이 되고, '아무것도 하지 않기'를 위한 정교한 정신적 구조가 형성된다. 도널드 헵의 '사용하지 않으면 사라진다'라는 뇌과학 원리가 그 마법을 실현해줄 것이다.

혹시 당신의 상사가 까다롭고 닉센이 현실적으로 불가능해 보인다면, '일하는 척하기'를 시도해도 된다. 직관에 반하는 말처럼 들릴 수도 있지만, 장기적인 생산성을 위해 가장 효과적인 것이 바로 '일하는 척하기'일 수 있다. 실제로 2024년, 미국 웰스파고 은행의 직원 10여 명은 휴식이 너무 절실했던 나머지 키보드 앞에 앉아 있는 척을 했다.[11] 물론 부당하게 해고됐지만, 그들은 다른 길을 찾아 나섰다.

이 이야기를 무시하기 전에 현대 직장의 끝없는 요구를 떠올려 보자. 우리는 직장에 있는 내내 책상에 묶여 있으며 이메일, 회의, 마감의 무한 순환에 사로잡혀 있다. '일하는 척하기', 즉 '전략적 유휴strategic idling'는 게으름 피우기나 속임수가 아니다. 오히려 우리 뇌의 디폴트 네트워크가 간절히 요구하는 활동을 의도적으로 허락하는 행위다. 지금까지 살펴본 모든 이유를 떠올려보자. 창의력, 문제 해결 능력, 지성, 정서적 안정, 신체 건강 그리고 궁극적으로는 생존을 위해서 말이다. 본질적으로, 닉센은 자기 보존을 위한 실천이다.

더 큰 규모의 휴식은 더욱 중요하다. 많은 과학자는 업무 관련 질환을 예방하고 정신 건강을 개선하며 수명을 늘리는 가장 효과적인 방법이 정기적으로(그리고 충분히 길게) 휴가를 떠나는 것이라고 말한다. 여기서 '정기적'이라는 말은 최소한 연 3회 이상을 의미한다. 휴가를 자주 가면 혈압, 심박수, 코르티솔 수치, 우울 증상이 줄어들고 휴가 기간 중은 물론 그 이후에도 수면의 질이 개선된다.

이는 특히 '휴가 후 페이드아웃 효과post-vacation fade-out effect'라고 불리는 현상을 고려할 때 더욱 중요하다. 이 현상은 휴가의 긍정적 효과가 사라지기 시작하는 것을 뜻하며 길게는 몇 주, 짧게는 고작 사흘이 될 수도 있다. 이처럼 빠르게 사라지는 효과를 고려해서 현실적인 기준으로 최소한 연 3회를 권장한 것이다. 하지만 정신적·신체적 건강을 최적화하려면 이상적인 횟수는 연 5~6회다. 꿈같은 이야기라고 말하는 사람도 있을 것이다. 하지만 우리의 행복이 단지 꿈에 그칠 만큼 하찮은 것일까?

휴가 기간은 최소 2주 이상, 이상적으로는 한 달 또는 그 이상이 되어야 한다. 휴가가 길수록 번아웃이 줄어들기 때문이다. 이는 놀라운 일이 아니다. 예를 들어 안식년 휴가처럼 몇 개월에서 1년에 이르는 장기 휴식은 개인적·직업적으로 큰 성장을 이끌고, 삶의 목적의식을 되살리며 번아웃과 스트레스를 줄여준다. 그럼에도 많은 사람은 연차를 사용할 때 선택의 기로에 놓인다. 휴가 일수를 모아 긴 여행을 한 번 가거나, 아니면 긴 주말을 여러 번 만들어 하루하루를 최대한 활용하려 한다. 긴 주말도 좋은 시작이지만, 진정한 목표는 여러 차례의 긴 휴가여야 한다. 물론 안다. 영국, 미국, 유럽 등에서 정규직으로 일하는 대부분 사람은 1년에 2주짜리 휴가조차 겨우 한 번 쓰는 게 현실이다. 하지만 이런 제도는 과학적 근거가 전혀 없으며, 이제는 바뀌어야 한다.

휴가 이후 휴가의 효과가 서서히 사라지는 페이드아웃 효과는 이미 잘 알려져 있다. 휴가가 길수록 긍정적인 효과가 오래 지속되며, 일상으로 복귀하기도 더 쉬워진다. 예를 들어 2주간의 휴가는 복귀 후 최대 한 달 동안 건강 증진 효과를 낼 수 있고, 한 달 동안의 휴가는 그 효과가 수개월간 이어지게 할 수 있다. 이는 단지 휴가에 들인 시간과 비용에 대한 보상을 극대화하는 데 그치지 않고, 휴식 후 몇 주 만에 다시 바닥을 치는 상황을 방지해준다. 중요한 것은 삶 속에 회복의 시기를 자연스럽게 짜 넣는 일이다. 그래야만 우리는 끊임없이 웰빙을 따라잡으려 애쓰는 삶이 아니라 쉼의 혜택을 지속적으로 누리는 삶을 살 수 있다.

・・・

메킹과의 대화가 끝나갈 무렵, 그녀가 잠시 생각에 잠긴 얼굴로 말을 꺼냈다.

"요즘 우리는 '그냥' 하는 일이 없어졌어요. 단순히 좋아서 걷는 일도 이젠 1만 보를 채우기 위한 일이 됐죠. 예전엔 그냥 좋아서 하던 취미도 이제는 수익화해야만 한다고 생각하게 됐어요. 이제 우리가 하는 모든 일엔 반드시 어떤 '결과'가 있어야 해요."

나는 고개를 갸웃하며 그녀의 말을 계속 들었다.

"우리는 정말 중요한 무언가를 잃어버렸어요." 그녀는 바닥을 바라보며 한숨처럼 덧붙였다. "놀이하는 마음을 잃어버린 거예요."

나는 그 말의 의미를 곱씹었다. "그걸 되찾으려면 어떻게 해야 할까요? 닉센을 사회 전체가 받아들이게 하려면 어떻게 해야 할까요?"

그녀는 미소를 지으며 반짝이는 눈으로 말했다. "우리가 알아야 할 것은 휴식이 우리가 물려받은 유산이라는 사실이에요. 인간은 일을 하도록 설계된 존재이지만 휴식을 위해서, 아무것도 하지 않기 위해서 설계된 존재이기도 해요. 그러니 기억하세요. 우리는 그렇게 살아도 된다는 걸. 아니, 반드시 그렇게 살아야 해요."

내게 그 말은 우리가 물려받은 노동 문화를 '잊는 것'을 의미했다. 알고 보니 과학은 '잊는 것'의 목적에 대해 할 말이 아주 많았다.

1885년, 젊은 독일 학자 헤르만 에빙하우스Hermann Ebbinghaus는 오소리털처럼 빽빽한 수염과 핀스네 안경을 쓴 채로, 인간이 어떻게 망각하는지 밝혀내기 위한 탐구에 나섰다. 그는 매일 'wid', 'zof' 같은 무의미한 음절을 암기한 뒤 일정 간격으로 그것들을 자신이 얼마나 기억하는지 측정했다. 그는 기억이 처음에는 급격하게 그 후로는 점차 느리게 사라진다는 사실을 밝혔고, 이것을 '망각 곡선 forgetting curve'이라고 불렀다. 에빙하우스는 망각이 결핍이나 결함이 아니라 오히려 과거의 상처나 신념을 내려놓게 해주는 본질적인 수단이라고 봤다. 그는 이 정신적 정화가 우리가 낡은 시대의 속박에서 벗어나 새로운 삶을 살아갈 수 있게 해준다고 믿었다. 잊는다는 것은 잃는 것이 아니라 삶을 바꿀 기회를 얻는 것이다.

그러니 우리 뇌가 불필요한 기억을 자연스럽게 제거하듯, 우리 역시 삶에 에빙하우스의 '망각 곡선'을 적용해야 한다. 끊임없는 소유 욕구와 지위에 대한 집착, 항상 생산적이어야 한다는 강박, 바쁨이 곧 성공이라는 낡은 관념… 이 모든 것은 이제 사라져야 한다. 내가 지금까지의 모든 연구와 탐구를 통해 얻은 가장 근본적인 깨달음이 바로 이것이다. 휴식과 닉센 그리고 활기찬 디폴트 네트워크의 핵심에는 이 깨달음이 자리한다. 그 깨달음은 늘 우리 안에 있었다.

당신의 뇌를 구하는 휴식의 기술 9
일상에서 닉센을 실천하는 법

- 매일 '그냥 존재하는 시간'을 따로 떼어두자. 내가 가장 적극적으로 추천하는 방법은 의자에 앉아 창밖을 바라보는 것이다. 이처럼 어떤 구체적인 행동에 집중하지 않게 되면 뇌는 디폴트 네트워크가 활성화되기에 완벽한 상태로 들어간다.
- 충분히 닉센을 했다고 느껴지면, 닉센을 간단하고 반자동적인 활동과 결합해보자. 예를 들어 뜨개질 같은 활동은 뇌를 과도하게 자극하지 않으면서도 가볍게 집중하게 해준다. 뜨개질이 맞지 않는다면 다른 반자동 활동을 찾아보자. 그림 그리기, 퍼즐 맞추기, 색깔별로 물건 정리하기, 가계도 만들기, 해변에서 돌이나 조개껍데기 줍기, 별 보기, 종이 접고 다시 펴기, 병에서 라벨 떼기, 뽁뽁이 터뜨리기 등 다양하다. 정답은 없다. 나에게 가장 잘 맞는 휴식의 형태를 찾는 것이 중요하다.
- '블랙 마커 테스트'를 시도해보자. 이번 주에 해야 할 일들을 모두 적은 다음, 검은색 마커로 미뤄도 되거나 아예 취소해도 되는 항목에 줄을 그어 지워보자. 생각보다 얼마나 많은

시간이 불필요한 일정들로 채워져 있는지 알게 돼 깜짝 놀랄 것이다.

- '아무것도 하지 않기'가 주는 초반의 불편함을 참고 견뎌내면서 시간을 조금씩 늘려보자. 일주일 중 며칠은 어떤 할 일도 약속도 없는 날로 만들어보자. 과감하게 게을러지자. 조용하지만 엄청난 변화가 일어날 것이고, 결국 당신의 뇌는 그 변화에 깊이 감사하게 될 것이다.

| 나오며 | **휴식하는 삶** |

"침묵이 얼마나 더 좋은가. 커피잔과 테이블이 함께라면."
– 버지니아 울프 Virginia Woolf

휴식하는 뇌는 매우 강력한 존재다. 휴식이 가장 깊고 충만한 상태에 이를 때 뇌는 꿈과 아이디어를 만들어내고, 창의력과 문제 해결 능력을 발휘하며, 일과 책임을 내려놓을 수 있는 피난처이자 치유와 회복의 안식처가 되고, 무한한 가능성을 가진 다양한 생각을 펼쳐놓는다. 무엇보다도 휴식하는 뇌는 장기적인 생산성과 행복감을 확실하게 높여준다.

이제 우리는 이 모든 것이 최근 과학계에서 본격적으로 조명받기 시작한 뇌의 디폴트 네트워크 덕분이라는 사실을 알고 있다. 우리가 일에 집중하지 않을 때, 즉 아무것도 하지 않는 것으로 보일 때 뇌의 특정 영역들이 더 활발하게 작동한다는 사실은 매우 놀라운 발견이었다. 하지만 그보다 더 놀라운 발견은 휴식이 단순히 일의 중단이 아니라 인지기능 향상과 뇌 건강 증진에 기여하는 활발하고 능동적인 과정이자 필수적인 과정이며, 일에 몰두하는 상태가 아니라 휴식 상태에서 디폴트 네트워크가 창의적이고 전략적인 생각을 떠올리게 한다는 사실이었다. 휴식은 더 이상 추상적이고 막연한 개념이 아니다. 이제 휴식은 뇌의 자연스러운 작동 과정에 관한 구체적인 과학 연구에 기반한 개념으로 자리를 잡았다.

하지만 모든 혁명적인 과학 이론, 특히 기존 질서에 도전하고 노동 착취가 사라지게 할 잠재력을 지닌 과학 이론은 저항에 직면하기 마련이다. 바쁨과 성공을 동일시하는 사회에서 휴식이 유익하다는 생각은 단순히 직관에 반하는 수준을 넘어 노동자의 웰빙보다 끊임없는 활동을 우선시해온 오랜 경제 모델과 정면으로 충돌한다. 디폴트 네트워크와 그 네트워크가 활성화되는 휴식 상태를 인정한다는 것은 일에 대한 뿌리 깊은 믿음을 다시 들여다보는 일이기 때문이다. 또한 이 사실을 인정한다는 것은 끊임없는 노동을 강요하는 문화에서 뇌가 균형을 필요로 한다는 사실을 중시하고, 정신 건강의 가치를 인식하며, 휴식이 사람들의 전반적인 성과와 창의성에 어떤 영향을 미치는지 이해하는 문화로의 전환을 뜻한다. 이런 생각은 확산되면서 회의와 반발에 부딪히겠지만, 과학이 이를 분명히 뒷받침한다. 휴식과 디폴트 네트워크의 역할을 받아들이는 것은 더 건강하고 창의적이며 지속 가능한 일과 삶을 위한 필수 조건이다.

이 책을 뇌 건강을 위한 선언문으로 생각해도 좋다. 우리가 아무것도 하지 않는 시간을 기꺼이 받아들일 때, 뇌는 디폴트 네트워크를 활성화해 삶의 진정한 목적이자 가장 중요한 목적(행복과 경이로움을 향한 탐색)에 다가가게 된다. 카자흐스탄의 카인디 호수를 둘러싼 숲에 경탄하고, 애리조나의 앤털로프협곡이 지닌 비현실적인 아름다움에 넋을 잃고, 친구의 웃음과 여름밤 풀 냄새 속에서 기쁨을 느끼는 순간들이야말로 우리 삶을 진정으로 풍요롭게 해준다. 영국의 작가이자 언론인인 올리버 버크먼Oliver Burkeman은 이렇게 말했다.

"세상은 경이로움으로 가득 차 있지만, 우리가 그토록 바쁘게 무언가를 하는 궁극적인 이유가 바로 그 경이로움을 더 많이 경험하기 위한 것일 수 있다는 가능성을 고려하는 생산성 전문가는 드물다."[1]

가까운 미래에 정부와 개인이 휴식과 디폴트 네트워크의 중요성을 완전히 인식하든 그렇지 않든, 과학은 계속 진보할 것이고 휴식 중인 뇌의 신비를 점점 더 많이 밝혀낼 것이다. 이 혁신적인 연구는 오랫동안 풀리지 않았던 질문들에 답할 준비가 돼 있다. 예를 들어 이런 질문들이다.

휴식은 장기적으로 디폴트 네트워크와 뇌 건강에 어떤 영향을 미칠까? 왜 특정한 형태의 휴식은 디폴트 네트워크를 더 효과적으로 활성화하고 정신 건강을 개선하는 데 더 뛰어날까? 디폴트 네트워크는 사람마다 그리고 생애 주기마다 어떻게 다르게 작동하며, 이것이 맞춤형 뇌 건강 관리와 생산성 전략에 어떤 의미를 가질까?

장기적인 휴식이 인류 역사상 거의 존재하지 않았고, 전 세계적으로 정신 건강 문제가 증가하고 있으며, 사람마다 필요한 휴식의 양이 다르고 그 양이 나이에 따라 다르다는 점을 고려할 때 이런 질문들에 대한 해답은 어느 때보다 절실하다.

휴식의 과학과 그것이 왜 중요한지에 대해서는 여전히 밝혀져야 할 부분이 많지만, 2001년에 디폴트 네트워크가 발견된 이후 우리는 매우 중요한 통찰을 얻게 됐다. 다음은 우리가 실천해야 할 핵심적인 행동들이다.

너무 열심히 일하지 말자

제목에서 '너무'라는 말을 뺄까도 생각했지만 그러면 안 될 것 같다. 아무리 일 문화가 크게 바뀐다고 해도 여전히 우리는 열심히 일할 것이기 때문이다. 일과 단기 생산성에 대한 우리의 집착이 오히려 역효과를 낼 뿐만 아니라 신체적·정신적으로도 위험하다는 사실은 결코 부정할 수 없다. 끊임없이 자신을 밀어붙이는 것은 번아웃, 불안, 우울증, 각종 질병 그리고 조기 사망으로 이어지기 때문이다.

이는 앞서 살펴본 것처럼 뇌가 두 가지 주요 네트워크, 즉 집행 네트워크(일의 네트워크)와 디폴트 네트워크(휴식의 네트워크)를 기반으로 작동하기 때문이다. 집행 네트워크는 지나친 업무로 끊임없이 혹사당하지만, 디폴트 네트워크는 우리가 최고의 성과를 내는 데 필수적인 사고 능력을 강화한다.

휴식을 취하는 것은 게으른 행동이 아니라 뇌의 디폴트 네트워크가 정보를 정리하고 재충전한 뒤 더 높은 성과를 낼 수 있도록 돕는 과정이다. 그러니 한 걸음 물러서서 깊이 호흡하며 쉴 수 있는 시간을 더 많이 가지자. 어떤 일을 잘 해내기 위해서는 아무것도 하지 않는 능력 또한 갖춰야 한다는 사실을 잊지 말자.

이 책을 쓰면서 받은 영감 덕분에 나는 일과 삶의 균형에 큰 변화를 줄 수 있었다. 요즘 나는 하루에 4시간에서 6시간 정도 집중해서 일하고, 필요할 때마다 주저 없이 휴식을 취한다. 나는 매일 목표를 설정하고 달성하면서도 틈틈이 창밖을 멍하니 바라보고, 자연에서 긴 산책을 하고, 오후에 낮잠을 자고, 아무것도 하지 않는 시간을 일과에 끼워 넣는다.

마음이 방황하도록 놔두자

마음 방황 실험을 시작한 지 몇 주가 지난 어느 날, 러셀 헐버트 교수와 그의 연구팀이 흥미로운 이메일을 보내왔다. 그들은 내가 어떤 유형의 마음 방황을 하는 사람인지 비공식적으로 분석해 봤다고 했다. 놀랍게도 그들은 나를 '내면을 보는 사람'으로 분석했는데, 내가 특히 '단어'를 시각화하는 경향이 강하다고 했다. 생각해보니 내 마음은 단어를 시각적으로 생생하게 떠올리는 방식으로 자주 떠돌았고, 이는 마치 머릿속에서 한 권의 책을 읽는 듯한 사고 흐름이었다. 그들은 나를 '상징화되지 않는 사고를 가끔 하는 사람'이라고도 묘사했다. 때때로 나의 생각이 구체적인 단어나 이미지가 수반되지 않는 추상적인 형태로 이뤄진다는 뜻이다. 또한 그들은 나에게 '다양한 감각 양식에서의 풍부한 감각 인식'이 있다고도 했다. 이는 내 마음 방황이 다양한 감각을 아우르며, 여러 감각을 동시에 활성화해 생생하고 다채로운 내면세계를 형성한다는 의미다.

이 분석 결과는 나 한 사람의 고유한 인지 지형을 드러낼 뿐이다. 사람들이 경험할 수 있는 마음 방황의 세계는 무궁무진하다. 당신의 경험과 사고 패턴은 나와는 놀라울 만큼 다른 방식으로 형성돼 있을 것이다. 디폴트 네트워크 덕분에 그 차이는 향상된 창의성과 문제 해결 능력으로 이어지는 통로가 된다. 이는 집중하고 일에 몰두하는 사고 상태에서는 접근할 수 없는 능력들이다. 그러니 가능한 한 자주 마음이 방황하게 해야 한다. 산책을 하거나 조용한 방에서 쉬거나 그저 앉아서 주변을 바라보는 것만으로도 충분하다. 그러면 당신의 마음이 드러내는 놀라운 세계에 경탄하게 될 것이다.

요즘 들어 나는 종일 짧은 순간순간에 마음이 방황하는 걸 자주 느낀다. 특히 책상에 앉아 일을 하려고 할 때 그렇다. 예전의 나는 이런 순간을 포착하면 바로 정신을 다시 집중하려 애썼지만, 이제는 그냥 힘을 빼고 마음이 가고자 하는 곳으로 흘러가게 둔다. 그렇게 나는 잠깐의 공상 속으로 들어가 어디든 마음이 이끄는 곳으로 떠난다.

삼림욕을 하자

칭리 박사는 경력 대부분을 삼림욕이 건강에 미치는 엄청난 영향을 강조하고 그 효능을 알리는 데 할애해온 사람이다. 그의 지도로 수많은 사람이 의료 전문가들조차 설명할 수 없는 방식으로 몸과 마음을 회복했다. 수술을 받은 환자들은 삼림욕을 통해 더 빠르게 회복했고 통증도 덜 느꼈으며, 직장인들은 자연살해 세포 활성도가 높아지고 면역력이 강화됐다. 사무직 근로자들은 스트레스가 줄고 기분이 나아졌다고 보고했고, 일본의 숲을 찾은 수많은 이들이 불안감이 줄고 정신이 맑아졌다고 말했다.

삼림욕이 이렇게 놀라운 효과를 발휘하는 이유는 아직 완전하게 밝혀지지 않았지만, 나무에서 방출되는 천연 오일, 숲속 토양에 서식하는 미생물 그리고 자연의 소리와 풍경이 중요한 역할을 한다는 사실은 알려져 있다. 특히 삼림욕은 우리의 디폴트 네트워크를 활성화하는 데 매우 효과적인 방법 중 하나다. 결론은 숲에서 더 자주 시간을 보내야 한다는 것이다.

우리는 자연을 우리의 신체 건강과 별개로 보는 경향이 있다.

마치 과거에 뇌와 몸을 분리된 존재로 여겼던 것처럼 말이다. 이제 우리는 자연과의 관계가 단지 부수적인 상호작용이 아니라 건강과 활력의 핵심 요소임을 인식해야 한다.

집 뒤편에 작은 숲이 하나 있다는 건 내게 큰 행운이다. 나는 그곳에서 일주일에 두 번 이상 꼭 삼림욕을 한다. 그 숲속 작은 공터에 있는 통나무에 앉아 심호흡을 하면서 휴식을 취한다. 나머지 일은 숲이 알아서 해주리라는 걸 나는 안다.

고독을 즐기자

"나는 혼자 있는 것을 좋아한다. 고독만큼 친근한 동반자를 나는 아직 만나지 못했다."[2]

헨리 데이비드 소로가 남긴 말이다. 고독은 디폴트 네트워크를 가동시켜 창의력과 기억력을 강화하고, 스트레스를 줄여 우리가 더 많은 즐거움을 느끼게 해준다.

사람들은 지루함, 외로움, 자신의 생각과 내면을 마주해야 하는 벅찬 과제 등에서 도피하기 위해 끊임없이 다른 사람들과 어울리려 한다. 하지만 이렇게 지속적인 사회적 교류는 결국 정신을 소모시키고 웰빙에 치명적인 영향을 끼친다. 혼자 조용히 있는 시간이 부족하면, 뇌는 정서 조절과 스트레스 해소에 필수적인 과정인 경험 및 감정 처리를 제대로 해내지 못하게 된다.

"고독에는 원래 어떤 감각이 깃들어 있는데, 우리는 이제 그 감각과 이어지는 능력을 잃어버린 것 같아요." 고독 전문가 잭 퐁 교수는 이렇게 말했다. "혼자 있으면 마음이 한결 가벼워지고, 인간다움이 되살아나는 느낌이 들어요."

혼자 있는 시간에 대한 거부감을 이겨내려면 의식적으로 고독을 일상의 우선순위로 두는 연습을 해야 한다. 걷기, 일기 쓰기, 마음챙김 같은 명상적 성격의 활동이 내면과의 깊은 연결을 도와줄 것이다. 그리고 기억하자. 고독의 순간은 고립의 순간이 아니라 평온과 고요 속에서 다시 살아나는, 진짜 '나'와 다시 만나는 순간이라는 것을.

나는 휴대전화를 집에 두고 나와 초록빛 공간을 찾아간다. 벤치에 조용히 앉아 꽃 주변을 날아다니는 벌레들을 바라본다. 그리고 그 정적을 그저 즐긴다.

더 많이 자자

잠은 모든 복잡한 동물의 공통적인 특성이며, 네 가지 주요한 목적을 지닌다. 디폴트 네트워크를 활성화하고, 학습과 기억을 강화하며, 뉴런을 복원하고, 깨어 있는 동안 뇌에 쌓인 독소를 제거하는 것이다. 인간의 수면 시간이 긴 것은 뇌가 이런 일을 수행하느라 놀라울 만큼 바쁘게 움직이기 때문이다. 잠을 충분히 자지 못하고 아침에 일어났을 때 피곤함을 느끼는 이유는 뇌의 이런 작업들이 완료되지 않았기 때문이다.

지금까지 우리는 수면의 본질을 완전히 잘못 이해하고 있었다. 수면은 깨어 있는 시간을 위해 존재하는 것이 아니다. 수면은 휴대전화를 충전하는 행위와는 전혀 다르다. 실제로 뇌는 우리가 깨어 있을 때보다 잠들어 있을 때 더 활발하게 작동한다. 수면은 깨어 있는 삶을 뒷받침하는 조연이 아니라 그와 나란히 존재하는 동반자다. 수면에 대해 더 진지하게 생각해야 하는 이유가 바로 이것이다.

우선 이상적인 수면 시간이 있다는 생각부터 버리자. 언제 충분히 잤는지를 가장 잘 아는 것은 바로 당신의 뇌다. 다음으로는 잠들기 전(입면기)과 잠에서 막 깼을 때(기상기) 10~15분 정도 멍하니 허공을 바라보는 시간을 가져보자. 둘 다 디폴트 네트워크를 활성화하는 데 도움이 된다. 그리고 마지막으로, 30분 낮잠의 힘을 과소평가하지 말자. 빅토리아 가필드 박사가 밝혔듯이, 규칙적으로 낮잠을 자는 사람들은 뇌의 크기가 더 클 뿐 아니라 노화 속도도 느려져 최대 6년까지 노화를 늦출 수 있다.

나는 매일 오후 4시쯤, 대부분의 일을 마치고 뇌가 휴식을 갈망할 때 30분 정도 '뇌를 키우는 낮잠'을 자려고 노력한다. 하지만 뇌를 키우는 낮잠을 자기 위한 이상적인 시간이 따로 있는 것은 아니다. 언제든 잘 수 있을 때 자면 된다.

더 놀자

휴식과 놀이는 바쁜 활동과 노동의 반의어다. 그래서 나이가 들수록 점점 뒷전으로 밀어두기 쉽다. 삶의 책임이 늘어나고 자유로운 시간이 줄어들면서 그 경향은 더욱 심해진다. 티셔츠와 후드티, 게임과 장난은 서서히 흰 셔츠와 정장, 일에 대한 집착 그리고 어른스러움이라는 이름의 우울한 진지함으로 바뀌어간다. 꽃이 서서히 빛을 잃듯, 우리의 장난기와 즉흥성도 그렇게 사라진다.

이 문제의 일부분은 놀이가 뇌에 주는 이점, 특히 의사 결정 능력과 문제 해결 능력을 강화하는 효과를 우리가 제대로 인식하지 못한다는 것이다. 나는 비디오게임과 도예를 하면서 실제로 몰입 상태를 경험할 수 있었다. 몰입 상태는 정신 건강에 결정적으로 중요하며, 일상적인 삶의 질을 높일 뿐 아니라 신경계 질환의 위험도 줄여준다.

휴식처럼 놀이도 뇌를 재구성하고 건강을 증진하며, 혁신 능력과 창의력을 향상시키는 강력한 행위다. 이 사실은 모든 세대가 무분별한 자본주의의 가혹한 속도에 현혹돼 휴식과 일을 이분법적으로 구분 지으려 애써온 지금 이 시점에 더욱 절실하다. 하지만 나는 내 삶의 경험과 그 메시지를 다른 이들과 나누는 과정을 통해 이런 악순환을 끊고 놀이를 평생에 걸쳐 지켜내야 할 가치로 당당히 옹호하고자 한다.

내가 찾은 무척 좋은 놀이 방식 중 하나는 삶을 너무 심각하게 받아들이지 않고 가볍고 유쾌한 태도로 자신을 자유롭게 풀어주는 것이다. 나는 음 이탈을 두려워하지 않고 큰 소리로 노래를 부르고, 소파에 앉아 고양이들과 장난스러운 대화를 나누는 걸 좋아한다. 안타깝게도, 이런 행동은 절제를 중시하고 사람들을 지나치게 의식하던 과거의 나에게는 허락되지 않던 것이었다. 가끔 비디오게임을 하는 것을 비롯해 이런 사소한 행동들을 함으로써 나는 삶에서 더 많은 휴식을 얻고 있다.

항상 능동적으로 지내자

운동이 뇌를 변화시키는 효과를 발견한 이후 나는 동네 헬스장에서 수많은 피트니스 애호가, 개인 트레이너들과 이야기를 나눴다. 그들은 모두 비슷한 말을 했다. 그중 한 명은 "운동을 마치고 나면 차분하고 집중력이 생겨요"라고 말했다. "운동을 못 했다면 직장에서 받는 스트레스 탓에 이미 이 세상 사람이 아닐 거예요"라고 말한 사람도 있었다. 이들이 공통으로 가지고 있는 생각은 매우 명확했다. 운동이라는 형태의 능동적 휴식이 정신 건강을 지켜주는 생명줄이라는 것이다.

이 생각이 옳다는 것은 규칙적으로 신체 활동을 하는 사람들, 가벼운 조깅이든 경쟁적인 스포츠든 꾸준히 운동하는 사람들의 뇌가 대체로 더 크다는 매우 단순한 사실만 봐도 알 수 있다. 좀 더 구체적으로 말하면, 이들은 디폴트 네트워크 영역(특히 기억과 학습에 관여하는 부위)이 더 발달해 있다. 뇌가 더 큰 이유 중 하나는 BDNF의 수치가 증가했기 때문이다. 앞서 설명했듯이, 이 물질은 뇌에 비료처럼 작용해 신경 연결의 성장과 강화를 촉진한다. 이 과정은 일주일에 단 25분의 가벼운 운동만으로도 활성화되며(가능하다면 더 하는 것이 좋다!) 우리 뇌 구조를 재설계해 의사 결정, 주의 집중, 문제 해결에 중요한 영역들을 강화한다.

나이가 들면서 치매나 뇌졸중 같은 질환에 더 취약해진다는 점을 고려하면, 이렇게 튼튼한 뇌를 유지하는 이점은 엄청나다. 나이나 운동의 종류와 상관없이, 운동은 뇌와 몸을 지켜준다. 그러니 이제부터는 마감일보다 운동을 더 우선시하자. 운동을 더 중요한 일로 만들어야 한다.

나는 일주일에 세 번 정도 달리기를 하거나 자전거를 타면서 능동적 휴식을 취하려고 노력한다. 이 정도 운동이면 WHO가 권장하는 주당 중간 강도의 운동 150분(또는 격렬한 운동 75분) 기준을 충족할 것이다. 하지만 그보다 더 중요한 점은 이런 활동이 내 뇌를 키우고 디폴트 네트워크를 향상시킨다는 사실이다. 나는 이 책을 쓰기 시작하면서 운동이 주는 인지적 혜택을 더 얻기 위해 수영과 근력 운동도 추가했다.

닉센을 실천하자

올가 메킹, 뤼트 베인호번, 크리스 베일리 등 수많은 전문가와 대화를 나눈 뒤 나는 '아무것도 하지 않는 네덜란드식 기술'인 닉센의 즐거움과 깨닫게 됐다. 그들은 사람 관찰, 카페에 앉아 느긋하게 보내기, 버드워칭처럼 단순한 행동들이 얼마나 충만한 경험이 될 수 있는지를 보여주었다. 그리고 끊임없이 따라붙는 '휴식에 대한 죄책감'(휴식의 가치를 깎아내리고 삶의 진정한 즐거움을 앗아가는 사회적 산물)을 놓아버리도록 가르쳐주었다.

닉센은 지루할 수는 있지만 뇌에 놀라울 정도로 유익하다. 매일 아무것도 하지 않는 시간을 갖는 것은 생산성과 기분을 향상시키며, 디폴트 네트워크 수준까지 뇌를 재구성한다. 처음엔 이 모든 일이 혁명처럼 느껴지지만, 곧 매우 평범한 일이라는 것을 깨닫게 된다. 네덜란드 사람들은 말한다. "그냥 평범하게 행동하라. 그 정도면 이미 충분히 미친 것이다."

그러니 어떤 날 오후는 아무런 계획도, 체크리스트도 없이 그저 존재하면서 보내보자. 닉센이라는 기술을 받아들이고 그것이 어떻게 마음을 맑게 하고, 창의력을 북돋우며, 전반적인 웰빙을 향상시키는지 느껴보자. 아무것도 하지 않는 그 순간에야말로 뇌는 온갖 활동으로 가득 찬 시간보다 더 많은 일을 하고 있다는 사실을 기억하자.

이제 나는 닉센을 불규칙하게, 충동적으로 실천하곤 한다. 그래선 안 될 것 같은 순간을 일부러 골라 멈춰 서서 아무것도 하지 않는다. 바쁜 일과 도중에 정원을 바라보며 그냥 앉아 있거나 차 한 잔을 들고 아무 목적도 없이 조용한 구석으로 숨어드는 식이다. 의도적으로 게으름을 피우는 그런 사소한 행동이 닉센이다.

단호하게 "아니요!" 라고 말하자

우리의 뒤죽박죽인 삶의 방식에 대한 근본적인 해법은 결국 "아니요"라고 말하는 것이다. 몸이 아플 때 병가를 내는 건 주저하지 않으면서도, 정작 "아니요, 죄송하지만 지금은 휴식이 필요해요"라고 말하는 일은 여전히 어색해한다. 하지만 이제부터는 그런 말을 하는 것이 당연하다고 생각해야 한다.

이런 말을 하기 위해서는 용기와 단호함이 필요하지만, 건강을 지키기 위해 그럴 수 있어야 한다. 우리는 오랫동안 질병을 하나의 사건, 즉 건강이라는 긴 시간 축에서 일시적으로 발생하는 예외로 여겨왔다. 하지만 이는 잘못된 생각이다. 병은 하나의 과정이며, 우리가 "아니요!"라고 말하지 못하는 모든 순간에 조금씩 자라난다. 일정이 이미 꽉 찼는데도 무리해서 추가 업무를 맡는 날, 이미 피곤에 절었지만 억지로 야근하는 밤, 지쳐 쓰러질 것 같으면서도 억지로 참석하는 모임… 이 모든 순간이 결국 병을 키운다. 별것 아닌 듯한 "아니요"의 부재들이 쌓여 장기적인 건강을 좌우한다. 차들이 달리는 도로로 걸어 들어갈 생각은 하지 않으면서 왜 몸과 마음이 쉬라고 외치는 순간에까지 일을 하거나 약속을 지키러 나가려 하는가? 시간과 상황은 다를지 몰라도 결과는 같다. 안전과 건강이 위협받는다는 점에서 말이다.

단호하게 경계를 세워야 한다. 그래야 "아니요"라는 말이 나약함의 표시가 아니라 존중받아야 할 선택이 되고, 실패가 아니라 지혜의 표현이 된다. 그러니 다음에 또다시 무리해야 하는 상황이 닥치면 그만 굴복하고 싶다는 유혹을 떨쳐내고 "아니요"라고 확실하게 말하자.

확신하건대, 이 책을 읽은 훌륭한 편집자들은 분명히 나에게 원고를 1만 단어쯤 더 써달라고 할 것이다. 하지만 그들이 그렇게 요청한다면 내 대답은 "아니요"다. 나는 이미 충분히 썼고, 다뤄야 할 과학적 내용도 모두 살펴봤으며, 전하고 싶은 말도 다 했다. 그리고 지금 나는 피곤하다. 18개월도 채 안 되는 기간에 책 한 권을 완성한다는 건 생각보다 훨씬 힘든 일이었다. 그러니 미안해요, 알렉스. 미안해요, 질. 내 대답은 "아니요"예요.

· · ·

부모님 집 현관문을 밀고 들어선다. 부엌에서 익숙한 고르메 사브지(이란식 스튜) 냄새가 은은하게 풍겨온다. 2024년의 더운 여름날 오후다. 집 안은 조용하다. 선풍기 돌아가는 소리와 창밖으로 자전거 지나가는 소리만 희미하게 들릴 뿐이다. 어머니는 늘 그렇듯 출근하셨다.

놀랍게도, 아버지가 깨어 계신다. 안락의자에 몸을 기댄 채 창밖을 바라보며, 각설탕을 입에 물고 차를 홀짝이고 계신다. 탁자에는 피스타치오 한 통, 페르시아 전통 과자가 담긴 작은 상자 그리고 약통이 놓여 있다.

"괜찮으세요, 아버지?" 나는 몸을 기울여 그의 볼에 입을 맞추며 묻는다.

"조지프 왔구나." 아버지가 활짝 웃으며 말씀하신다. "여우를 기다리고 있었어! 정원 뒤쪽에 먹이를 좀 놔뒀거든."

"좋네요. 오늘은 기분이 어떠세요?" 나는 맞은편 의자에 앉는다.

"나쁘지 않아. 아까 산책도 좀 했고, 엄마 장 보는 것도 도왔지."

"충분히 쉬고 계시죠?"

"그럼, 잘 쉬고 있지."

"다행이에요."

아버지와 이렇게 활기찬 대화를, 더군다나 이처럼 길게 나눈 적은 거의 없었다. 일흔이 넘은 아버지는 자신의 건강 상태를 마음의 큰 짐으로 여기고 계시며, 그래서 더욱 많이 쉬고 싶어 하신다. 그래도 반가운 소식이 있다. 최근 의사한테서 상태가 다소 호전되어 약 복용량을 줄여도 된다는 얘길 들었다. 지난 10여 년간의 충분한 휴식이 아버지의 건강을 조금은 되돌려놓은 듯하다.

그는 신문을 집어 들고 1면에 실린 이란 관련 기사를 읽는다. 우리는 테헤란에 있는 친척 이야기를 잠시 나누고, 요즘 런던에서 가장 맛있는 페르시아 음식점에 대해 이런저런 얘기를 한다. 그러다 내가 영국 시골에 있는 오두막 이야기를 꺼낸다. 요즘 휴가를 갈까 생각 중인 곳이다.

"좋지! 꼭 가! 에스테라핫(휴식)!" 아버지는 이렇게 외치며 젊은 시절의 열정과 생기를 잠시나마 보여주신다.

수년간 우울증이 조금씩 그를 갉아먹었지만 그는 '에스테라핫'의 지혜로 맞서 싸우는 법을 배워왔다. 아주 조금씩이지만 그렇게 싸워낸 덕분에 그는 가끔 예전의 자신과 가까운 모습으로 하루를 보낼 수 있게 됐다. 뇌에 있는 디폴트 네트워크가 충분히 오랫동안 활성화되면서 과로와 탈진으로 잃었던 정신의 영토 일부를 되찾은 것이다.

나는 아버지를 향해 미소 짓는다.

"고마워요, 아버지. 꼭 그 오두막으로 휴가 갈게요."

우리는 인류 역사상 처음으로, 뇌가 휴식할 때 무엇을 하고 있는지 밝혀낼 수 있는 과학적 도구를 갖게 됐다. 지금까지 살펴본 결과는 우리의 예상보다 훨씬 더 강력하고 놀라우며, 우리에게 시급한 관심을 요구한다. 우리가 이 놀라우면서 새로운 과학을 받아들여 휴식을 신성한 기술이자 기본적인 권리로 존중하고, 마음을 치유하는 힘이자 더 나은 뇌를 만드는 비밀로 생각한다면…, 우리는 어떤 세상을 만들어낼 수 있을까.

감사의 말

책을 쓰는 동안 나는 내가 이 책에서 주장하고 있는 바로 그 휴식이 절실하게 필요한 사람이 바로 나라는 생각이 계속 들었다. 이 작업이 덜 힘들게 느껴지도록 도와준 모든 분께 깊은 감사를 전한다.

무엇보다 지식과 통찰을 나눠준 아낌없이 의사들, 과학자들, 전문가들께 진심 어린 감사의 마음을 전한다. 찰스 퍼니호Charles Fernyhough, 크리스 베일리, 엘라 브룩스, 고든 밀스, 잭 퐁, 제니퍼 로, 옌스 필, 조너선 스몰우드, 마함 스태니언, 맨프레드 F. R. 케츠 드 브리스Manfred F. R. Kets de Vries, 마커스 라이클, 올가 메킹, 로드 맥도널드Rod MacDonald, 러셀 헐버트, 뤼트 베인호번, 테리 킬리, 빅토리아 가필드 그리고 ADHD UK 팀 팀원들에게도 감사의 마음을 전한다. 이들은 모두 내가 휴식하는 뇌를 깊이 이해하게 해줬다. 이들의 통찰은 이 책을 더욱 풍성하게 했을 뿐 아니라 인간 정신의 복잡성과 아름다움에 대한 나의 경외심 역시 더 깊어지게 했다.

박사 과정 연구원이자 내 조교 소피 골드스미스Sophie Goldsmith는 수백 편의 과학 논문을 철저히 조사해 일목요연하게 정리해주었다. 그 덕분에 나는 탈진하지 않고 이 책을 마무리할 수 있었다. 소피, 내 집행 네트워크를 지켜줘서 고마워.

이 책은 탁월한 에이전트 캐리 플릿Carrie Plitt의 전문적인 조언과 변함없는 지지가 없었다면 완성될 수 없었을 것이다. 그녀의 헌신 덕분에 이 책은 최고의 형태를 갖출 수 있었다. 또한 캘리그라프의 조이 파그나멘타Zoë Pagnamenta와 함께 일할 수 있었던 것은 큰 행운이었다. 그녀의 날카로운 통찰과 열정은 내가 더 넓은 독자층에 다가갈 수 있도록 이끌어주었다.

토바의 알렉스 크리스토피Alex Christofi와 더튼의 질 슈워츠먼Jill Schwartzman께도 특별한 감사를 전한다. 뛰어난 두 편집자의 시간, 지혜, 지치지 않는 열정 덕분에 나는 '휴식의 뇌과학'이라는 주제를 마음껏 설명할 수 있었고, 이 책은 더 넓은 시야를 담아낼 수 있었다.

그리고 무엇보다, 가장 충실한 독자이자 사랑하는 아내 올리비아Olivia에게 깊은 감사를 전한다. 그녀의 지성, 아낌없는 지지, 주말마다 이어진 원고 교정은 이 여정에서 말로 다할 수 없는 방식으로 힘이 되어주었다. 마지막으로, 어머니 마르첼라Marcella와 아버지 아볼파즐에게 헤아릴 수 없는 고마움을 전한다. 두 분은 오랫동안 지나치게 열심히 일하셨고 그 희생은 헛되지 않았다. 내가 휴식의 진정한 가치를 알게 된 것도 부모님 덕분이다.

주

들어가며 | 휴식하는 뇌

1. Isaacson, *Leonardo da Vinci: The Biography*, p. 279.
2. Dijksterhuis, Bos et al., 'On making the right choice: The deliberation-without-attention effect'.
3. Smith-Coggins, Rosekind et al., 'Relationship of day versus night sleep to physician performance and mood'.
4. Gilhooly, *Incubation in Problem Solving and Creativity: Unconscious Processes*, pp. 47-52.
5. 위와 동일.
6. Sio and Ormerod, 'Does incubation enhance problem solving? A meta-analytic review'.
7. Gilhooly, *Incubation in Problem Solving and Creativity: Unconscious Processes*, p. 29.
8. Berger, 'Über das Elektrenkephalogramm des Menschen'.
9. Fox, D., 2008. 'The secret life of the brain'. *New Scientist*, 5 November. https://www.newscientist.com/article/mg20026831-800-the-secret-life-of-the-brain/
10. Risberg and Ingvar, 'Patterns of activation in the grey matter of the dominant hemisphere during memorization and reasoning: A study of regional cerebral blood flow changes during psychological testing in a group of neurologically normal subjects'.

1장 과로는 어떻게 우리를 죽음으로 몰아넣는가

1. Health and Safety Executive, 2023. *Health and safety at work: Summary statistics for*

Great Britain 2023, 2023. https://www.hse.gov.uk/statistics/assets/docs/hssh2223.pdf

2 World Health Organization and International Labour Organization, 2021. 'Long working hours increasing deaths from heart disease and stroke: WHO, ILO', 2021. https://www.who.int/news/item/17-05-2021-long-working-hours-increasing-deaths-from-heart-disease-and-stroke-who-ilo

3 Schlein, L., 2021. 'Study shows overwork can kill you, literally'. https://www.voanews.com/a/study-shows-overwork-can-kill-you-literally-/6233120.html

4 The Lancet Global Health, 'Mental health matters'.

5 Ro, C., 2021. 'How overwork is literally killing us'. https://www.bbc.com/worklife/article/20210518-how-overwork-is-literally-killing-us

6 Yu, A., 2022. 'Why Gen Z workers are already so burned out'. https://www.bbc.com/worklife/article/20220520-why-gen-z-workers-are-already-so-burned-out

7 Abramson, A., 2022. 'Burnout and stress are everywhere'. https://www.apa.org/monitor/2022/01/special-burnout-stress

8 Ke, 'Overwork, stroke, and karoshi-death from overwork'.

9 Carney, M., 2015. 'Karoshi: Stroke, heart attacks and suicide attributed to overwork killing hundreds of Japanese employees'. ABC News, 11 June. https://www.abc.net.au/news/2015-06-11/epidemic-of-overwork-killing-hundreds-of-japanese-each-year/6536860

10 Day, E., 2013. 'Moritz Erhardt: The tragic death of a City intern'. *Guardian*, 5 October. https://www.theguardian.com/business/2013/oct/05/moritz-erhardt-internship-banking

11 Kwon, J. and Field, A., 2018. 'South Koreans are working themselves to death. Can they get their lives back?' CNN, 5 November. https://edition.cnn.com/2018/11/04/asia/korea-working-hours-intl/index.html

12 Buncombe, A., 2015. 'Goldman Sachs analyst found dead hours after complaining to father of "100 hour weeks"'. *Independent*, 3 June. https://www.independent.co.uk/news/world/americas/goldman-sachs-analyst-found-dead-hours-after-complaining-to-father-of-100-hour-weeks-10292977.html

13 Reid, 'Embracing, passing, revealing, and the ideal worker image: How people navigate expected and experienced professional identities'.

14 Carmichael, S. G., 2015. 'The research is clear: Long hours backfire for people and for companies'. *Harvard Business Review*, 19 August. https://hbr.org/2015/08/the-research-

is-clear-long-hours-backfire-for-people-and-for-companies

2장 '일'의 뇌과학

1 The Lancet: Kivimäki, Jokela et al., 'Long working hours and risk of coronary heart disease and stroke: A systematic review and meta-analysis of published and unpublished data for 603,838 individuals'.
2 Posner, Polanczyk et al., 'Attention-deficit hyperactivity disorder'; Abdelnour, Jansen et al., 'ADHD diagnostic trends: Increased recognition or overdiagnosis?'.
3 Moss, J., 2019. 'Burnout is about your workplace, not your people'. *Harvard Business Review*, 11 December. https://hbr.org/2019/12/burnout-is-about-your-workplace-not-your-people
4 Terri Keeley's ADHD ambassador video. https://adhduk.co.uk/2022/08/08/terri-keeley/
5 Wakefield, J., 2022. 'People devote third of waking time to mobile apps'. https://www.bbc.co.uk/news/technology-59952557#:~:text=People%20are%20spending%20an%20average,its%20research%20included%20watching%20TV

3장 마음 방황

1 Franklin, Mrazek et al., 'The silver lining of a mind in the clouds: Interesting musings are associated with positive mood while mind-wandering'.
2 Hanh, *The Miracle of Mindfulness: An Introduction to the Practice of Meditation*.
3 Fox and Beaty, 'Mind-wandering as creative thinking: Neural, psychological, and theoretical considerations'.
4 Ellamil, Fox et al., 'Dynamics of neural recruitment surrounding the spontaneous arising of thoughts in experienced mindfulness practitioners'.
5 Gilhooly, *Incubation in Problem Solving and Creativity: Unconscious Processes*, p. 29.
6 Blackmore and Troscianko, *Consciousness: An Introduction*.
7 Lu, D., George, A. et al., 2020. 'What you experience may not exist. Inside the strange truth of reality'. *New Scientist*, 29 January. https://www.newscientist.com/article/mg24532670-800-what-you-experience-may-not-exist-inside-the-strange-truth-of-reality/

8   O'Callaghan, Walpola et al., 'Neuromodulation of the mind-wandering brain state: The interaction between neuromodulatory tone, sharp wave-ripples and spontaneousthought'.
9   Shepherd, 'Why does the mind wander?', p. 8.
10 Gable, Hopper et al., 'When the muses strike: Creative ideas of physicists and writers routinely occur during mind wandering'.
11 Amis, interview, *Sunday Times*. In: *Gilhooly, Incubation in Problem Solving and Creativity: Unconscious Processes*, p. 31.
12 Hatano, Ogulmus et al., 'Thinking about thinking: People underestimate how enjoyable and engaging just waiting is'.
13 Chui, M., Manyika, J. et al., 2012. 'The social economy: Unlocking value and productivity through social technologies'. McKinsey & Company, 1 July. https://www.mckinsey.com/industries/technology-media-and-telecommunications/our-insights/the-social-economy
14 Seli, Beaty et al., 'Depression, anxiety, and stress and the distinction between intentional and unintentional mind wandering'.
15 Taruffi, Pehrs et al., 'Effects of sad and happy music on mind-wandering and the default mode network'.

4장 나무 끌어안기

1   Solomon, *The Noonday Demon*, p. 50.
2   White, Alcock et al., 'Spending at least 120 minutes a week in nature is associated with good health and wellbeing'.
3   US Environmental Protection Agency, 2021. 'Indoor air quality'. https://www.epa.gov/report-environment/indoor-air-quality
4   Carrington, D., 2016. 'Three-quarters of UK children spend less time outdoors than prison inmates - survey'. *Guardian*, 25 March. https://www.theguardian.com/environment/2016/mar/25/three-quarters-of-uk-children-spend-less-time-outdoors-than-prison-inmates-survey
5   Sridhar, D., 2023. 'The secret to why exercise is so good for mental health? "Hope molecules"'. *Guardian*, 4 May. https://www.theguardian.com/commentisfree/2023/may/04/exercise-mental-health-hope-molecules-mood-strength

6   Turunen, Halonen et al., 'Cross-sectional associations of different types of nature exposure with psychotropic, antihypertensive and asthma medication'.
7   WHO, 2021. 'Urban health'. https://www.who.int/health-topics/urban-health#tab=tab_1
8   Horton, H., 2022. 'England's poor urban areas have fewest protected green spaces, analysis finds'. *Guardian*, 2 February. https://www.theguardian.com/cities/2022/feb/02/englands-poor-urban-areas-have-fewest-protected-green-spaces-analysis-finds#:~:text=Poorer%2C%20urban%20areas%20in%20England,the%20countryside%20-charity%2C%20has%20said
9   Atchley, Strayer et al., 'Creativity in the wild: Improving creative reasoning through immersion in natural settings'.
10 Ulrich, 'View through a window may influence recovery from surgery'.
11 Li, *Into the Forest: How Trees Can Help You Find Health and Happiness*, p. 4.
12 위와 동일.
13 Bratman, Hamilton et al., 'Nature experience reduces rumination and subgenual prefrontal cortex activation'.
14 Olmsted, F. L., 1865. 'Yosemite and the Mariposa grove: A preliminary report, 1865'. https://www.yosemite.ca.us/library/olmsted/report.html
15 Berman, Jonides et al., 'The cognitive benefits of interacting with nature'.
16 Gould van Praag, Garfinkel et al., 'Mind-wandering and alterations to default mode network connectivity when listening to naturalistic versus artificial sounds'.
17 Williams, *The Nature Fix: Why Nature Makes Us Happier, Healthier, and More Creative*, p. 25.
18 Williams, *The Nature Fix: Why Nature Makes Us Happier, Healthier, and More Creative*, p. 42.
19 Williams, *The Nature Fix: Why Nature Makes Us Happier, Healthier, and More Creative*, p. 28.
20 Li, *Into the Forest: How Trees Can Help You Find Health and Happiness*, p. 83.
21 National Institute of Mental Health, 2021. 'Any anxiety disorder'. https://www.nimh.nih.gov/health/statistics/any-anxiety-disorder
22 Office for National Statistics, 2023. 'Quality of life in the UK: February 2023'. https://www.ons.gov.uk/peoplepopulationandcommunity/wellbeing/bulletins/qualityoflifeintheuk/february2023

23 NBC News, 16 June 2020. 'Americans are unhappiest they've been in 50 years, poll finds'. https://www.nbcnews.com/politics/politics-news/americans-are-unhappiest-they-ve-been-50-years-poll-finds-n1231153

24 Kamdar, Martin et al., 'Noise and light pollution in the hospital: A call for action', p. 861.

25 WHO, 2011. 'Burden of disease from environmental noise: Quantification of healthy life years lost in Europe'. https://www.who.int/publications/i/item/9789289002295#

26 Gould van Praag, Garfinkel et al., 'Mind-wandering and alterations to default mode network connectivity when listening to naturalistic versus artificial sounds'.

27 Earls, E., 2020. 'Bali's day of quiet reflection'. https://www.bbc.com/travel/article/20200430-where-lockdown-is-an-annual-tradition

28 UN Environment Programme, 2023. 'World must band together to combat air pollution, which kills 7 million a year'. https://www.unep.org/news-and-stories/story/world-must-band-together-combat-air-pollution-which-kills-7-million-year#:~:text=Exposure%20to%20air%20pollution%20significantly,million%20premature%20deaths%20a%20year

29 Li, *Into the Forest: How Trees Can Help You Find Health and Happiness*, pp. 147-8.

30 World Bank, 2016. 'Five forest figures for the International Day of Forests'. https://blogs.worldbank.org/opendata/five-forest-figures-international-day-forests

31 Li, *Into the Forest: How Trees Can Help You Find Health and Happiness*, p. 19.

5장 의도적 고독

1 Prinstein, M., 2024. 'Zuckerberg claims social media isn't harmful to mental health - here's what the science says'. *The Hill*, 9 February. https://thehill.com/opinion/technology/4458203-zuckerberg-claims-social-media-isnt-harmful-to-mental-health-heres-what-the-science-says/

2 Wilson, Reinhard et al., 'Just think: The challenges of the disengaged mind'.

3 Stavrova and Ren, 'Is more always better? Examining the nonlinear association of social contact frequency with physical health and longevity'.

4 Kafka, *Letters to Felice*, p. 271.

5 Derbyshire, D., 2010. 'Loneliness is a killer: It's as bad for your health as alcoholism, smoking and overeating, say scientists'. *Daily Mail*, 28 July. https://www.dailymail.co.uk/health/article-1298225/Loneliness-killer-Its-bad-health-alcoholism-smoking-eating-say-

scientists.html

6 Reinl, J., 2023. 'Loneliness is deadlier than smoking 15 cigarettes a day, and worse for you than being overweight: America's top doctor joins UN fight against isolation'. *Daily Mail*, 23 May. https://www.dailymail.co.uk/health/article-12757717/Loneliness-deadlier-smoking-15-cigarettes-obesity-inactivity-doctor-dementia-isolation.html

7 Tomova, Wang et al., 'Acute social isolation evokes midbrain craving responses similar to hunger'.

8 Saner, E., 2012. 'Laura Dekker: A heroine for our times'. *Guardian*, 23 January. https://www.theguardian.com/world/2012/jan/23/laura-dekker-sailing-heroine-times

9 Crane, B., 2017. 'The virtues of isolation'. *Atlantic*, 30 March. https://www.theatlantic.com/health/archive/2017/03/the-virtues-of-isolation/521100/

10 위와 동일.

11 Kerouac, *Big Sur*, p. 16.

12 Dostoevsky, *The House of the Dead & The Gambler*, p. 291.

13 Berman, Jonides et al., 'The cognitive benefits of interacting with nature'.

14 Abdaal, *Feel-Good Productivity: How to Do More of What Matters to You*, p. 7.

15 Storr, *Solitude*, p. 21.

16 Daoust, P., 2010. 'The joys of solitude'. *Guardian*, 2 February. https://www.theguardian.com/lifeandstyle/2010/feb/02/joys-of-solitude-lonely

17 Weinstein, Vuorre et al., 'Balance between solitude and socializing: Everyday solitude time both benefits and harms well-being'.

6장 잠

1 Barentine, J., 2023. 'Artificial light at night: State of the science 2023'. DarkSky International, 2023. https://zenodo.org/records/8326891

2 Kim, E., 2016. 'Yahoo CEO Marissa Mayer explains how she worked 130 hours a week and why it matters'. *Independent*, 5 August. https://www.independent.co.uk/news/business/analysis-and-features/yahoo-ceo-marissa-mayer-explains-how-she-worked-130-hours-a-week-and-why-it-matters-a7174201.html

3 Sulleyman, A., 2017. 'Netflix's biggest competition is sleep, says CEO Reed Hastings'. *Independent*, 19 April. https://www.independent.co.uk/tech/netflix-downloads-sleep-

biggest-competition-video-streaming-ceo-reed-hastings-amazon-prime-sky-go-now-tv-a7690561.html

4   Centers for Disease Control and Prevention, 2016. '1 in 3 adults don't get enough sleep'. https://archive.cdc.gov/www_cdc_gov/media/releases/2016/p0215-enough-sleep.html#:~:text=More%20than%20a%20third%20of,Morbidity%20and%20Mortality%20Weekly%20Report

5   Williamson and Feyer, 'Moderate sleep deprivation produces impairments in cognitive and motor performance equivalent to legally prescribed levels of alcohol intoxication'.

6   Liao, Pan et al., 'Association of shift work with incident dementia: A community-based cohort study'.

7   Hafner, M., Stepanek, M. et al., 2016. 'Why sleep matters - the economic costs of insufficient sleep: A cross-country comparative analysis'. RAND Corporation. https://www.rand.org/pubs/research_reports/RR1791.html

8   Gilhooly, Incubation in Problem Solving and Creativity: Unconscious Processes, p. 91.

9   Dai, Zhang et al., 'Effects of sleep deprivation on working memory: Change in functional connectivity between the dorsal attention, default mode, and fronto-parietal networks'.

10 Paz, Dashti et al., 'Is there an association between daytime napping, cognitive function, and brain volume? A Mendelian randomization study in the UK Biobank'.

11 Gallagher, J., 2023. 'A daytime nap is good for the brain'. BBC News, 20 June. https://www.bbc.co.uk/news/health-65950168

12 Chowdhury, S., 2020. 'Roger Federer sleeps 12 hours a day, which is helping his longevity'. Sportskeeda, 18 May. https://www.sportskeeda.com/tennis/news-roger-federer-sleeps-12-hours-a-day-which-is-helping-his-longevity

13 'Mariah: I have to sleep 15 hours'. *Mirror*, 2 February 2012. https://www.mirror.co.uk/3am/celebrity-news/mariah-i-have-to-sleep-15-hours-501997

14 Lewis, D., 2009. 'Galaxy stress research'. Mindlab International, University of Sussex. https://www.telegraph.co.uk/news/health/news/5070874/Reading-can-help-reduce-stress.html#:~:text=Reading%20worked%20best%2C%20reducing%20stress,in%20the%20muscles%2C%20he%20found

15 He, Tu et al., 'Effect of restricting bedtime mobile phone use on sleep, arousal, mood, and working memory: A randomized pilot trial'.

16 Haghayegh, Khoshnevis et al., 'Before-bedtime passive body heating by warm shower or

bath to improve sleep: A systematic review and meta-analysis'.

17 Black, O'Reilly et al., 'Mindfulness meditation and improvement in sleep quality and daytime impairment among older adults with sleep disturbances: A randomized clinical trial'.

7장 '놀이'의 뇌과학

1 Popova, M. 'In praise of idleness: Bertrand Russell on the relationship between leisure and social justice'. *The Marginalian*. https://www.themarginalian.org/2018/12/27/in-praise-of-idleness-bertrand-russell/
2 위와 동일.
3 위와 동일.
4 Chaarani, Ortigara et al., 'Association of video gaming with cognitive performance among children'.
5 Green, Pouget et al., 'Improved probabilistic inference as a general learning mechanism with action video games'.
6 Szycik, Mohammadi et al., 'Lack of evidence that neural empathic responses are blunted in excessive users of violent video games: An fMRI study'.
7 Kowert and Quandt, *The Video Game Debate: Unravelling the Physical, Social, and Psychological Effects of Video Games*, p. 95.
8 Kühn, Gleich et al., 'Playing Super Mario induces structural brain plasticity: Gray matter changes resulting from training with a commercial video game'.
9 Gong, He et al., 'Enhanced functional connectivity and increased gray matter volume of insula related to action video game playing'.
10 Abdaal, *Feel-Good Productivity: How to Do More of What Matters to You*, p. 27.
11 Root-Bernstein, M. and Root-Bernstein, R., 2011. 'The collection connection to creativity: Collecting can exercise and reflect creative thinking'. *Psychology Today*, 31 May. https://www.psychologytoday.com/gb/blog/imagine/201105/the-collection-connection-creativity
12 Kaimal, Ray et al., 'Reduction of cortisol levels and participants' responses following art making'.
13 Proyer, 'A new structural model for the study of adult playfulness: Assessment and

exploration of an understudied individual differences variable'.

14 Henley Business School, 2021. 'The four-day week: The pandemic and the evolution of flexible working'. https://www.henley.ac.uk

8장 능동적 휴식

1   WHO, Global Status Report on Physical Activity 2022. https://www.who.int/teams/health-promotion/physical-activity/global-status-report-on-physical-activity-2022#:~:text=Yet%2C%20today%2C%20more%20than%2080,and%20society%20as%20a%20whole

2   Barkham, P. and Aldred, J., 2016. 'Concerns raised over number of children not engaging with nature'. *Guardian*, 10 February. https://www.theguardian.com/environment/2016/feb/10/concerns-raised-over-amount-of-children-not-engaging-with-nature

3   WHO, 2022. 'Every move counts towards better health - say WHO'. https://www.who.int/news/item/25-11-2020-every-move-counts-towards-better-health-says-who

4   Zimmer, C., 2010. 'The brain: Why athletes are geniuses'. *Discover*, 16 April. https://www.discovermagazine.com/mind/the-brain-why-athletes-are-geniuses

5   Draganski, Gaser et al., 'Neuroplasticity: Changes in grey matter induced by training'; Driemeyer, Boyke et al., 'Changes in gray matter induced by learning - revisited'.

6   Faubert, 'Professional athletes have extraordinary skills for rapidly learning complex and neutral dynamic visual scenes'.

7   Raji, Meysami et al., 'Exercise-related physical activity relates to brain volumes in 10,125 individuals'.

8   Attia, *Outlive: The Science and Art of Longevity*, p. 227.

9   Mavros, Gates et al., 'Mediation of cognitive function improvements by strength gains after resistance training in older adults with mild cognitive impairment: Outcomes of the Study of Mental and Resistance Training'.

10 The University of Sydney: News, 2016. 'Increasing muscle strength can improve brain function: study'. https://www.sydney.edu.au/news-opinion/news/2016/10/25/increasing-muscle-strength-can-improve-brain-function--study.html

11 Langdon, N., 2022. 'Experience: I'm a 79-year-old world champion powerlifter'. *Guardian*, 20 May. https://www.theguardian.com/lifeandstyle/2022/may/20/experience-79-year-

old-world-champion-powerlifter
12. Fisher Center for Alzheimer's Research Foundation, 2023. '6 minutes to better brain health'. https://www.alzinfo.org/articles/prevention/6-minutes-to-better-brain-health/#:~:text=It%20found%20that%20those%20who,healthy%20and%20even%2C%20in%20some
13. Thompson, *Running Is a Kind of Dreaming: A Memoir*, p. 21.
14. Bowman, A., 2022. 'The biology and evolution of runner's high'. *Discover*, 13 December. https://www.discovermagazine.com/health/the-biology-and-evolution-of-runners-high
15. Kinsey, Pomeroy et al., *Sexual Behavior in the Human Male*; Kinsey, Pomeroy et al., *Sexual Behavior in the Human Female*.
16. Hafner, Yerushalmi et al., 'Estimating the global economic benefits of physically active populations over 30 years (2020-2050)'.

9장 아무것도 하지 않기

1. Kirby, G., 2021. 'Is working just one or two days a week the road to happiness? Decreased hours could be the secret to contentment, study suggests'. *Daily Mail*, 22 March. https://www.dailymail.co.uk/news/article-9387389/Working-just-one-two-days-week-secret-happiness-study-suggests.html#:~:text=But%20the%20happiest%20of%20the,or%20two%20days%20a%20week.&text=%27It%20was%20an%20unexpected%20finding,Burchell%2C%20who%20led%20the%20research
2. Sharif, Mogilner et al., 'Having too little or too much time is linked to lower subjective well-being'.
3. Mehta, Zhu, et al., 'Is noise always bad? Exploring the effects of ambient noise on creative cognition'.
4. Hammoud, Tognin et al., 'Smartphone-based ecological momentary assessment reveals an incremental association between natural diversity and mental wellbeing'.
5. Methorst, Rehdanz et al., 'The importance of species diversity for human well-being in Europe'.
6. 위와 동일.
7. Hunt, E., 2020. 'Why it's good to be bored'. *Guardian*, 3 May. https://www.theguardian.com/global/2020/may/03/why-its-good-to-be-bored

8 Mann, S. and Cadman, R., 2013. 'Being bored at work can make us more creative'. *British Psychology Society*. https://www.sciencedaily.com/releases/2013/01/130108201517.htm

9 Lembke, *Dopamine Nation*, p. 41.

10 Van Tilburg and Igou, 'Can boredom help? Increased prosocial intentions in response to boredom'.

11 Milmo, D., 2024. 'US bank Wells Fargo fires employees for "simulating" being at their keyboards'. *Guardian*, 14 June. https://www.theguardian.com/business/article/2024/jun/14/us-bank-wells-fargo-fires-employees-keyboards

나오며 | 휴식하는 삶

1 Burkeman, *Four Thousand Weeks: Time Management for Mortals*, p. 5.
2 Thoreau, *Walden*, p. 127.

참고 문헌

- Abdaal, A., *Feel-Good Productivity: How to Do More of What Matters to You*, Cornerstone Press, 2023.
- Abdelnour, E., Jansen, M. O., Gold, J. A., 'ADHD diagnostic trends: Increased recognition or overdiagnosis?', *Missouri Medicine*, 119 (5), 2022, 467-73.
- Adjaye-Gbewonyo, D., Ng, A. E., Black, L. I., 'Sleep difficulties in adults: United States, 2020', *NCHS Data Brief*, June (436), 2022, 1-8.
- Afonso, P., Fonseca, M., Pires, J., 'Impact of working hours on sleep and mental health', *Occupational Medicine*, 67 (5), 2017, 377-82.
- Åkerstedt, T., Ghilotti, F., Grotta, A., Zhao, H., Adami, H. O., Trolle-Lagerros, Y., Bellocco, R., 'Sleep duration and mortality - Does weekend sleep matter?', *Journal of Sleep Research*, 28 (1), 2019, 12712.
- Amis, M., 'Interview', *Sunday Times*, 10 June 2012.
- Anafi, R. C., Kayser, M. S., Raizen, D. M., 'Exploring phylogeny to find the function of sleep', *Nature Reviews Neuroscience*, 20 (2), 2019, 109-16.
- Atchley, R. A., Strayer, D. L., Atchley, P., 'Creativity in the wild: Improving creative reasoning through immersion in natural settings', *PLOS One*, 7 (12), 2012, e51474.
- Attia, P., *Outlive: The Science and Art of Longevity*, Vermilion, 2023.
- Baer, M., Dane, E., Madrid, H. P., 'Zoning out or breaking through? Linking daydreaming to creativity in the workplace', *Academy of Management Journal*, 64 (5), 2021, 1553-77.
- Bar, M., *Mindwandering: How It Can Improve Your Mood and Boost Your Creativity*, Bloomsbury Tonic, 2023.
- Belkic, K. L., Landsbergis, P. A., Schnall, P. L., Baker, D., 'Is job strain a major source of cardiovascular disease risk?', *Scandinavian Journal of Work, Environment & Health*, 30 (2), 2004, 85-128.
- Berger, H., 'Über das Elektrenkephalogramm des Menschen', *Archiv für Psychiatrie und

Nervenkrankheiten, 87 (1), 1929, 527-70.
- Berman, M. G., Jonides, J., Kaplan, S., 'The cognitive benefits of interacting with nature', *Psychological Science*, 19 (12), 2008, 1207-12.
- Biswal, B., Yetkin, F. Z., Haughton, V. M., Hyde, J. S., 'Functional connectivity in the motor cortex of resting human brain using echo-planar MRI', *Magnetic Resonance in Medicine*, 34 (4), 1995, 537-41.
- Black, D. S., O'Reilly, G. A., Olmstead, R., Breen, E. C., Irwin, M. R., 'Mindfulness meditation and improvement in sleep quality and daytime impairment among older adults with sleep disturbances: A randomized clinical trial', *JAMA Internal Medicine*, 175 (4), 2015, 494-501.
- Blackmore, S. and Troscianko, E. T., Consciousness: An Introduction, 3rd edn, *Routledge*, 2018.
- Blix, E., Perski, A., Berglund, H., Savic, I., 'Long-term occupational stress is associated with regional reductions in brain tissue volumes', *PLOS One*, 8 (6), 2013, e64065.
- Borchini, R., Bertu, L., Ferrario, M. M., Veronesi, G., Bonzini, M., Dorso, M., Cesana, G., 'Prolonged job strain reduces time-domain heart rate variability on both working and resting days among cardiovascular-susceptible nurses', *International Journal of Occupational Medicine and Environmental Health*, 28 (1), 2015, 42-51.
- Bowles, P., *The Sheltering Sky*, Penguin Classics, 2004.
- Bozhilova, N. S., Michelini, G., Kuntsi, J., Asherson, P., 'Mind wandering perspective on attention-deficit/hyperactivity disorder', *Neuroscience & Biobehavioral Reviews*, 92, September 2018, 464-76.
- Bratman, G. N., Hamilton, J. P., Hahn, K. S., Daily, G. C., Gross, J. J., 'Nature experience reduces rumination and subgenual prefrontal cortex activation', *Proceedings of the National Academy of Sciences*, 112 (28), 2015, 8567-72.
- Brooks, A. C., 'How to embrace doing nothing', *The Atlantic*, 4 August 2022.
- Burkeman, O., *Four Thousand Weeks: Time Management for Mortals*, Vintage, 2022.
- Büssing, A., Recchia, D. R., Baumann, K., 'Experience of nature and times of silence as a resource to cope with the COVID-19 pandemic and their effects on psychological wellbeing - Findings from a continuous cross-sectional survey in Germany', *Frontiers in Public Health*, November 7 (10), 2022, 1020053.
- Buxton, R. T., Pearson, A. L., Allou, C., Fristrup, K., Wittemyer, G., 'A synthesis of health benefits of natural sounds and their distribution in national parks', *Proceedings of the National Academy of Sciences*, 118 (14), 2021, e2013097118.
- Callard, F., Staines, K., Wilkes, J., *The Restless Compendium: Interdisciplinary Investigations of Rest and Its Opposites*, Palgrave Macmillan, 2016.
- Carvalho, F. M., Chaim, K. T., Sanchez, T. A., de Araujo, D. B., 'Time-perception network and default mode network are associated with temporal prediction in a periodic motion task',

- *Frontiers in Human Neuroscience*, 10, June 2016, 268.
- Castelo, N., White, K., Goode, M. R., 'Nature promotes self-transcendence and prosocial behavior', *Journal of Environmental Psychology*, 76, 2021, 101639.
- Cerwén, G. and Mossberg, F., 'Implementation of quiet areas in Sweden', *International Journal of Environmental Research and Public Health*, 16 (1), 2019, 134.
- Chaarani, B., Ortigara, J., Yuan, D., Loso, H., Potter, A., Garavan, H. P., 'Association of video gaming with cognitive performance among children', *JAMA Network Open*, 5 (10), 2022, e2238714.
- Chaieb, L., Hoppe, C., Fell, J., 'Mind wandering and depression: A status report', *Neuroscience & Biobehavioral Reviews*, 133, February 2022, 104505.
- Chaput, J. P., Dutil, C., Sampasa-Kanyinga, H., 'Sleeping hours: What is the ideal number and how does age impact this?', *Nature and Science of Sleep*, 10, November 2018, 421-30.
- Chaput, J. P., McHill, A. W., Cox, R. C., Broussard, J. L., Dutil, C., da Costa, B. G., Sampasa-Kanyinga, H., Wright Jr, K. P., 'The role of insufficient sleep and circadian misalignment in obesity', *Nature Reviews Endocrinology*, 19 (2), 2023, 82-97.
- Chee, M. W. and Zhou, J., 'Functional connectivity and the sleep-deprived brain', *Progress in Brain Research*, 246, March 2019, 159-76.
- Chen, W. H., Chen, J., Lin, X., Li, P., Shi, L. E., Liu, J. J., … Shi, J., 'Dissociable effects of sleep deprivation on functional connectivity in the dorsal and ventral default mode networks', *Sleep Medicine*, 50, October 2018, 137-44.
- Chu, C., Holst, S. C., Elmenhorst, E. M., Foerges, A. L., Li, C., Lange, D., … Knudsen, G. M., 'Total sleep deprivation increases brain age prediction reversibly in multisite samples of young healthy adults', *Journal of Neuroscience*, 43 (12), 2023, 2168-77.
- Chuang, S. C., Wu, I. C., Chang, J. J., Tsai, Y. F., Cheng, C. W., Chiu, Y. F., … Hsiung, C. A., 'Sleep habits are associated with cognition decline in physically robust, but not in frail participants: A longitudinal observational study', *Scientific Reports*, 12 (1), 2022, 11595.
- Cole, S. and Kvavilashvili, L., 'Spontaneous future cognition: The past, present and future of an emerging topic', *Psychological Research*, 83, June 2019, 631-50.
- Coundouris, S. P., Henry, J. D., Rendell, P. G., Lehn, A. C., 'Parkinson's disease disrupts the ability to initiate and apply episodic foresight', *Journal of the International Neuropsychological Society*, 29 (3), 2023, 290-97.
- Coutrot, A., Lazar, A. S., Richards, M., Manley, E., Wiener, J. M., Dalton, R. C., Hornberger, M., Spiers, H. J., 'Reported sleep duration reveals segmentation of the adult life-course into three phases', *Nature Communications*, 13 (1), 2022, 7697.
- Dai, C., Zhang, Y., Cai, X., Peng, Z., Zhang, L., Shao, Y., Wang, C., 'Effects of sleep deprivation on working memory: Change in functional connectivity between the dorsal attention, default mode, and fronto-parietal networks', *Frontiers in Human Neuroscience*, 14, October 2020, 360.

- de Botton, A., *Status Anxiety*, Penguin, 2005.
- de Lange, F. P., Schmitt, L. M., Heilbron, M., 'Reconstructing the predictive architecture of the mind and brain', *Trends in Cognitive Sciences*, 26 (12), 2022, 1018-19.
- Di, H., Guo, Y., Daghlas, I., Wang, L., Liu, G., Pan, A., Liu, L., Shan, Z., 'Evaluation of sleep habits and disturbances among US adults, 2017-2020', *JAMA Network Open*, 5 (11), 2022, e2240788.
- Dickson, G. T. and Schubert, E., 'How does music aid sleep? Literature review', *Sleep Medicine*, 63, November 2019, 142-50.
- Dijksterhuis, A., Bos, M. W., Nordgren, L. F., van Baaren, R. B., 'On making the right choice: The deliberation-without-attention effect', *Science*, 311 (5763), 2006, 1005-7.
- Djonlagic, I., Mariani, S., Fitzpatrick, A. L., Van Der Klei, V. M., Johnson, D. A., Wood, A. C., ... Dzierzewski, J. M., 'Macro and micro sleep architecture and cognitive performance in older adults', *Nature Human Behaviour*, 5 (1), 2021, 123-45.
- D'Mello, S. K. and Mills, C. S., 'Mind wandering during reading: An interdisciplinary and integrative review of psychological, computing, and intervention research and theory', *Language and Linguistics Compass*, 15 (4), 2021, e12412.
- Dostoevsky, F., *The House of the Dead & The Gambler*, Wordsworth Editions, 2010.
- Draganski, B., Gaser, C., Busch, V., Schuierer, G., Bogdahn, U., May, A., 'Neuroplasticity: Changes in grey matter induced by training', *Nature*, 427 (6972), 2004, 311-12.
- Driemeyer, J., Boyke, J., Gaser, C., Büchel, C., May, A., 'Changes in gray matter induced by learning - revisited', PLOS One, 2008, 3 (7), e2669. Edú-Valsania, S., Laguía, A., Moriano, J. A., 'Burnout: A review of theory and measurement', *International Journal of Environmental Research and Public Health*, 19 (3), 2022, 1780.
- Ekman, M., Kusch, S., de Lange, F. P., 'Successor-like representation guides the prediction of future events in human visual cortex and hippocampus', *Elife*, 12, February 2023, e78904.
- Ellamil, M., Fox, K. C. R., Dixon, M. L., Pritchard, S., Todd, R. M., Thompson, E., Christoff, K., 'Dynamics of neural recruitment surrounding the spontaneous arising of thoughts in experienced mindfulness practitioners', *NeuroImage*, 136, August 2016, 186-96.
- Farkic, J., Isailovic, G., Taylor, S., 'Forest bathing as a mindful tourism practice', *Annals of Tourism Research Empirical Insights*, 2 (2), 2021, 100028.
- Faubert, J., 'Professional athletes have extraordinary skills for rapidly learning complex and neutral dynamic visual scenes', *Scientific Reports*, 3, January 2013, 1154.
- Fazekas, P., 'Hallucinations as intensified forms of mind-wandering', *Philosophical Transactions of the Royal Society B*, 376 (1817), 2021, 20190700.
- Fein, M. I., 'A new dementia treatment with quieting focus, subtle sound vibration, and intentional shared silence: Introducing Resonant Silence Technique: Innovative practice', *Dementia*, 19 (3), 2020, 894-8.

- Fox, K. C. and Beaty, R. E., 'Mind-wandering as creative thinking: Neural, psychological, and theoretical considerations', Current Opinion in Behavioral *Sciences*, 27, June 2019, 123-30.
- Fox, M. D. and Raichle, M. E., 'Spontaneous fluctuations in brain activity observed with functional magnetic resonance imaging', *Nature Reviews Neuroscience*, 8 (9), 2007, 700-711.
- Frank, M. G., and Heller, H. C., 'The function(s) of sleep,' *Handbook of Experimental Pharmacology*, 253, 2023, 3-34.
- Franklin, M. S., Mrazek, M. D., Anderson, C. L., Smallwood, J., Kingstone, A., Schooler, J. W., 'The silver lining of a mind in the clouds: Interesting musings are associated with positive mood while mind-wandering', *Frontiers in Psychology*, 27 August, 4, 2013, 583.
- Fredin, M., 'The neural correlates of burnout: A systematic review', thesis, University of Skövde, 2022.
- Frumkin, H., Bratman, G. N., Breslow, S. J., Cochran, B., Kahn Jr, P. H., Lawler, J. J., ... Wood, S. A., 'Nature contact and human health: A research agenda', *Environmental Health Perspectives*, 125 (7), 2017, 075001.
- Gable, S. L., Hopper, E. A., Schooler, J. W., 'When the muses strike: Creative ideas of physicists and writers routinely occur during mind wandering', *Psychological Science*, 30 (3), 2019, 396-404.
- Gaesser, B., Keeler, K., Young, L., 'Moral imagination: Facilitating prosocial decision-making through scene imagery and theory of mind', *Cognition*, 171, 2018, 180-93.
- Galanis, P., Vraka, I., Fragkou, D., Bilali, A., Kaitelidou, D., 'Nurses' burnout and associated risk factors during the COVID-19 pandemic: A systematic review and meta-analysis', *Journal of Advanced Nursing*, 77 (8), 2021, 3286-302.
- Garbarino, S., Lanteri, P., Bragazzi, N. L., Magnavita, N., Scoditti, E., 'Role of sleep deprivation in immune-related disease risk and outcomes', *Communications Biology*, 4 (1), 2021, 1304.
- Gavelin, H. M., Domellöf, M. E., Åström, E., Nelson, A., Launder, N. H., Neely, A. S., Lampit, A., 'Cognitive function in clinical burnout: A systematic review and meta-analysis', *Work & Stress*, 36 (1), 2022, 86-104.
- Gilead, M., Trope, Y., Liberman, N., 'Above and beyond the concrete: The diverse representational substrates of the predictive brain', *Behavioral and Brain Sciences*, 43, July 2020, e121.
- Gilhooly, K. J., Incubation in Problem Solving and Creativity: Unconscious Processes, *Routledge*, 2019.
- Girardeau, G., Lopes-dos-Santos, V., 'Brain neural patterns and the memory function of sleep', *Science*, 374 (6567), 2021, 560-64.
- Goleman, D. and Rinpoche, T., *Why We Meditate: 7 Simple Practices for a Calmer Mind*,

- Penguin Life, 2022.
- Golonka, K., Mojsa-Kaja, J., Gawlowska, M., Popiel, K., 'Cognitive impairments in occupational burnout - error processing and its indices of reactive and proactive control', *Frontiers in Psychology*, 8, May 2017, 261285.
- Gong, D., He, H., Liu, D., Ma, W., Dong, L., Luo, C., Yao, D., 'Enhanced functional connectivity and increased gray matter volume of insula related to action video game playing', *Scientific Reports*, 5, April 2015, 9763.
- Gould van Praag, C. D., Garfinkel, S., Sparasci, O., Mees, A., Philippides, A. O., Ware, M., Ottaviani, C., Critchley, H. D., 'Mind-wandering and alterations to default mode network connectivity when listening to naturalistic versus artificial sounds', *Scientific Reports*, 7, March 2017, 45273.
- Grabenhorst, M., Michalareas, G., Maloney, L. T., Poeppel, D., 'The anticipation of events in time', *Nature Communications*, 10 (1), 2019, 5802.
- Grahn, P., Ottosson, J., Uvnäs-Moberg, K., 'The oxytocinergic system as a mediator of anti-stress and instorative effects induced by nature: The calm and connection theory', *Frontiers in Psychology*, 12, July 2021, 617814.
- Grandner, M. A. and Fernandez, F. X., 'The translational neuroscience of sleep: A contextual framework', *Science*, 374 (6567), 2021, 568-73.
- Green, C. S., Pouget, A., Bavelier, D., 'Improved probabilistic inference as a general learning mechanism with action video games', *Current Biology*, 20 (17), 2010, 1573-9.
- Groot, J. M., Boayue, N. M., Csifcsák, G., Boekel, W., Huster, R., Forstmann, B. U., Mittner, M., 'Probing the neural signature of mind wandering with simultaneous fMRI-EEG and pupillometry', *NeuroImage*, 224, 2021, 117412.
- Guo, X., Keenan, B. T., Sarantopoulou, D., Lim, D. C., Lian, J., Grant, G. R., Pack, A.I., 'Age attenuates the transcriptional changes that occur with sleep in the medial prefrontal cortex', *Aging Cell*, 18 (6), 2019, e13021.
- Hafner, M., Yerushalmi, E., Stepanek, M., Phillips, W., Pollard, J., Deshpande, A., ... van Stolk, C., 'Estimating the global economic benefits of physically active populations over 30 years (2020-2050)', *British Journal of Sports Medicine*, 54 (24), 2020, 1482-7.
- Haghayegh, S., Khoshnevis, S., Smolensky, M. H., Diller, K. R., Castriotta, R. J., 'Before-bedtime passive body heating by warm shower or bath to improve sleep: A systematic review and meta-analysis', *Sleep Medicine Reviews*, 46, August 2019, 124-35.
- Hahad, O., Kröller-Schön, S., Daiber, A., Münzel, T., 'The cardiovascular effects of noise', *Deutsches Ärzteblatt International*, 116 (14), 2019, 245.
- Hahad, O., Prochaska, J. H., Daiber, A., Muenzel, T., 'Environmental noise-induced effects on stress hormones, oxidative stress, and vascular dysfunction: Key factors in the relationship between cerebrocardiovascular and psychological disorders', *Oxidative Medicine and Cellular Longevity*, 11, November 2019, 4623109.

- Hammond, C., *The Art of Rest: How to Find Respite in the Modern Age*, Canongate Books, 2019.
- Hammoud, R., Tognin, S., Smythe, M., Gibbons, J., Davidson, N., Bakolis, I., Mechelli, A., 'Smartphone-based ecological momentary assessment reveals an incremental association between natural diversity and mental wellbeing', *Scientific Reports*, 14, April 2024, 7051.
- Hanh, T. N., *The Miracle of Mindfulness: An Introduction to the Practice of Meditation*, Rider, 1999.
- Hari, J., *Stolen Focus: Why You Can't Pay Attention*, Bloomsbury Publishing, 2023.
- Hassabis, D., Kumaran, D., Vann, S. D., Maguire, E. A., 'Patients with hippocampal amnesia cannot imagine new experiences', *Proceedings of the National Academy of Sciences*, 104 (5), 2007, 1726-31.
- Hatano, A., Ogulmus, C., Shigemasu, H., Murayama, K., 'Thinking about thinking: People underestimate how enjoyable and engaging just waiting is', *Journal of Experimental Psychology: General*, 151 (12), 2022, 3213.
- He, H., Li, Y., Chen, Q., Wei, D., Shi, L., Wu, X., Qiu, J., 'Tracking resting-state functional connectivity changes and mind wandering: A longitudinal neuroimaging study', *Neuropsychologia*, 150, 2021, 107674.
- He, J., Tu, Z., Xiao, L., Su, T., Tang, Y., 'Effect of restricting bedtime mobile phone use on sleep, arousal, mood, and working memory: A randomized pilot trial', *PLOS One*, 15 (2), 2020, e0228756.
- Heilbron, M., Armeni, K., Schoffelen, J. M., Hagoort, P., de Lange, F. P., 'A hierarchy of linguistic predictions during natural language comprehension', *Proceedings of the National Academy of Sciences*, 119 (32), 2022, e2201968119.
- Hersey, T., *Rest Is Resistance: Free Yourself From Grind Culture And Reclaim Your Life*, Aster, 2022.
- Holmer, B. J., Lapierre, S. S., Jake-Schoffman, D. E., Christou, D. D., 'Effects of sleep deprivation on endothelial function in adult humans: A systematic review', *Geroscience*, 43 (1), 2021, 137-58.
- Holub, F., Petri, R., Schiel, J., Feige, B., Rutter, M. K., Tamm, S., ... Spiegelhalder, K., 'Associations between insomnia symptoms and functional connectivity in the UK Biobank cohort (n = 29,423)', *Journal of Sleep Research*, 32 (2), 2023, e13790.
- Hong, C. C. H., Fallon, J. H., Friston, K. J., 'fMRI evidence for default mode network deactivation associated with rapid eye movements in sleep', *Brain Sciences*, 11 (11), 2021, 1528.
- Horne, C. M. and Norbury, R., 'Altered resting-state connectivity within default mode network associated with late chronotype', *Journal of Psychiatric Research*, 102, July 2018, 223-9.

- Huffington, A., Thrive: *The Third Metric to Redefining Success and Creating a Happier Life*, W. H. Allen, 2015.
- Hurlburt, R. T., Alderson-Day, B., Fernyhough, C., Kühn, S., 'What goes on in the resting-state? A qualitative glimpse into resting-state experience in the scanner', *Frontiers in Psychology*, 6, October 2015, 1535.
- Isaacson, W., *Leonardo da Vinci: The Biography*, Simon & Schuster UK, 2018.
- Jabr, F., 'Why your brain needs more downtime', *Scientific American*, 15 October 2013.
- Jubera-Garcia, E., Gevers, W., Van Opstal, F., 'Local build-up of sleep pressure could trigger mind wandering: Evidence from sleep, circadian and mind wandering research', *Biochemical Pharmacology*, 191, September 2021, 114478.
- Kabbara, A., El Falou, W., Khalil, M., Wendling, F., Hassan, M., 'The dynamic functional core network of the human brain at rest', *Scientific Reports*, 7, June 2017, 2936.
- Kafka, F., *Letters to Felice*, Schocken Books, 2016.
- Kaimal, G., Ray, K., Muniz, J., 'Reduction of cortisol levels and participants' responses following art making', *Art Therapy*, 33 (2), 2016, 74-80.
- Kam, J. W., Irving, Z. C., Mills, C., Patel, S., Gopnik, A., Knight, R. T., 'Distinct electrophysiological signatures of task-unrelated and dynamic thoughts', *Proceedings of the National Academy of Sciences*, 118 (4), 2021, e2011796118.
- Kam, J. W., Rahnuma, T., Park, Y. E., Hart, C. M., 'Electrophysiological markers of mind wandering: A systematic review', *Neuroimage*, 258, September 2022, 119732.
- Kamdar, B. B., Martin, J. L., Needham, D. M., 'Noise and light pollution in the hospital: A call for action', *Journal of Hospital Medicine*, 12 (10), 2017, 861-2.
- Kario, K., Hoshide, S., Nagai, M., Okawara, Y., Kanegae, H., 'Sleep and cardiovascular outcomes in relation to nocturnal hypertension: The J-HOP Nocturnal Blood Pressure Study', *Hypertension Research*, 44 (12), 2021, 1589-96.
- Karuna, C., Palmer, V., Scott, A., Gunn, J., 'Prevalence of burnout among GPs: A systematic review and meta-analysis', *British Journal of General Practice*, 72 (718), 2022, e316-e324.
- Ke, D. S., 'Overwork, stroke, and karoshi-death from overwork', *Acta Neurologica Taiwanica*, 21 (2), 2012, 54-9.
- Kerouac, J., *Big Sur*, Penguin Classics, 2012.
- Kinsey, A. C., Pomeroy, W. B., Martin, C. E., *Sexual Behavior in the Human Male*, Saunders, 1948.
- Kinsey, A. C., Pomeroy, W. B., Martin, C. E., Gebhard, P. H., *Sexual Behavior in the Human Female*, Saunders, 1953.
- Kivimäki, M., Jokela, M., Nyberg, S. T., Singh-Manoux, A., Fransson, E. I., Alfredsson, L., ... Virtanen, M., 'Long working hours and risk of coronary heart disease and stroke: A systematic review and meta-analysis of published and unpublished data for 603,838 individuals', *The Lancet*, 386 (10005), 2015, 1739-46.

- Konjedi, S. and Maleeh, R., 'A closer look at the relationship between the default network, mind wandering, negative mood, and depression', *Cognitive, Affective, & Behavioral Neuroscience*, 17 (4), 2017, 697-711.
- Kotera, Y., Lyons, M., Vione, K. C., Norton, B., 'Effect of nature walks on depression and anxiety: A systematic review', *Sustainability*, 13 (7), 2021, 4015.
- Koutsimani, P., Montgomery, A., Masoura, E., Panagopoulou, E., 'Burnout and cognitive performance', *International Journal of Environmental Research and Public Health*, 18 (4), 2021, 2145.
- Kowert, R. and Quandt, T., *The Video Game Debate: Unravelling the Physical, Social, and Psychological Effects of Video Games*, Routledge, 2015.
- Kucyi, A., Esterman, M., Riley, C. S., Valera, E. M., 'Spontaneous default network activity reflects behavioral variability independent of mind-wandering', *Proceedings of the National Academy of Sciences*, 113 (48), 2016, 13899-904.
- Kühn, S., Gleich, T., Lorenz, R. C., Lindenberger, U., Gallinat, J., 'Playing Super Mario induces structural brain plasticity: Gray matter changes resulting from training with a commercial video game', *Molecular Psychiatry*, 19 (2), 2014, 265-71.
- Kvavilashvili, L. and Rummel, J., 'On the nature of everyday prospection: A review and theoretical integration of research on mind-wandering, future thinking, and prospective memory', *Review of General Psychology*, 24 (3), 2020, 210-37.
- Lanier, J., Noyes, E., Biederman, J., 'Mind wandering (internal distractibility) in ADHD: A literature review', *Journal of Attention Disorders*, 25 (6), 2021, 885-90.
- Lavrijsen, A., *Niksen: The Dutch Art of Doing Nothing*, White Lion Publishing, 2021.
- Lee, C. S., Aly, M., Baldassano, C., 'Anticipation of temporally structured events in the brain', *Elife*, 10, April 2021, e64972.
- Lee, H., Kim, Y. J., Jeon, Y. H., Kim, S. H., Park, E. C., 'Association of weekend catch-up sleep ratio and subjective sleep quality with depressive symptoms and suicidal ideation among Korean adolescents', *Scientific Reports*, 12 (1), 2022, 10235.
- Lee, S., Mu, C. X., Wallace, M. L., Andel, R., Almeida, D. M., Buxton, O. M., Patel, S. R., 'Sleep health composites are associated with the risk of heart disease across sex and race', *Scientific Reports*, 12 (1), 2022, 2023.
- Lee, W., Lee, J., Kim, H. R., Lee, Y. M., Lee, D. W., Kang, M. Y., 'The combined effect of long working hours and individual risk factors on cardiovascular disease: An interaction analysis', *Journal of Occupational Health*, 63 (1), 2021, e12204.
- Lembke, A., *Dopamine Nation*, Headline, 2021.
- Leszczynski, M., Chaieb, L., Reber, T. P., Derner, M., Axmacher, N., Fell, J., 'Mind wandering simultaneously prolongs reactions and promotes creative incubation', *Scientific Reports*, 7 (1), 2017, 10197.
- Levenhagen, M. J., Miller, Z. D., Petrelli, A. R., Ferguson, L. A., Shr, Y. H., Gomes, D. G., ...

- McClure, C. J., 'Ecosystem services enhanced through soundscape management link people and wildlife', *People and Nature*, 3 (1), 2020, 176-89.
- Li, Q., *Into the Forest: How Trees Can Help You Find Health and Happiness*, Penguin Life, 2019.
- Li, Y., Sahakian, B. J., Kang, J., Langley, C., Zhang, W., Xie, C., ... Feng, J., 'The brain structure and genetic mechanisms underlying the nonlinear association between sleep duration, cognition and mental health', *Nature Aging*, 2 (5), 2022, 425-37.
- Liao, H., Pan, D., Deng, Z., Jiang, J., Cai, J., Liu, Y., ... Tang, Y., 'Association of shift work with incident dementia: A community-based cohort study', *BMC Medicine*, 20 (1), 2022, 484.
- Liu, C., Lee, S. H., Loewenstein, D. A., Galvin, J. E., Camargo, C. J., Alperin, N., 'Poor sleep accelerates hippocampal and posterior cingulate volume loss in cognitively normal healthy older adults', *Journal of Sleep Research*, 31 (4), 2022, e13538.
- Loprinzi, P. D., Edwards, M. K., Frith, E., 'Exercise and prospective memory', *Journal of Lifestyle Medicine*, 8 (2), 2018, 51.
- Lunsford-Avery, J. R., Damme, K. S., Engelhard, M. M., Kollins, S. H., Mittal, V. A., 'Sleep/wake regularity associated with default mode network structure among healthy adolescents and young adults', *Scientific Reports*, 10 (1), 2020, 509.
- Lyons, S., Strazdins, L., Doan, T., 'Work intensity and workers' sleep: A case of working Australians', *Humanities and Social Sciences Communications*, 9 (1), 2022, 1-7.
- Mason, L., Ronconi, A., Scrimin, S., Pazzaglia, F., 'Short-term exposure to nature and benefits for students' cognitive performance: A review', *Educational Psychology Review*, 34 (2), 2022, 609-47.
- Maund, P. R., Irvine, K. N., Reeves, J., Strong, E., Cromie, R., Dallimer, M., Davies, Z. G., 'Wetlands for wellbeing: Piloting a nature-based health intervention for the management of anxiety and depression', *International Journal of Environmental Research and Public Health*, 16 (22), 2019, 4413.
- Mavros, Y., Gates, N., Wilson, G. C., Jain, N., Meiklejohn, J., Brodaty, H., ... Fiatarone Singh, M. A., 'Mediation of cognitive function improvements by strength gains after resistance training in older adults with mild cognitive impairment: Outcomes of the Study of Mental and Resistance Training', *Journal of the American Geriatrics Society*, 65 (3), 2017, 550-59.
- McKinnon, A. C., Hickie, I. B., Scott, J., Duffy, S. L., Norrie, L., Terpening, Z., ... Shine, J. M., 'Current sleep disturbance in older people with a lifetime history of depression is associated with increased connectivity in the Default Mode Network', *Journal of Affective Disorders*, 229, March 2018, 85-94.
- McMillan, R. L., Kaufman, S. B., Singer, J. L., 'Ode to positive constructive daydreaming', *Frontiers in Psychology*, 4, September 2013, 626.
- Mecking, O., *Niksen: Embracing the Dutch Art of Doing Nothing*, Piatkus, 2020.
- Medisauskaite, A. and Kamau, C., 'Does occupational distress raise the risk of alcohol use,

- binge-eating, ill health and sleep problems among medical doctors? A UK cross-sectional study', *BMJ Open*, 9 (5), 2019, e027362.
- Mehta, R., Zhu, R. (J.), Cheema, A., 'Is noise always bad? Exploring the effects of ambient noise on creative cognition', *Journal of Consumer Research*, 39 (4), 2012, 784-99.
- Melamed, S., Kushnir, T., Shirom, A., 'Burnout and risk factors for cardiovascular diseases', *Behavioral Medicine*, 18 (2), 1992, 53-60.
- Melamed, S., Shirom, A., Toker, S., Shapira, I., 'Burnout and risk of type 2 diabetes: A prospective study of apparently healthy employed persons', *Psychosomatic Medicine*, 68 (6), 2006, 863-9.
- Membrive-Jiménez, M. J., Gómez-Urquiza, J. L., Suleiman-Martos, N., Velando-Soriano, A., Ariza, T., De la Fuente-Solana, E. I., Cañadas-De la Fuente, G. A., 'Relation between burnout and sleep problems in nurses: A systematic review with meta-analysis', *Healthcare*, 10 (5), 2022, 954.
- Meneguzzo, F., Albanese, L., Antonelli, M., Baraldi, R., Becheri, F. R., Centritto, F., ... Maggini, V., 'Short-term effects of forest therapy on mood states: A pilot study', *International Journal of Environmental Research and Public Health*, 18 (18), 2021, 9509.
- Methorst, J., Rehdanz, K., Mueller, T., Hansjürgens, B., Bonn, A., Böhning-Gaese, K., 'The importance of species diversity for human well-being in Europe', *Ecological Economics*, 181, March 2021, 106917.
- Milner, A., Smith, P., LaMontagne, A. D., 'Working hours and mental health in Australia: Evidence from an Australian population-based cohort, 2001-2012', *Occupational and Environmental Medicine*, 72 (8), 2015, 573-9.
- Miyamoto, K., Trudel, N., Kamermans, K., Lim, M. C., Lazari, A., Verhagen, L., Wittmann, M. K., Rushworth, M. F., 'Identification and disruption of a neural mechanism for accumulating prospective metacognitive information prior to decision-making', *Neuron*, 109 (8), 2021, 1396-408.
- Mooneyham, B. W. and Schooler, J. W., 'Mind wandering minimizes mind numbing: Reducing semantic-satiation effects through absorptive lapses of attention', *Psychonomic Bulletin & Review*, 23 (4), 2016, 1273-9.
- Mucci, N., Traversini, V., Lorini, C., De Sio, S., Galea, R. P., Bonaccorsi, G., Arcangeli, G., 'Urban noise and psychological distress: A systematic review', *International Journal of Environmental Research and Public Health*, 17 (18), 2020, 6621.
- Mutambudzi, M. and Javed, Z., 'Job strain as a risk factor for incident diabetes mellitus in middle and older age US workers', *Journals of Gerontology Series B: Psychological Sciences and Social Sciences*, 71 (6), 2016, 1089-96.
- Namsrai, T., Ambikairajah, A., Cherbuin, N., 'Poorer sleep impairs brain health at midlife', *Scientific Reports*, 13 (1), 2023, 1874.
- Nestor, J., *Breath: The New Science of a Lost Art*, Penguin Life, 2021.

- O'Callaghan, C., Walpola, I. C., Shine, J. M., 'Neuromodulation of the mind-wandering brain state: The interaction between neuromodulatory tone, sharp wave-ripples and spontaneous thought', *Philosophical Transactions of the Royal Society B*, 376 (1817), 2021, 20190699.
- Oh, K. H., Shin, W. S., Khil, T. G., Kim, D. J., 'Six-step model of nature-based therapy process', *International Journal of Environmental Research and Public Health*, 17 (3), 2020, 685.
- Paixao, L., Sikka, P., Sun, H., Jain, A., Hogan, J., Thomas, R., Westover, M. B., 'Excess brain age in the sleep electroencephalogram predicts reduced life expectancy', *Neurobiology of Aging*, 88, April 2020, 150-55.
- Pang, A. S., *Rest: Why You Get More Done When You Work Less*, Penguin Life, 2016.
- Pang, A. S., *Shorter: How Smart Companies Work Less, Embrace Flexibility and Boost Productivity*, Penguin Business, 2020.
- Papatriantafyllou, E., Efthymiou, D., Zoumbaneas, E., Popescu, C. A., Vassilopoulou, E., 'Sleep deprivation: Effects on weight loss and weight loss maintenance', *Nutrients*, 14 (8), 2022, 1549.
- Paz, V., Dashti, H. S., Garfield, V., 'Is there an association between daytime napping, cognitive function, and brain volume? A Mendelian randomization study in the UK Biobank', *Sleep Health*, 9 (5), 2023, 786-93.
- Petersen, E., Bischoff, A., Liedtke, G., Martin, A. J., 'How does being solo in nature affect well-being? Evidence from Norway, Germany and New Zealand', *International Journal of Environmental Research and Public Health*, 18 (15), 2021, 7897.
- Pfeifer, E. and Wittmann, M., 'Waiting, thinking, and feeling: Variations in the perception of time during silence', *Frontiers in Psychology*, 11, April 2020, 522217.
- Philippi, C. L., Bruss, J., Boes, A. D., Albazron, F. M., Deifelt Streese, C., Ciaramelli, E., Rudrauf, D., Tranel, D., 'Lesion network mapping demonstrates that mind-wandering is associated with the default mode network', *Journal of Neuroscience Research*, 99 (1), 2021, 361-73.
- Poerio, G. L., Sormaz, M., Wang, H. T., Margulies, D., Jefferies, E., Smallwood, J., 'The role of the default mode network in component processes underlying the wandering mind', *Social Cognitive and Affective Neuroscience*, 12 (7), 2017, 1047-62.
- Pomares, F. B., Boucetta, S., Lachapelle, F., Steffener, J., Montplaisir, J., Cha, J., Kim, H., Dang-Vu, T. T., 'Beyond sleepy: Structural and functional changes of the default-mode network in idiopathic hypersomnia', *Sleep*, 42 (11), 2019, zsz156.
- Posner, J., Polanczyk, G. V., Sonuga-Barke, E., 'Attention-deficit hyperactivity disorder', *The Lancet*, 395 (10222), 2020, 450-62.
- Preiss, D. D., 'Metacognition, mind wandering, and cognitive flexibility: Understanding creativity', *Journal of Intelligence*, 10 (3), 2022, 69.
- Proyer, R., 'A new structural model for the study of adult playfulness: Assessment and

- exploration of an understudied individual differences variable', *Personality and Individual Differences*, 108, April 2017, 113-22.
- Radun, J., Maula, H., Rajala, V., Scheinin, M., Hongisto, V., 'Speech is special: The stress effects of speech, noise, and silence during tasks requiring concentration', *Indoor Air*, 31 (1), 2021, 264-74.
- Raichle, M. E., 'The brain's dark energy', *Scientific American*, 10 March 2010.
- Raichle, M. E., 'The restless brain: How intrinsic activity organizes brain function', *Philosophical Transactions of the Royal Society B: Biological Sciences*, 370 (1668), 2015, 20140172.
- Raichle, M. E., MacLeod, A. M., Snyder, A. Z., Powers, W. J., Shulman, G. L., 'A default mode of brain function', *Proceedings of the National Academy of Sciences*, 98 (2), 2001, 676-82.
- Raji, C. A., Meysami, S., Hashemi, S., Garg, S., Akbari, N., Ahmed, G., ... Attariwala, R., 'Exercise-related physical activity relates to brain volumes in 10,125 individuals', *Journal of Alzheimer's Disease*, 97 (2), 2024, 829-39.
- Reid, E., 'Embracing, passing, revealing, and the ideal worker image: How people navigate expected and experienced professional identities', *Organization Science*, 26 (4), 2015, 997-1017.
- Risberg, J. and Ingvar, D. H., 'Patterns of activation in the grey matter of the dominant hemisphere during memorization and reasoning: A study of regional cerebral blood flow changes during psychological testing in a group of neurologically normal subjects', *Brain*, 96 (4), 1973, 737-56.
- Robinson, J. C. and Brandon, M. P., 'Skipping ahead: A circuit for representing the past, present, and future', *Elife*, 10, October 2021, e68795.
- Rugulies, R., Sørensen, K., Di Tecco, C., Bonafede, M., Rondinone, B. M., Ahn, S., ... Dragano, N., 'The effect of exposure to long working hours on depression: A systematic review and meta-analysis from the WHO/ILO Joint Estimates of the Work-related Burden of Disease and Injury', *Environment International*, 155, October 2021, 106629.
- Sabia, S., Fayosse, A., Dumurgier, J., van Hees, V. T., Paquet, C., Sommerlad, A., ... Singh-Manoux, A., 'Association of sleep duration in middle and old age with incidence of dementia', *Nature Communications*, 12 (1), 2021, 2289.
- Salvagioni, D. A. J., Melanda, F. N., Mesas, A. E., González, A. D., Gabani, F. L., Andrade, S. M. D., 'Physical, psychological and occupational consequences of job burnout: A systematic review of prospective studies', *PLOS One*, 12 (10), 2017, e0185781.
- Savic, I., 'Structural changes of the brain in relation to occupational stress', *Cerebral Cortex*, 25 (6), 2015, 1554-64.
- Schiel, J. E., Holub, F., Petri, R., Leerssen, J., Tamm, S., Tahmasian, M., Riemann, D., Spiegelhalder, K., 'Affect and arousal in insomnia: Through a lens of neuroimaging studies', *Current Psychiatry Reports*, 22 (9), 2020, 1-8.

- Schooler, J. W., Mrazek, M. D., Franklin, M. S., Baird, B., Mooneyham, B. W., Zedelius, C., Broadway, J. M., 'The middle way: Finding the balance between mindfulness and mind-wandering', *Psychology of Learning and Motivation*, 60, 2014, 1-33.
- Seli, P., Beaty, R. E., Marty-Dugas, J., Smilek, D., 'Depression, anxiety, and stress and the distinction between intentional and unintentional mind wandering', *Psychology of Consciousness: Theory, Research, and Practice*, 6 (2), 2019, 163.
- Seli, P., Kane, M. J., Smallwood, J., Schacter, D. L., Maillet, D., Schooler, J. W., Smilek, D., 'Mind-wandering as a natural kind: A family-resemblances view', *Trends in Cognitive Sciences*, 22 (6), 2018, 479-90.
- Sharif, M., Mogilner, C., Hershfield, H. E., 'Having too little or too much time is linked to lower subjective well-being', *Journal of Personality and Social Psychology*, 121 (4), 2021, 933-47.
- Sheehan, C. M., Frochen, S. E., Walsemann, K. M., Ailshire, J. A., 'Are US adults reporting less sleep?: Findings from sleep duration trends in the National Health Interview Survey, 2004-2017', *Sleep*, 42 (2), 2019, zsy221.
- Shepherd, J., 'Why does the mind wander?', *Neuroscience of Consciousness*, (1), 2019, niz014.
- Shulman, G. L., Corbetta, M., Fiez, J. A., Buckner, R. L., Miezin, F. M., Raichle, M. E., Petersen, S. E., 'Searching for activations that generalize over tasks', *Human Brain Mapping*, 5 (4), 1997, 317-22.
- Siegel, J. M., 'Sleep function: An evolutionary perspective', *The Lancet Neurology*, 21 (10), 2022, 937-46.
- Sio, U. N. and Ormerod, T. C., 'Does incubation enhance problem solving? A meta-analytic review', *Psychological Bulletin*, 135 (1), 2009, 94-120.
- Sládek, M., Klusáček, J., Hamplová, D., Sumová, A., 'Population-representative study reveals cardiovascular and metabolic disease biomarkers associated with misaligned sleep schedules', *Sleep*, 46 (6), 2023, zsad037.
- Smith, K., 'Neuroscience: Idle minds', *Nature*, 489, September 2012, 356-8.
- Smith-Coggins, R., Rosekind, M. R., Hurd, S., Buccino, K. R., 'Relationship of day versus night sleep to physician performance and mood', *Annals of Emergency Medicine*, 24 (5), 1994, 928-34.
- Solomon, A., *The Noonday Demon*, Vintage, 2016.
- Stavrova, O. and Ren, D., 'Is more always better? Examining the nonlinear association of social contact frequency with physical health and longevity', *Social Psychological and Personality Science*, 12 (6), 2021, 1050-59.
- Stawarczyk, D., Bezdek, M. A., Zacks, J. M., 'Event representations and predictive processing: The role of the midline default network core', *Topics in Cognitive Science*, 13 (1), 2021, 164-86.

- Stefanova, E., Dubljević, O., Herbert, C., Fairfield, B., Schroeter, M. L., Stern, E. R., ... Drach-Zahavy, A., 'Anticipatory feelings: Neural correlates and linguistic markers', *Neuroscience & Biobehavioral Reviews*, 113, June 2020, 308-24.
- Stevner, A. B. A., Vidaurre, D., Cabral, J., Rapuano, K., Nielsen, S. F. V., Tagliazucchi, E., ... Van Someren, E., 'Discovery of key whole-brain transitions and dynamics during human wakefulness and non-REM sleep', *Nature Communications*, 10 (1), 2019, 1035.
- Stoker, B., *Dracula*, Penguin Classics, 2003.
- Storr, A., *Solitude*, HarperCollins, 1997.
- Su, Y., Li, C., Long, Y., He, L., Ding, N., 'Association between sleep duration on workdays and blood pressure in non-overweight/obese population in NHANES: A public database research', *Scientific Reports*, 12 (1), 2022, 1133.
- Sulaman, B. A., Wang, S., Tyan, J., Eban-Rothschild, A., 'Neuro-orchestration of sleep and wakefulness', *Nature Neuroscience*, 26 (2), 2023, 196-212.
- Sultan-Taïeb, H., Chastang, J. F., Mansouri, M., Niedhammer, I., 'The annual costs of cardiovascular diseases and mental disorders attributable to job strain in France', *BMC Public Health*, 13 (748), 2013, 1-11.
- Szycik, G. R., Mohammadi, B., Münte, T. F., Te Wildt, B. T., 'Lack of evidence that neural empathic responses are blunted in excessive users of violent video games: An fMRI study', *Frontiers in Psychology*, 8, March 2017, 174.
- Tai, X. Y., Chen, C., Manohar, S., Husain, M., 'Impact of sleep duration on executive function and brain structure', *Communications Biology*, 5 (1), 2022, 201.
- Taruffi, L., Pehrs, C., Skouras, S., Koelsch, S., 'Effects of sad and happy music on mind-wandering and the default mode network', *Scientific Reports*, 7 (1), 2017, 14396.
- Tashjian, S. M., Goldenberg, D., Monti, M. M., Galván, A., 'Sleep quality and adolescent default mode network connectivity', *Social Cognitive and Affective Neuroscience*, 13 (3), 2018, 290-99.
- Taylor, R. P., Spehar, B., Van Donkelaar, P., Hagerhall, C. M., 'Perceptual and physiological responses to Jackson Pollock's fractals', *Frontiers in Human Neuroscience*, 5, June 2011, 60.
- Teng, S. C. and Lien, Y. W., 'Propensity or diversity? Investigating how mind wandering influences the incubation effect of creativity', *PLOS One*, 17 (4), 2022, e0267187.
- The Lancet Global Health, 'Mental health matters', *The Lancet Global Health*, 8 (11), 2020, e1352.
- Thompson, J. M., *Running Is a Kind of Dreaming: A Memoir*, HarperOne, 2022.
- Thoreau, H. D., *Walden*, Penguin Classics, 2016.
- Thornton, M. A., Weaverdyck, M. E., Tamir, D. I., 'The social brain automatically predicts others' future mental states', *Journal of Neuroscience*, 39 (1), 2019, 140-48.
- Tian, Y., Chen, X., Xu, D., Yu, J., Lei, X., 'Connectivity within the default mode network

mediates the association between chronotype and sleep quality', *Journal of Sleep Research*, 29 (5), 2020, e12948.
- Timko Olson, E. R., Hansen, M. M., Vermeesch, A., 'Mindfulness and Shinrin-Yoku: Potential for physiological and psychological interventions during uncertain times', *International Journal of Environmental Research and Public Health*, 17 (24), 2020, 9340.
- Tomova, L., Wang, K. L., Thompson, T., Matthews, G. A., Takahashi, A., Tye, K. M., Saxe, R., 'Acute social isolation evokes midbrain craving responses similar to hunger', *Nature Neuroscience*, 23 (12), 2020, 1597-605.
- Tubbs, A. S., Dollish, H. K., Fernandez, F., Grandner, M. A., 'The basics of sleep physiology and behavior', *Sleep and Health*, January 2019, 3-10.
- Turunen, A. W., Halonen, J., Korpela, K., Ojala, A., Pasanen, T., Siponen, T., ... Lanki, T., 'Cross-sectional associations of different types of nature exposure with psychotropic, antihypertensive and asthma medication', *Occupational and Environmental Medicine*, 80 (2), 2023, 111-18.
- Ulrich, R. S., 'View through a window may influence recovery from surgery', *Science*, 224 (4647), 1984, 420-21.
- Ulrich, R. S., Simons, R. F., Losito, B. D., Fiorito, E., Miles, M. A., Zelson, M., 'Stress recovery during exposure to natural and urban environments', *Journal of Environmental Psychology*, 11 (3), 1991, 201-30.
- Vallat, R., Türker, B., Nicolas, A., Ruby, P., 'High dream recall frequency is associated with increased creativity and default mode network connectivity', *Nature and Science of Sleep*, 14, February 2022, 265-75.
- Van Tilburg, W. A. P. and Igou, E. R., 'Can boredom help? Increased prosocial intentions in response to boredom', *Self and Identity*, 16 (1), 2017, 82-96.
- Verfaellie, M., Wank, A. A., Reid, A. G., Race, E., Keane, M. M., 'Self-related processing and future thinking: Distinct contributions of ventromedial prefrontal cortex and the medial temporal lobes', *Cortex*, 115, June 2019, 159-71.
- Vess, M. and Maffly-Kipp, J., 'Intentional mindwandering and unintentional mindwandering are differentially associated with the experience of self-alienation', *Personality and Individual Differences*, 185, February 2022, 111289.
- Virtanen, M., Ferrie, J. E., Gimeno, D., Vahtera, J., Elovainio, M., Singh-Manoux, A., Marmot, M. G., Kivimäki, M., 'Long working hours and sleep disturbances: The Whitehall II prospective cohort study', *Sleep*, 32 (6), 2009, 737-45.
- Ward, A. M., McLaren, D. G., Schultz, A. P., Chhatwal, J., Boot, B. P., Hedden, T., Sperling, R. A., 'Daytime sleepiness is associated with decreased default mode network connectivity in both young and cognitively intact elderly subjects', *Sleep*, 36 (11), 2013, 1609-15.
- Webb, C. A., Israel, E. S., Belleau, E., Appleman, L., Forbes, E. E., Pizzagalli, D. A., 'Mindwandering in adolescents predicts worse affect and is linked to aberrant default mode

- network-salience network connectivity', *Journal of the American Academy of Child & Adolescent Psychiatry*, 60 (3), 2021, 377-87.
- Weinstein, N., Vuorre, M., Adams, M., Nguyen, T. V., 'Balance between solitude and socializing: Everyday solitude time both benefits and harms well-being', *Scientific Reports*, 13 (1), 2023, 21160.
- White, M. P., Alcock, I., Grellier, J., Wheeler, B. W., Hartig, T., Warber, S. L., ... Fleming, L. E., 'Spending at least 120 minutes a week in nature is associated with good health and wellbeing', *Scientific Reports*, 9 (1), 2019, 7730.
- Williams, F., *The Nature Fix: Why Nature Makes Us Happier, Healthier, and More Creative*, W. W. Norton & Company, 2018.
- Williamson, A. M. and Feyer, A. M., 'Moderate sleep deprivation produces impairments in cognitive and motor performance equivalent to legally prescribed levels of alcohol intoxication', *Occupational & Environmental Medicine*, 57 (10), 2000, 649-55.
- Wilson, R. S., Mayhew, S. D., Rollings, D. T., Goldstone, A., Hale, J. R., Bagshaw, A. P., 'Objective and subjective measures of prior sleep-wake behavior predict functional connectivity in the default mode network during NREM sleep', *Brain and Behavior*, 9 (1), 2019, e01172.
- Wilson, T. D., Reinhard, D. A., Westgate, E. C., Gilbert, D. T., Ellerbeck, N., Hahn, C., Brown, C. L., Shaked, A., 'Just think: The challenges of the disengaged mind', *Science*, 345 (6192), 2014, 75-77.
- Wong, K., Chan, A. H., Ngan, S. C., 'The effect of long working hours and overtime on occupational health: A meta-analysis of evidence from 1998 to 2018', *International Journal of Environmental Research and Public Health*, 16 (12), 2019, 2102.
- Wurm, W., Vogel, K., Holl, A., Ebner, C., Bayer, D., Mörkl, S., ... Hofmann, P., 'Depression-burnout overlap in physicians', *PLOS One*, 11 (3), 2016, e0149913.
- Xia, G., Hu, Y., Chai, F., Wang, Y., Liu, X., 'Abnormalities of the default mode network functional connectivity in patients with insomnia disorder', *Contrast Media & Molecular Imaging*, 2022, August 2022, 9197858.
- Xu, Z., Zhao, W., Wang, H., Tian, Y., Lei, X., 'Functional connectivity between dorsal attention and default mode networks mediates subjective sleep duration and depression in young females', *Journal of Affective Disorders*, 325, March 2023, 386-91.
- Xue, P., Merikanto, I., Chung, F., Morin, C. M., Espie, C., Bjorvatn, B., ... Holzinger, B., 'Persistent short nighttime sleep duration is associated with a greater post-COVID risk in fully mRNA-vaccinated individuals', *Translational Psychiatry*, 13 (1), 2023, 32.
- Yamaoka, A. and Yukawa, S., 'Mind wandering in creative problem-solving: Relationships with divergent thinking and mental health', *PLOS One*, 15 (4), 2020, e0231946.
- Youngstedt, S. D., Goff, E. E., Reynolds, A. M., Kripke, D. F., Irwin, M. R., Bootzin, R. R., Khan, N., Jean-Louis, G., 'Has adult sleep duration declined over the last 50+ years?', *Sleep Medicine Reviews*, 28, August 2016, 69-85.

- Zedelius, C. M., Protzko, J., Broadway, J. M., Schooler, J. W., 'What types of daydreaming predict creativity? Laboratory and experience sampling evidence', *Psychology of Aesthetics, Creativity, and the Arts*, 15 (4), 2021, 596.
- Zedelius, C. M. and Schooler, J. W., 'Unraveling what's on our minds: How different types of mind-wandering affect cognition and behavior', *The Oxford Handbook of Spontaneous Thought: Mind-wandering, Creativity, and Dreaming*, Oxford University Press, 2018, 233-47.
- Zhang, M., Bernhardt, B. C., Wang, X., Varga, D., Krieger-Redwood, K., Royer, J., ... Jefferies, E., 'Perceptual coupling and decoupling of the default mode network during mind-wandering and reading', *Elife*, 11, March 2022, e74011.

The Brain at Rest

옮긴이 고현석

연세대학교 생화학과를 졸업하고 《서울신문》 과학부, 《경향신문》 생활과학부, 국제부, 사회부 등에서 기자로 일했다. 과학기술처와 정보통신부를 출입하면서 과학 정책, IT 관련 기사를 전문적으로 다루었다. 현재는 과학을 비롯해 문화와 역사 등 다양한 분야의 책을 기획하고 우리말로 옮기고 있다. 옮긴 책으로 『세상에서 가장 짧은 경제사』, 『창의성에 집착하는 시대』, 『더 좋은 삶을 위한 수학』, 『전쟁이 만든 세계』, 『우리는 어떻게 움직이는가』, 『수학 머리는 어떻게 만들어지는가』, 『느낌의 발견』 등이 있다.

멈추지 못하는 뇌

초판 1쇄 발행 2025년 8월 12일

지은이 조지프 제벨리
옮긴이 고현석

발행인 윤승현 **단행본사업본부장** 신동해
편집장 김경림 **파트장** 송보배
책임편집 김윤하 **교정교열** 공순례
디자인 디스커버 신현경 **마케팅** 최혜진 이은미
국제업무 김은정 김지민 **제작** 정석훈

브랜드 갤리온 주소 경기도 파주시 회동길 20
문의전화 031-356-7366(편집) 02-3670-1423(마케팅)
홈페이지 http://www.wjbooks.co.kr
인스타그램 www.instagram.com/woongjin_readers
페이스북 www.facebook.com/wjbook
블로그 blog.naver.com/wj_booking

발행처 ㈜웅진씽크빅
출판신고 1980년 3월 29일 제406-2007-000046

한국어판 출판권 ⓒ ㈜웅진씽크빅, 2025
ISBN 978-89-01-29663-0 03190

- 갤리온은 ㈜웅진씽크빅 단행본사업본부의 브랜드입니다.
- 책값은 뒤표지에 있습니다.
- 잘못된 책은 구입하신 곳에서 바꿔드립니다.